行与思
Practice and Thoughts
国情教育与国际传播

主编/胡 芳　　副主编/李尽沙　翁旭东

中国传媒大学 出版社
·北京·

序

在中华民族伟大复兴战略全局和世界百年未有之大变局交织的激荡背景下,中国已经站在世界舞台的中央。中国离不开世界、世界离不开中国已经成为一个毋庸置疑的事实,中国的一举一动都会成为国际舆论场上的重要内容乃至舆论焦点。加强国际传播能力建设,增强中华文明传播力、影响力,形成同我国综合国力和国际地位相匹配的国际话语权,已经成为摆在我们面前的一个重大时代课题。

党的十八大以来,习近平总书记高度重视国际传播能力建设,在总书记的领导下,中国国际传播能力显著提升,逐步构建起多主体、立体式的大外宣格局,国际话语权和影响力显著提升。2013年8月,在全国宣传思想工作会议上,习近平总书记首次阐释了其国际传播思想,他强调要精心做好对外宣传工作,创新对外宣传方式,着力打造融通中外的新概念、新范畴、新表述,讲好中国故事,传播好中国声音。2021年5月31日,习近平总书记在中央政治局第三十次集体学习时将中国国际传播能力建设提升到了一个全新的历史高度。他指出,要构建具有鲜明中国特色的战略传播体系,着力提高国际传播影响力、中华文化感召力、中国形象亲和力、中国话语说服力、国际舆论引导力。

国际传播能力建设是一项系统工程。中国国际传播能力的提升,需要运用系统思维和工程逻辑,实现舆论工作的内外联动,聚焦国际传播能力提升的全维度、全流程、全元素。概括而言,其主要包括五个方面:理顺内宣外宣体制,实现内宣外宣一体联动;打造具有国际影响力的媒体集群,搭建国际传播的新型主流平台;动员多元传播主体,畅通多种传播渠道,构建起多主体、立体式的大外宣格局;创新中国话语与中国叙事,打造融通中外的新概念、新范畴和新表达;加强高校学科建设和后备人才培养,提升国际传播理论研究水平。其中,人才培养对于国际传播能力建设具有至关重要的意义。人是一切事业中最重要的因素,国家发展靠人才,民族振兴靠人才,国际传播能力建设也要靠人才。

2009年,中宣部和教育部在清华大学、中国人民大学、中国传媒大学、复旦大学和北京外国语大学部署实施了国际新闻传播硕士培养工程,采取专项措施加大国际传播人才培养的力度。如今,中国传媒大学国际新闻传播硕士班迈向第15个年头,同时,已有8所高校加入中宣部、教育部国际新闻传播硕士培养工程中。作为培养院校之一,中国传媒大学积极探索具有中国特色的国际新闻传播人才培养体系,依托国家社科基金重大项目"建强新时代国际传播专门人才队伍研究"等科研项目进行持续深入探索,将理论与实践紧密结合,用新理念、新方法培养了大批国际新闻传播人才,大量毕业生进入人民日报社、新华社、中央广播电视总台、中国新闻社、中国日报社等国际新闻传播一线工作,成为奋战在国际传播一线的"主力军"和"生力军"。

2023年5月29日,中共中央政治局就建设教育强国进行第五次集体学习,习近平总书记在主持学习时指出,培养什么人、怎样培养人、为谁培养人是教育的根本问题,也是建设教育强国的核心课题。国际传播人才培养,必须坚持立德树人,也必须厚植学生的家国情怀。2023年3月,党中央决定在全党大兴调查研究。调查研究是我们党的传家宝,是获得真知灼见的源头活水,是做好工作的基本功。走进群众、深入基层,开展国情调研实践,也是国际新闻传播学子知中国、爱中国的基本途径。只有将根深深地扎在中国大地上,将脚步迈在中国大地上,才能敏锐地感知到、触碰到时代的脉搏,才能更好地在国际舞台上讲好中国故事、传播好中国声音。

近些年来,在国际新闻传播硕士培养项目中,中宣部、教育部坚持把国情调研实践作为国际新闻传播后备人才培养的关键环节,每年组织国际新闻传播硕士班学生深入群众和基层开展调查研究,了解国情、民情、社情。

实践出真知,实践长真才。本书是历年来中国传媒大学国际新闻传播硕士班学生国情调研实践的智慧结晶。他们当中的大多数已经走上了国际传播工作一线,如获评"全国抗击新冠肺炎疫情先进个人"的中国国际电视台记者葛云飞、获评2022年"好记者讲好故事"全国十佳选手的新华社国际部记者眭黎曦等,还有一些虽未直接从事国际传播工作但始终心系国际传播事业的优秀国新班学子。我们请他们把国情调研实践的感想、国际传播一线实践的体悟整理出来,诉诸笔端、形成文字、结集成册,让这些闪烁着实践智慧的文字、凝结着家国情怀的篇章,汇聚成有志于国际传播的莘莘学子的精神灯塔,成为国际传播教育事业的宝贵财富。

新的时代使命与新的全球传播生态呼唤更多国际传播人才涌现。15年前,我们播下了国际传播教育的种子,如今已经有了丰硕的收获。今天,在党中央对国际传播事业的高度重视下,我们正在撒下更多国际传播的种子,播下更多国际传播的希望。我们相信,再过不久,中国的国际传播人才会呈现出燎原景象,中国的国际传播能力会获得质的飞跃,中国的国际传播事业也会迎来新气象、迈上新台阶。

中国传媒大学党委书记　廖祥忠

目 录

延安的火种,熊熊燃烧在我们心中	葛云飞	/1
时代是思想之母 实践是理论之源	罗　鹏	/7
重走红军路 筑梦井冈行		
——新闻调研实践与思考	杨　臻	/12
跨越时空的井冈山精神	付诗迪	/20
回首贵州行		
——从讲"好故事"到"讲好"故事	曾　鼐	/24
贵州之行的三个思考	梁晓辉	/28
向基层要答案,让土地去检验	王嘉婧	/32
10年坚守		
——魅力华东点燃新闻热情	郁琼源	/37
调研中国,牢记初心使命	陈文沁	/42
重庆调研		
——植根中国大地的行与思	王婧雯	/46
从拍摄河南首个脱贫县到记录全国脱贫攻坚奇迹	卢　烨	/51

珍贵的一线实践调研
    ——学习先辈精神,亲历国家壮举　　　　　　　　　睢黎曦　/ 56
深入基层,用镜头讲好中国故事　　　　　　　　　　　　李桢宇　/ 61
将报道写在大地上　　　　　　　　　　　　　　　　　　栗思月　/ 67
泡桐有声
    ——兰考国情教育实践有感　　　　　　　方雪悦　黄若鸿　/ 71
在一线,遇见可信、可爱、可敬的中国　　　　　　　　　郑锦强　/ 76
没有调查研究,就没有好新闻　　　　　　　　　　　　　袁月明　/ 80
铁肩担道义 初心永不灭　　　　　　　　　　　　　　　陈相如　/ 86
讲好中国故事,一直在路上
    ——从河南兰考到阿联酋阿布扎比　　　　　　　　　沈御风　/ 90
5年,从闽南到藏南
    ——我的扶贫记录　　　　　　　　　　　　　　　　孙伟健　/ 94
从兰考出发
    ——漫谈我的国情调研经历　　　　　　　　　　　　翁旭东　/ 99
夯实调研本领 勇立时代潮头
    ——在工作中回首国情教育实践之路　　　　　　　　宋　晨　/ 106
这辆开往平原的列车　　　　　　　　　　　　　　　　　毕　莹　/ 112
小暑时节,泡桐树下成荫好　　　　　　　　　　　　　　叶源昊　/ 118
走得近一些 想得远一点　　　　　　　　　　　　　　　蔡　雨　/ 124
回望、感悟、奋进
    ——八闽大地跋涉洗礼记　　　　　　　　　　　　　魏弘毅　/ 129
"赤溪村返乡创业第一人"的回归　　　　　　　　　　　潘九鸣　/ 134
"永葆赤子之心"　　　　　　　　　　　　　　　　　　唐诗凝　/ 139
保持新鲜,保持在场　　　　　　　　　　　　　　　　　周佳昕　/ 143
牢记青春誓言 扎根基层工作　　　　　　　　　　　　　曾林浩　/ 148
在国情实践中走近"三农"报道　　　　　　　　　　　　张晓洁　/ 153

标题	作者	页码
山重水复"绿"为径 ——用脚步丈量秦岭地区乡村振兴之路	王鹏宇	159
接官亭社区工厂点亮略阳新希望	朱荧坷 张泓宁	164
烈士纪念碑前的宣誓	朱荧坷	168
"半条被子"温暖依旧,新闻初心历久弥新	方安然	173
"半条被子"精神让我在工作中持续受益	王瑶琦	180
从岳麓书院感悟文化自信,推动中华文化更好地走向世界	刘琦	184
笔下有千钧 ——路要有人走,故事要有人讲述	骆香茹	191
风起少年湘行时,乘以今日蜀道游	夏薇	196
做好调查研究 讲好党和人民的故事	蒋佳欣	202
媒体融合时代下工人日报社的实践与思考	王美茹	206
将新闻写在祖国的大地上	伊圣楠	211
"酒香也怕巷子深" ——浙江国情实践的所思所悟	臧赫 万星月	215
对话良渚文创,传承千年文明	杨莉雅	222
红心向党,红船见证	侯国棣	226
理解辩证唯物主义认识论 用好调查研究之"密钥"	刘婧妮	231
融合优势与真实报道	张家宁	236
成为中国故事的观察者与记录者	赵以纯 林天昊	240
把文章写在中国大地上	刘子赫	244
躬耕不辍 行路不止	张星冉	249
扎根大地,纵切现象,沉淀心境 ——在国情教育实践中领悟调查研究要义	杨雨千	254
行而不辍 履践致远	周倩	259
行之始,知之成 ——让国新教育实践落在希望的田野上	陈子涵	264

延安的火种，熊熊燃烧在我们心中

◎ 葛云飞*

作家何其芳在70年前描述延安道："延安的城门成天开着，成天有从各个方向走过来的青年，背着行李，燃烧着希望，走进这城门。学习，歌唱，过着紧张的快活的日子。然后一群一群地，穿着军服，燃烧着热情，走散到各个方向去。"70年后，一队由国际新闻传播专业的硕士研究生组成的"三项教育学习"新闻夏令营也背负行囊、怀着期望来到这座中国革命的圣地。

70年前，青年们来到这块圣地，渴望着用自己的双手建设一个崭新的国家；70年后，我们来到这里，重温着先烈胸中熊熊的革命之火，将他们的希望和责任继续扛在自己的肩上，决心为他们用自己血汗建成的新中国而继续奋斗。

一、革命的传承——延安精神的火种在我们心中熊熊燃烧

我们来到枣园，我们来到杨家岭，我们来到宝塔山，我们看到黄土坡上简陋的窑洞，在这里，毛主席、朱老总指挥了全国的革命事业；我们看到石洞

---

* 葛云飞，中国传媒大学2009级国际新闻传播硕士班毕业生，现就职于中央广播电视总台CGTN专题部，任主编、纪录片导演，主任记者，曾被评为中宣部全国宣传思想文化青年英才、全国抗击新冠肺炎疫情先进个人、中央广播电视总台首届"十佳记者"、国家广电总局青年创新人才。作品曾荣获中国新闻奖、中国广播电视大奖、全国年度纪录片优秀国际传播奖、国家广电总局2020年度优秀海外传播作品奖等，作品入选中国纪录片年度十佳长片、全国十佳微纪录片，并多次作为国家历史影像被中央档案馆和国家图书馆永久收藏。

里的抗大教室,在这里,热血青年聆听着革命的教诲,学习着革命的思想;我们看到清凉山上的步步土阶,在这里,党的新闻工作者登上山顶,向全国传播党中央的声音。

到底是什么支撑着共产党人在如此艰苦的条件下还能坚持自己的理想,还能如此乐观地建设根据地、抗击侵略者、迎接全国革命胜利的到来？延安干部学院教授安振华在报告会上清楚地告诉我们,是中国共产党人用鲜血和汗水浇灌而成的延安精神使他们不屈不挠地在延安奋战了13年。

为了崇高理想而奋斗终生的抗大精神,告诉我们这些青年人,条件的艰苦、环境的恶劣都抵挡不住一颗赤诚的心,只要你胸怀远大的理想并愿意为之奋斗终生,那么你的人生就是有意义、有价值的。在抗日军事政治大学的旧址,我们看到了当年这些年轻人的生活学习情况。艰苦奋斗、苦中作乐便是最好的写照。年轻人在这里喝着稀粥,吃着窝窝头,住着山洞,以高粱为笔,以膝盖为案,但是他们依然热火朝天地学习着、劳动着、战斗着。拿着自制的木扑克牌、木头网球拍,他们用革命的乐观主义精神保持着自己的战斗精神。这不禁让人想到现在,物质生活的改善却造成了许多人精神上的退步,对于金钱的追逐已经遮掩了曾经藏于我们心中的革命理想。70年前的年轻人在如此苛刻的条件下还能斗志昂扬地为自己的理想而奋斗,而我们更需要在现今为了建设一个更好的中国而奋斗。

实事求是的精神告诉我们,只有深入生活、深入基层,才能更准确地把握中国的国情,报道一个最真实的中国,而在书屋中形而上地坐而论道只会脱离实际,背离真理。1941年,毛泽东为中央党校所题的校训"实事求是",不仅是对全体共产党员,更是针对我们这些即将走上工作岗位的新闻人。"仰望星空,脚踏实地",作为一名国际新闻传播硕士班的研究生,在着眼于整个民族和国家去学习理论知识的同时,更要把眼光放到广袤的中国大地上,去了解生长在这里的人民,深入基层、深入实践,才能更好地感悟生活、感悟革命,才能明白怎样去做好党的新闻事业,为人民服务。

延安精神的内涵还有很多：自力更生、独立自主、艰苦奋斗的南泥湾精神，国际主义、共产主义精神和毫不利己、专门利人的白求恩精神，全心全意为人民服务的张思德精神，只见公仆不见官的公仆精神。在国际传播话语权被西方媒体掌控的情况下，中国人要想发出自己的权威声音是难上加难，这时就需要我们学习南泥湾精神，自力更生、艰苦创业，在他人早已走马圈地的国际传播格局中杀出自己的一片天地，这也正是中共中央现在正在努力推进的事业。新华社 CNC 电视台的开播，中央电视台各外语频道的改版和推出，都是我们艰苦奋斗通往胜利之路的一部分，而作为参与其中的一分子，就要发挥自己的所有才智去为党的对外传播事业添砖加瓦，做对外传播事业中的南泥湾开荒 359 旅的一分子，让延安精神的熊熊火炬永远在我们心中燃烧。

二、理论联系实际——新的农村给了我们新的视野

"山连山来峁连峁，三山五岭不见苗。"

延安行前，印象中的陕北农村便如陕北民谣中所唱的那般，黄土连天，山裸壑深。但当坐车行往延安市李渠镇张兴庄时，道路两旁叠嶂起伏的群山便用漫山遍野的绿意驱走了脑中陈旧的陕北印象。

本队此次下乡体验生活报道的目的地张兴庄村，是延安市李渠镇碾庄联合村 18 个成员村之一，距离延安市大概 1 个小时的车程，有 150 人，30 户农户。村落坐落在群山之间，横在一座弯月形山的弧顶。村落由两排崭新的四孔连体窑洞构成，房前屋后，都种着绿油油的蔬菜和树木。处于山沟沟之中的张兴庄村周围都是连绵不绝的黄土山峁，其上都是青葱遮蔽，树木成荫。都说老区人民穷，老区人民苦，然而面朝黄土背朝天的艰辛景象却在张兴庄村杳无踪迹了。住的是崭新的现代砖窑，用的是现代化的电器设备，喝的是从山上引下的清澈自来水，行的是宽阔平坦的柏油路。随行的老师也感叹，本想让你们这些城市学生吃点苦，却想不到是来新农村享福了。

这就是新农村建设大潮中的一个典范。此行前,我们这些学生都在感叹,如何将国家的政策和党的理论用更生动、更形象的语言去表达出来,理论联系实际,但如果连理论都弄不清楚,究竟怎样去联系实际呢。但到了张兴庄村,看到质朴的农民住在崭新的窑洞里喜笑颜开地向我们讲述之前的贫苦生活,我们茅塞顿开。我们无法理论联系实际,只是因为还没有真正地深入实际。原先缥缈在空中的各种理论政策,在我们深入农村、走乡访野、参观学习、交谈和采访的这三天里,都落在了地上,生根发芽。通过事实的支撑,我们更好地理解了政策和理论;通过了解各项政策和理论,我们也看到了各种事实背后隐藏的内容。

我们明白,所有个体的表现都是在整体的影响之下产生的。张兴庄村的致富带头人张平,正是在改革开放的大潮中,走出了山村,来到城里通过自己的辛勤努力创建了建筑公司,又趁着建设新农村的大潮流,回报乡里,建设了一片夜不闭户、路不拾遗的美丽乡村景象。在随后采访的山峁湾村农村专业合作社中,山峁湾村的"能人"蒋延平,也是14岁时随着改革开放外出打工,在外通过不断打工积累了经验和知识,回到村里带领村民们发家致富。他看到了延安城市发展的大环境,于是抵上了自己全部的身家财富,带领农民们创办了农民专业合作社,将农民的土地通过流转集中在一起,开办了延安最大的建材批发市场——丰泉建材市场。他说:"想致富,不是光靠种树,关键是要解放思想。"

三、声震长空——向新闻事业宣誓

"我宣誓,继承和发扬党的新闻工作优良传统,高举旗帜、围绕大局、服务人民、改革创新,坚持贴近实际、贴近生活、贴近群众,弘扬职业道德,努力做让党放心、让人民满意的新闻工作者。"

国际新闻传播专业硕士生站在清凉山顶庄严地宣誓,背后便是毛主席题字"深入群众、不尚空谈"的石碑。清凉山是延安时期党的新闻宣传事业的中心,中央印刷厂、新华广播电台、新华通讯社总社、解放日报社等诸多新闻宣传机构都设立在清凉山上。登上清凉山,便是作为一名新闻人的寻根之旅。延安新闻纪念馆依山而建,展示了延安时期新闻宣传事业艰苦奋斗、自力更生的艰辛故事。解说员指着一个简朴的电台告诉我们,这是红军初到延安时唯一的一台发报机,需要靠烧柴来发电,木头差了电压不够,木头好了电压又高了,只能挑刚刚好的木头来烧火发电。馆内还有露天自然形成的石洞,新闻文稿和外文译电就是在这里完成的。

  登上山顶还有一排排的窑洞,这里是老一辈新闻人的办公地点。登台遥望,巍巍宝塔山,清清延河水,尽收眼底。同学们抚摸着窑洞的外墙,嘴里低吟着:"我们的根在这里。"在万分困难之中,这里依然向全中国、向全世界播报着中国共产党、中国革命的消息,在一穷二白之中发展壮大着党的新闻出版事业,培养了新中国的第一代新闻人才,诞生了中国新闻事业的光荣传统,孕育了新中国的新闻之根。正义之声从这里发出,震破长空,九州雷动。

  "星星之火,可以燎原。"1936年起,延安这座革命的大本营点燃了中国大地上革命的星星火种,最终形成了燎原之势,铸就了新中国,而党的新闻事业也从这里起步、发展和壮大。延安之行,是一次双重的寻根之旅,我们寻到了中国革命之根,觅到了中国新闻之根,感受到了永放光芒的延安精神。此刻,延安,这个永不熄灭的火种也在我们的心中熊熊地燃烧着,温暖着我们的心胸,照亮了我们前进的方向。

国情实践期间,时任延安市副市长彭祖佑介绍延安概况,葛云飞在现场拍摄

2022年6月1日,葛云飞在郑州拍摄《破阵子》MV

2020年,葛云飞作为总台增援记者担任《武汉战疫记》总导演

作者后记:13年前,我作为第一届国新班成员,第一次来到延安这片浸染了红色传说的土地。这也是我人生中第一次新闻实地采访活动,在指导老师的带领下我写下了第一篇通讯稿件。当时的我还不清楚自己的未来具体如何,但如今回头看来,延安精神对我的影响一直存在。应该始终用共产党员的标准来要求自己,在面临困难时迎头而上,不畏艰险,艰苦创业。这些曾经听过的故事和精神都慢慢实践于自己的工作中。我感谢这段经历,感谢国新班给我的这次机会,这也会激励我在未来的工作中继续前行。

时代是思想之母 实践是理论之源

◎ 罗　鹏*

调查研究是我们党的传家宝，我们党历来重视调查研究。党的十八大后出台的中央"八项规定"第一条就是"改进调查研究"，从党的群众路线教育实践到"三严三实"专题教育，从"两学一做"学习教育到"不忘初心、牢记使命"主题教育，从党史学习教育到学习贯彻习近平新时代中国特色社会主义思想主题教育，无不要求我们重视做好调查研究。如今，我在国际传播领域工作已逾10年，10年的光阴教会我调研实践对开展工作的重要意义，但蓦然回首，却发现2011年暑期的经历，早已为这10年从事国际工作埋下了种子。

2011年7月16日，根据中宣部、教育部的统一部署，清华大学、中国人民大学、中国传媒大学、北京外国语大学、复旦大学五所高校的2010级"国新班"学生的井冈山暑期实践正式开始。带着满心期待和满腔热情，也夹杂着初次上路对国情实践的懵懂无知，经过15个小时的车程后，我们从北京出发到达了井冈山干部学院，开始了为期7天的实践。时间虽短，收获却是沉甸甸的，回忆起一步步走过的历程，感动一点点袭来。

---

* 罗鹏，中国传媒大学2010级国际新闻传播硕士班毕业生，现就职于中央广播电视总台国际传播规划局。曾被抽调至中共中央宣传部参与国际传播相关工作，进入"亚洲文明对话大会"执委会工作组参与活动筹备。参与春晚、抗疫、《领航》等多个总台重点节目海外宣传推广工作，参与策划实施与CNN、国家地理等多家海外知名媒体的合作传播项目，并多次参与举办涉外主题活动。曾获第三届全国对外传播理论研讨会优秀论文奖，曾被评为中央电视台舆情信息先进个人，并多次在工作中获评先进个人。

一、物有甘苦，尝之者识；道有夷险，履之者知

井冈山是片红色的土地，山间翠竹郁郁葱葱，依然记得那时窗外飘洒的小雨，空气中夹杂着泥土的芬芳，让人心脾舒畅。

我们入住了井冈山干部学院，房间干净朴素，还记得进入房间时第一眼的震撼，书桌上整整齐齐地摆放了一叠一尺来高的教材。最上面是一本《学员手册》，介绍了井冈山和井冈山干部学院的情况，整理了人员信息和联系方式，并规划了学习实践的行程及相关提示。虽然只是短短 7 天，学院还为我们精心挑选并汇编了红色诗词、红色歌曲、根据地简史、现场教学解说等学习资料。

依然记得，中宣部、教育部、中国记协、各大媒体及高校所有随团老师在抵达后，只是稍做整理便召开了第一次工作会议。会上，所有老师依次发言，从学习任务的安排到课外活动的组织、从教学场地的设置到出行安全提示都进行了再次确认，并明确了班委分工，身为副总班长的我，看到了更多大家不顾旅途劳累、工作一丝不苟的画面，了解了更多大家为整体实践的成功所倾注的心血。依然记得，开班仪式上，负责组织的翁老师说："所有带班的老师手机将会 24 小时开机，同学们有任何问题，可以随时找我们。"依然记得，井冈山干部学院的领导专程问候我们是否习惯当地饮食、气候。依然记得，当我们百余人的队伍分成了不同实践班级，每一次户外实践，每一场现场教学，所有带班老师都跟着我们一道爬山、走路，前面的老师领路，垫后的老师等待因为拍摄而没有跟上的同学，确保无人掉队，并且随时听取我们的反馈意见，帮助我们解决学习实践中遇到的问题。依然记得，每一位现场教学的解说员对革命事迹饱含深情的讲解和阐述。依然记得，当我们提出希望实践结束时组织一场联欢晚会，将我们的所学所想所感所悟进行汇报，进一步促进五所高校交流合作时，组织方老师积极协调，联系中共江西省委宣传部，几经周折才及时协调出能容纳我们近二百人的活动场地，而那场活动成为我们暑期实践最大的亮点之一，展示了同学们自编自导自演的众多

实践成果。依然记得……

这只是针对学生群体开展暑期实践,但这点点滴滴里,却是多少人为我们第一次暑期实践的成功保驾护航、默默付出!

每一场活动、会议的成功举办,都离不开组织方的精心策划、尽心实施,需要不同机构和部门的团结协作、群策群力,更依靠每一名工作人员的全力以赴、履职尽责。多年后,当我参与到筹备"亚洲文明对话大会"等系列国家重大对外交流活动、筹备加强国际传播能力建设工作座谈会等重大会议、举办迎接二十大召开的"潮涌香江谱新篇"等主题活动、参加"俄罗斯圣彼得堡经济论坛"等国际知名论坛时,作为其中的一员,才更切身体会到筹办好一场活动、一场会议的不易,各项事务千丝万缕、千头万绪,个中艰辛一言难尽。看到这些会议活动成功举办时,更深深体会到"功成不必在我,功成必定有我"的开心与自豪,也依然能回忆起,井冈山的暑期实践给我上的第一课。

二、根植沃土,其叶方茂;实事求是,其理乃明

对当时还在校园的我们来说,首要任务就是学习,可从来实践才是最生动的课堂,行动是最有力的示范。多年后依然能回忆起"井冈山是一片红透了的土地"。那红是杜鹃花开的颜色,是红米饭南瓜汤的革命传统,但更是许多革命英烈们为革命而洒下的热血。井冈山烈士陵园中安葬着四万八千多位烈士的英灵,其中就有三万多位无名英雄。即使在瞻仰大厅左侧的陈列厅中展出了78位英烈,也有18位烈士,陈列出来的只有一个名字、一面党旗和松柏的图形,这其中,甚至有伍若兰——开国元帅朱德在井冈山时期的革命伴侣,她生前没能留下一张照片。

我相信当年的他们早就知道,革命要抛头颅、洒热血,可他们依然义无反顾。是什么让他们以宝贵的生命为代价,前赴后继、流血牺牲呢?"坚定信念、艰苦奋斗、实事求是、敢创新路、依靠群众、勇于胜利。"这是井冈山精神给当时的我们带来的感动和思考。

为了更好地将感动和思考表达出来，进一步提升大家的实践能力水平，每个教学班级都安排了来自各大媒体的一线老师，让大家有机会向能者求教，向智者问策。大概是考虑到传媒大学在电视和新媒体领域的人才培养特色，给我们班安排的是来自中央电视台的粟国祥老师。当时，我们的实践内容不仅仅是文稿写作，还有视频拍摄和电视新闻的剪辑。因此，在一整天紧凑的实地学习行程之外，我们还需要另外安排时间进行素材的选择和剪辑。可当我们觉得疲惫不堪时，与我们同样经历了一整天紧凑行程，甚至还承担着单位工作任务的指导老师们主动利用个人休息时间给我们讲评新闻作品。

指导我们的粟老师每天晚上9点半准时开始"审片"，指出我们拍摄的电视新闻片的不足，提出改进意见，讲授电视新闻的结构思路、出镜技巧和叙事画面的安排等实践知识。尽管面对的是一群在校学生，粟老师却很耐心，原定一个小时的指导，经常一眨眼就过去了两个小时，直到解答完我们的疑问。后期，粟老师更是把清华大学同学制作的电视新闻节目和我们制作的新闻节目进行综合讲评，两校的特色风格得以交流互鉴、两校学生的业务能力也在交流中进一步提升。与此同时，我们拿着采写的文字稿件，向其他班级的指导老师求教时，他们也是毫不推辞，纵使脸上都写满了疲惫，仍然细心为我们讲解到深夜。

井冈山革命先烈的英雄事迹，带队老师们的不辞辛劳、以身作则，都留在了我心中。

"一语不能践，万卷徒空虚。"越是深入实践，了解我们的历史，了解我们的国情，越感到肩上的担子很重。依然记得当年暑期实践结束之后，我暗暗下定决心，在今后的日子里，用手中的笔和镜头，将所见所闻、所学所感，传向世界。

多年后，我幸运地成为中央广播电视总台的一员，从事国际传播相关工作。在一次次主题教育的学习中，在不断对总书记重要指示批示精神的领会中，进一步找到了开展国际传播工作的方向和发力点。一如我们在反复调研平台特性和受众接受习惯的基础上，乘着二十大的东风，参与策划制作并推动了《领航》国际精编版在CNN等西方主流媒体平台的播出。一如我们为了配合习近平总书记出访印度尼西亚,与印尼传媒集团合制了专题片《"雅万"出发!——东南亚首条高铁纪实》,讲述雅万高铁作为中国和印尼共建"一带一路"合作旗舰项目,对中国与东南亚地区社会经济发展和人民生活产生的深远影响,反响热烈。一如我们深入考量合作平台资源和特质,依托总台重点纪录片《大敦煌》,首次推动中日"网红"合作共创敦煌主题系列产品,解读敦煌文化、推介纪录片,在日本主流社交平台传播,效果显著。一如我们充分发挥策划优势,创新构建总台春晚海外宣推的多维立体新格局,在西方主流媒体腹地掀起春晚宣推高潮……

当前,世界百年未有之大变局加速演进,国际局势云谲波诡,不确定、难预料的因素众多,国际传播工作面临的各种风险挑战、困难问题比以往更为严峻复杂,但总书记重要讲话和重要指示批示精神是我们做好国际传播工作的根本遵循。身为总台国际传播战线的一员,我将坚持不懈从中找思路、找启迪、找答案,努力提升自身政治能力、思维能力和实践能力,为进一步扩大总台品牌的海外引领力、传播力、影响力贡献自己的微薄之力,服务好党和国家工作大局。

重走红军路 筑梦井冈行
——新闻调研实践与思考

◎ 杨　臻[*]

调查研究是谋事之基、成事之道，没有调查就没有发言权，没有调查就没有决策权。

2023年4月，习近平总书记在学习贯彻习近平新时代中国特色社会主义思想主题教育工作会议上发表重要讲话，强调要大兴调查研究之风，运用党的创新理论研究新情况、解决新问题、总结新经验。

而在新闻战线，调查研究不仅是开展工作的基本方法，也是新闻工作者必备的本领和工作作风。2010年，当我踏入中国传媒大学的校门、进入国际新闻传播硕士班时，老师们就以"准新闻人"的标准严格要求我们，带领我们践行调研精神，走访基层群众，加深对国情的认识，增强传播的能力。

---

[*] 杨臻，中国传媒大学2010级国际新闻传播硕士班毕业生，现就职于上海广播电视台融媒体中心新闻专题部。主任编辑，东方卫视新闻时评栏目《今晚》责任编辑，新闻专题党支部委员，第五届上海市广播电视协会理事。曾任深度调查栏目《1/7》编导、出镜记者、上海广播电视台驻台湾记者站首任记者。作为主创，参与制作上海广播电视台多项重大主题报道，包括大型理论节目《思想耀征程》、迎接党的二十大特别节目《领航中国》、春潮润"世"——中国"入世"20周年系列特别节目、"百年初心 薪火相传"庆祝中国共产党成立100周年特别节目、"新时代 共享未来"第一届至第五届中国国际进口博览会全媒体直播特别报道等。主创作品曾荣获中国人大新闻奖、中国广播电视大奖、上海新闻奖、上海广播电视奖、上海市科学技术新闻奖、长三角广播电视媒体融合典型案例奖等诸多国家及省市级奖项。所在团队获上海市巾帼文明岗、中共上海广播电视台先进基层党支部。杨臻个人多次被评为上海广播电视台融媒体中心"明星员工"、优秀共产党员。

一、传承红色精神 强化政治意识

1."牺牲带"与红军服

2011年7月18日至24日,我们与中国人民大学、清华大学、北京外国语大学、复旦大学的国际新闻传播专业硕士研究生开启暑期实践活动,一同前往井冈山干部学院,接受革命传统教育及国情教育培训。

作为井冈山干部学院最年轻的学员,我们在短短7天时间里,通过多次专题讲座、现场教学、体验式教学等丰富多彩的活动,重温井冈山的历史、走进井冈山的山林、学习井冈山的精神。

回想起当年的"井冈行",有两个物件至今仍给我留下深刻的印象。

来到井冈山的第一天,我们每个人的脖子上就佩戴了一条红色的带子,它是一条"识别带",也是一条"牺牲带"。在人民军队草创时期,由于装备极为简陋,没有统一的军服,为了区分敌我,也为不与百姓混淆,将士们就在领口上、袖子上、脖子上系上红带子,以此作为标记。而它名为"牺牲带",背后则折射出更残酷的现实。每条"牺牲带"上都记录着佩戴者的姓名和籍贯,一旦他在战场上牺牲,战友们可以凭借这上面的信息,将消息传递给烈士亲属。而这条"牺牲带",也彰显出红军将士们随时准备为革命献身的决心和勇气。

正是佩戴着"牺牲带",我们在井冈山革命烈士陵园为牺牲烈士敬献了花圈。据讲解员介绍,在井冈山革命斗争中,共有约四万八千人牺牲,然而在建烈士陵园之初,根据记载和一些革命战士的回忆,最终只有15744名烈士被刻上了姓名,很多烈士没有名字、没有照片,默默地被安放在无名碑下,这也使烈士陵园中一面不着一字的墓碑越发显得沉重。而他们中的大部分人,牺牲时正值青春年少,有的甚至才刚刚成年,他们用坚定的革命信念染红了胸前的"牺牲带",也给现今的我们带来了深深的震撼。

另一个给我留下深刻印象的物件,是那一身灰蓝色的红军服。1928年冬,国民党对井冈山革命根据地进行军事进攻和经济封锁,企图把红军围困在山上。毛泽东、朱德等为打破敌人的封锁,亲自带头挑粮。红军将士靠着肩挑背驮,把30多万斤粮食从山下挑到山上,解决了井冈山革命根据地的给养问题,支撑了井冈山工农的革命斗争。

在全长3.1公里的崎岖小道上,我们身着红军服重走红军路,感受红军挑粮的艰苦与不易。炎炎夏日,"全副武装"难免大汗淋漓,大家就唱着红歌相互鼓励,一步步向终点前行。而艰苦奋斗、吃苦耐劳也是新闻工作者的基本素质,这种体验式教学的方式,也让我们在实践中进一步坚定理想信念、历练新闻职业素养。

在途经黄洋界时,老师曾告诉我们,这里有一棵大槲树,红军将士们曾在此挑粮歇脚。当时,毛泽东问战士:"站在槲树下能看多远?"战士们有的说可以看到江西,有的说可以看到湖南。而毛泽东则意味深长地说:"我们不仅要从这里看到江西和湖南,还要看到全中国、全世界。"

这虽是一条挑粮小道,但也是一条中国革命走向胜利的阳关大道。星星之火,从这里燎原。而坚守国家立场、发出中国声音的使命火种,也通过生动而深刻的"井冈行",在我们的心中渐渐萌发、燃烧。

2. 让党的创新理论"飞入寻常百姓家"

新闻舆论工作是一项政治性很强的工作,在"发出中国声音"之前,首先要"坚守国家立场"。对党情和国情准确理解、全面把握,才能把新闻报道做得扎实,不失偏颇。这点在我从事新闻工作后,可谓深有体会。

近年来,在做好日播新闻报道的同时,我所在的新闻专题部每年都会承接多项重大主题报道任务。比如"百年初心 薪火相传"——庆祝中国共产党成立100周年特别节目、春潮润"世"——中国"入世"20周年系列特别节目、迎接党的二十大特别节目《领航中国》等。重大主题报道是党媒在大局、大势、大事中发声的重要形态,也是党的新闻工作者体现使命担当和政治站位的重要抓手。如何把党的重要思想理论理解到位,再通过生动、接地气的方式传递给广大人民群众,是对新闻工作者政治领悟力和采编专业能力的双重考验。

2023年上半年,由国家广电总局指导、上海广播电视台融媒体中心承制的电视理论节目《思想耀征程》启动策划制作。该节目以主题教育的创新理论指导实践,聚焦宣传阐释习近平新时代中国特色社会主义思想的立场、观点、方法。在前期策划中,如何把这一宏大的思想具体化是主要难点。导演组通过大量自学和集中学习,并与中央党校、各大名校专家学者们反复沟通、请教后,最终敲定以"六个必须坚持"作为统领六集理论节目的框架。而后,面对"必须坚持人民至上""必须坚持自信自立""必须坚持守正创新""必须坚持问题导向""必须坚持系统观念""必须坚持胸怀天下"这六大主题如何在寥寥几个字中拓展出近一个小时的电视节目这一问题,分集导演再进一步拆解、细化,找到最具代表性的理论,并从全国各地寻找能体现这些思想理论的典型案例,用具体的人和故事来阐释理论,用现在的视角看待过去、解读变化的过程。

而为了让节目更具可看性,导演组还特别结合了当下年轻人流行的"脱口秀"形式,在《思想耀征程》的采制过程中设置了"闪耀开放麦"环节,在全国各地打造流动的"舞台",倾听老百姓真实的声音,让他们讲述自己的故事和家乡的变化,使观众聆听新思想在全国各地引领新征程的生动回音。

"要把握正确舆论导向,提高新闻舆论传播力、引导力、影响力、公信力,巩固壮大主流思想舆论。要加强传播手段和话语方式创新,让党的创新理论'飞入寻常百姓家'。"党的十八大以来,习近平总书记高度重视新闻舆论工作,深刻阐述了新时期党的新闻舆论工作的职责使命、基本方针、实践路径。从校园到职场,传承红色精神、强化政治意识这一理念也始终指导着我认清肩负的责任、不断提高能力和水平,做让党和人民放心的新闻舆论工作者。

二、加强新闻实践 锻造发现能力

1. 7天9稿

在进行革命传统教育和国情教育的同时,国新班的每一次调研实践活动也尤为重视对学生新闻专业能力的训练和培养。

比如在 2011 年井冈山暑期实践中,我们与其他四所高校的国际新闻传播专业硕士研究生拍摄和撰写了大量新闻报道。据中国记协统计,7 天时间里,五校学生共写出 291 篇报道,包括消息、通讯、特写、专访、特稿、评论、诗词、微博心语等各种体裁,拍摄了上万张照片并精选出 199 幅新闻照片。

当我翻看当年的移动硬盘时,我发现自己也真够"卷"的。7 天的实践中,我留下的文字记录共 9 篇,包括新闻消息、新闻特写、通讯、人物专访、随笔等多种体裁。老师们为了鼓励大家多采写、多实践,还会择优在中国记协网站上刊登优秀文稿和照片,这进一步激发了大家的实践热情。其中,我采写的《心存感念 活在当下——专访革命家曾志后人蔡军》《井冈山革命博物馆里的"红领巾讲解员"》《印象井冈山》等多篇报道和随笔在中国记协网站上相继刊出,这也算是我的新闻作品第一次"公开面世",心中倍感自豪。

那么,白天有满满的学习和培训课程,怎么还会有时间产出这么多新闻报道呢?其实,大家多是在白天的走访学习中注意观察,遇到合适的选题"短平快"地进行采访,然后晚上回到住所再撰写成稿。比如《井冈山革命博物馆里的"红领巾讲解员"》报道的就是在我们参观井冈山革命博物馆时发现的一个小细节。当时,博物馆讲解员中有几个"不起眼"的小讲解员,他们来自井冈山小学,头戴耳机、腰间别着扩音器,像模像样地为参观者介绍,并不时引来阵阵掌声。在发现这些"红领巾讲解员"后,我利用他们的讲解间隙,采访了一位一年级的小讲解员,了解了她利用暑假义务来井冈山革命博物馆讲解的故事,并采访了博物馆讲解组的负责人刘玉琴。她告诉我,从 2008 年开始,约有 200 位义务讲解员参与井冈山革命博物馆的讲解工作,除了小学生外,还有中学生、大学生参与其中。

而对革命家曾志后人蔡军的专访,同样源于偶然。无产阶级革命家曾志在井冈山开展革命工作时,为了不耽误工作将年幼的孩子送走的故事传为佳话。一次在和井冈山干部学院带班老师的闲聊中,我偶然得知曾志的曾孙蔡军,竟然就在井冈山干部学院做一名普通的司机。为了不错过宝贵的机会,我主动问来了他的联系方式,完成了一次独家专访。在采访中,蔡军告诉我,他没有世俗人眼中的"飞黄腾达",也对曾祖母的"不提携"表示理解。在他看来,曾祖母不是高官,就是一个桌布坏了都不舍得扔的普通老太太,一个坚守原则、廉洁奉公的好干部。曾祖母的为人处事态度也影响了他,蔡军说自己从不走歪门邪道,多年来凭自己真本事,本本分分做人,踏踏实实做事。

这两个例子让我意识到,新闻报道未必都是在文字、画面表达上见输赢,新闻的发现能力、捕捉能力、与人的沟通能力或许更为重要。它是新闻采访的起点,也是挖掘出好故事、好人物,找到独特报道角度的重要基石。

2. 好新闻贵在好发现

法国著名雕塑家奥古斯特·罗丹曾说:"世界上不缺少美,而是缺少发现美的眼睛。"在新闻工作中同样如此。经过在国新班实践中的专业培养和历练,我进入电视台、前往多个新闻现场后越发体会到"好发现"对于做好新闻的重要价值。

2016年4月,当时我正在深度调查栏目《1/7》做编导和出镜记者,一天,在寻找选题的时候,报纸上的一个"小豆腐块"引起了我的注意。

4月4日晚,浙江省嘉兴市的洪合镇发生了一起命案,一名只有16岁的青少年龙龙,死于乱棍之下。施暴者同样是和他年纪相仿的青少年。这40余人分成两派,手持棍棒,相约在桥头展开械斗。这些青少年来自哪里?他们因何参与械斗?谁又该为这起悲剧负责?事件背后反映出了怎样的社会问题?带着这些疑问,我与摄像人员前往现场调查。

从发现选题到寻找核心当事人,再到争取警方配合、走访目击者构筑新闻事实等,每一个环节无不考验记者的现场开拓能力和与人打交道的能力。而从进入新闻现场那一刻起,记者脑袋上的"雷达"就要高速运转,像个侦探一样去观察现场的细节,倾听采访对象的表达,找出问题的关键。

比如在龙龙家,我们发现了散落在屋角的作业本,上面一个个不及格的分数和刺眼的评语,显示出龙龙生前的学习状态。龙龙的母亲告诉我,2014年他们带龙龙从云南文山来到浙江嘉兴洪合镇,因为功课跟不上,龙龙念到六年级主动和父母说不想读书了,就此辍学。而参与此次械斗的青少年,大部分也都早早辍学。

当地派出所工作人员告诉我,洪合镇以加工羊毛衫闻名,10万人口中,超过七成是外来人员,其中云贵川居多。在镇上,每天有许多十来岁的外来少年无所事事地游荡。由于疏于管教、法律意识淡薄,不少青少年已经因盗窃、斗殴多次进出派出所。

在龙龙家,我们发现了一辆带有荧光绿色图案的拉风摩托车,这是他骑着去镇上玩的交通工具。而在镇上的一处地下溜冰场,外来少年们在这里集聚、抱团,辍学、帮工、游荡、追求新奇和刺激,是他们的共同标签。

采访将近尾声,我意识到这场械斗案背后折射出的是一个新的社会问题,那就是当"留守儿童"变为"随迁子女",问题并没有得到真正的解决。那期节目拍摄最后,我在现场说了这样一段话:"留守儿童的问题,我们关注了很多年,这些孩子被外出打工的父母留在老家农村,容易疏于管教,走上邪路。而让我们吃惊的是,这些孩子被父母带出来之后,同样的问题仍然难以避免。对社会的认知缺乏、父母受教育程度低、同伴的不良影响等因素导致这些年纪轻、缺少教育、没事做又不懂法的孩子很容易出现意外。当辍学、械斗这样的字眼,不是发生在一个孩子身上,而是一群孩子的普遍选择时,这样的问题亟待引起社会的重视。"

中国传媒大学2010级国际新闻传播硕士班在井冈山干部学院进行暑期实践活动

习近平总书记曾指出:"调查研究是我们党的传家宝,是做好各项工作的基本功。"中国传媒大学国际新闻传播硕士班的调研实践活动为我的新闻职业生涯打开了良好的开端。传承红色精神,强化政治意识,加强新闻实践,锻造发现能力,这些重要原则在我成为一个真正的"新闻人"后,仍然指导我的工作实践,激励我在一次次直播、一个个新闻现场、一项项重大报道中守正创新、再立新功。

杨臻在《领航中国》录制现场

杨臻在第五届中国国际进口博览会现场直播

跨越时空的井冈山精神

◎ 付诗迪*

转眼之间,毕业到央视工作已有十余年。2018年,中央广播电视总台成立,总台从传统技术布局向"5G+4K/8K+AI"战略格局转变,不断追求前沿技术的开创性探索,加强在4K/8K、5G、AI、大数据、云计算等领域的精耕细作。同时,加快推进全链条、全方位、全领域精品节目创新,奋力实现"满屏皆精品",推出了一批兼具思想高度、内容厚度、人文浓度与制作精度的优质视听节目,让"总台出品"的金字招牌深入人心。这也对我的工作提出了新的要求。

作为总编室的一员,我主要从事电视节目播出协调和编排管理工作。工作中,我们不断通过学习调研寻找改进节目编播统筹工作的办法和路径,为科学决策提供参考,助力编排统筹工作提质增效。繁忙工作之余,我们也在不断思考,电视节目如何牢记职责使命,站稳人民立场,在通俗化、大众化上狠下功夫?如何让主流声音"入耳,更入心"、满足受众多样化的审美需求?回顾自己从刚入行的"小萌新"到现在的工作经历,我发现,这些问题的答案,其实远在学生时代,在国新班去井冈山开展暑期国情实践调研时,就已经埋在了心中。

习近平总书记指出:"井冈山时期留给我们最为宝贵的财富,就是跨越

---

* 付诗迪,中国传媒大学2010级国际新闻传播硕士班毕业生,现就职于中央广播电视总台总编室,近年来参与了庆祝新中国成立70周年、庆祝建党百年、北京冬奥会、俄罗斯世界杯、卡塔尔世界杯等重大活动和赛事的播出协调工作,被评为"中央广播电视总台第二届青年英才"。

时空的井冈山精神。"

十多年前,尚在读研期间,我们国新班进行了为期一周的井冈山红色调研之旅。"传媒学子井冈行"虽然只有短短一个星期,但作为国际新闻传播专业硕士研究生的我们,在井冈山的土地上学到了许多。虽不能带走井冈山的一草一木,但井冈山精神在我们求学和工作的道路上一直伴随,在这片"红色摇篮"里的收获与感悟,润物无声,似乎给了我们每个人在未来道路上前进的力量。

还记得第一天踏上这片红色土地时的激动心情。对于我们这样一群生于20世纪80年代末的学子,未能体验革命的甘苦,对带着几分神秘和革命浪漫色彩的井冈山一直充满了向往。所以在到达的时刻,每个人都难掩兴奋的心情。站在红色的大地上,我们仿佛看到时光倒流到1927年,这样一幅画卷徐徐展开:毛泽东等老一辈无产阶级革命家,在这里插上了"工农武装割据"的红旗,播撒燎原的星火,开辟着"农村包围城市,武装夺取政权"的具有中国特色的革命道路。它为后人留下了宝贵的精神财富——井冈山精神。而我们,就为寻根而来。

在这里的每一天,行程都是满满的,情绪也始终不能平静。在井冈山,仿佛一草一木,都有一段荡气回肠的英雄故事;每一块砖石,都是中国革命历史的见证。

记得在井冈山革命烈士陵园,我们向烈士敬献花圈,缅怀先烈的丰功伟绩,那些密密麻麻的烈士名字布满了纪念堂的墙壁,让我们敬仰而心情沉重。

在小井红军医院和小井红军烈士墓,我们见证了当年革命英雄们极其简陋和贫乏的医疗条件以及自给自足解决困难的精神,还有宁死不屈、血染井冈的烈士,忠骨长眠青山。

还记得,在体验式教学的朱毛挑粮小道,我顺着小路刚走了一小段,已经累得汗流浃背,而当年红军靠着肩挑背驮把30多万斤粮食运上了井冈山,艰辛程度可想而知。

在黄洋界哨口,山上的遗迹如今依然还在,哨口有红军的营房遗址,离营房不远,红军当年挖的战壕清晰可辨。站在这里,脑海中涌现出了毛主席当年那首著名的《西江月·井冈山》:"山下旌旗在望,山头鼓角相闻……黄洋界上炮声隆,报道敌军宵遁。"红军战士的英雄气概成就了黄洋界的一段革命传奇,而同样也是党和人民血肉联系的历史见证。

龙潭瀑布和井冈新城则让我们看到了老区的另一面。"井冈山,两件宝,历史红,山林好。"井冈山不仅是中国革命的圣地,还是风光绮丽的风景名胜区和自然保护区。欣欣向荣的新城区和新农村,体现了党和政府时刻把老区发展放在心间。红色旅游的兴旺,传承红色基因,让井冈山焕发了生机和活力,也成了拉动当地经济发展的助推器。

在井冈山,我们从"八角楼"到"茨坪",从朱毛旧居到标语群……一路调研一路学习,接受红色精神的洗礼。"不菅微芒,造炬成阳",井冈山革命根据地的建立点燃了中国革命的星星之火。井冈山的土地默默见证着历史,流传下来的动人故事感动着每一个人。

记得《苦难辉煌》一书中有这样一段话:"毛泽东的根基在井冈山,不在白区,更不在共产国际,不能设想他在大城市租界内外压低帽檐、东躲西藏,更不能设想他像小学生一样端坐在共产国际会议厅里背诵冗长的决议。他属于那片实实在在的土地,只有在武装割据的中国农村中,他才如鱼得水、游刃有余。"这也是对井冈山历史作用的充分肯定。

在井冈山斗争时期,无数普普通通的人,同仇敌忾、并肩作战,牺牲是巨大的,甚至很多人没来得及在历史上留下只言片语,但他们汇聚的合力却写就了名垂千古的历史篇章。安静矗立的纪念馆、一幅幅照片、一处处遗迹,都在默默诉说着那段血与泪凝聚的光辉历史。短短百年,中国发生了翻天覆地的变化。忆战火硝烟的年代、苦难辉煌的岁月,更应珍惜当下的和平宁静。

当年的井冈山之行,通过一次次新闻实践,我开始读懂了新闻要"贴近生活、贴近群众、贴近实际"的三贴近原则,把保持党和人民的血肉联系的重要性牢记心间,更学习了井冈山"坚定信念、艰苦奋斗,实事求是,敢闯新路,依靠群众、勇于胜利"的精神。

毕业后，我有幸进入央视（今为中央广播电视总台）工作，通过文艺创作、新闻宣传等方式讲好红色故事、赓续红色血脉、让红色文化"活"起来是我们的职责。我牢记"井冈山精神"，不断通过调查研究解决工作中遇到的问题，在新时代新征程上，更时刻牢记：要坚定不移、坚持不懈地从习近平总书记重要思想、重要论述、重要指示中找思路、找启迪、找答案；要坚持以人民为中心的创作导向，创新"思想+艺术+技术"的融合传播，春风化雨、润物无声地做好宣传工作。

中央广播电视总台成立5年来，我参与了新中国成立70周年、建党百年、党的二十大、北京冬奥会、卡塔尔世界杯等各项重大活动和赛事的播出协调工作；参与了《典籍里的中国》《中国诗词大会》《征程》《领航》《航拍中国》等一系列精品节目的播出协调。针对各平台不同受众结构，研究布局多层次、立体化的节目资源，力求达到润物细无声的传播效果。我也有幸参与了总台4K超高清频道和8K超高清频道的开播协调，协助频道编辑部理顺节目编播流程，确定节目编排方案，为频道顺利开播保驾护航。我们的工作偏向幕后，却是实现全台宣传工作"一盘棋"的重要环节。这要求我们熟节目、懂技术、知经营、善沟通，充分发挥大编辑的思维，要与电视、广播、新媒体平台、技术系统建立紧密的联系，这样才能更好地完成各项工作任务，把总台的精品节目和专题报道协调好、排播好，形成协同发力、同频共振的宣传格局，让广大受众听得明白、看着亲切、形成共鸣。

国新班的暑期国情实践已过去十年之久，但跨越时空的井冈山精神给我们的力量却历久弥新。愿我们都能在百年党史中不断汲取力量，在调查研究和守正创新中展现担当作为。

回首贵州行
——从讲"好故事"到"讲好"故事

◎ 曾　鼐*

一、贵州行：跋山涉水的"新闻实战"

2012年7月，是我学生时代的最后一个暑假。

那年夏天，我们一行人来到贵州。5天的实践生活，是一场高强度的"新闻实战"，很辛苦却很精彩。

到贵州之前，经常听人提起"红色之旅"。遵义会议、娄山关大捷、四渡赤水……这些书本上的名字，我们早就背得滚瓜烂熟。当我们在遵义旧址重温入党誓词、在烈士陵园唱响红歌、站在吊桥俯瞰湍急的河水、听导游姐姐讲起女红军战士们的长征路时，这一个个名字不再是陌生的名词，它们串成了一个个有血有肉的故事，让我们激情澎湃，也让我们落泪感动。

不敢说那个夏天我们领悟了长征精神的全部精髓，但在这些故事中，责任、忠诚、坚韧不拔、顾全大局，这些听得习以为常的词语，让每个人有了新的共鸣。

---

* 曾鼐，中国传媒大学2011级国际新闻传播硕士班毕业生，现任中国新闻社视频部副主任，曾任中新社韩国分社首席记者，是中新社首批"十佳青年编辑记者"、全国第四届"好记者讲好故事"优胜选手。曾鼐多年来参与全国两会、党代会、北京冬奥会等重大报道，曾获中国新闻奖一等奖、北京新闻奖一等奖等奖项。

对我们这些从小长在城市的孩子来说,贵州之行是新鲜的。那是我第一次零距离接触农村,接触农村基层干部。我们从小知道"城市化",但却不认识"高粱米"。5天的生活,无论是村里的藤编协会、农民的家庭旅馆,还是乡村公路建设,新农村的发展令我们好奇,也让我们这些初出茅庐的小记者们切身体会了"走基层"的意义。老百姓们生动的语言,生活中无处不在的新闻源,是一切好报道的基础。

好新闻就在田间地头,这绝非一句空话。工作后,这也成为我对自己的要求:深入现场,不放过现场的每一个细节。

与当地村干部的交流至今令我印象深刻。有一次,我们坐在车里聊起贵州的山路。一位村干部指着大山说:"贵州的深山不适合生活,但因为有了这些路,才有了盼头。"随后,他滔滔不绝地讲起当地公路的修建情况。当时的谈话细节、山名地名,我早已经记不清,但那位村干部兴奋的模样却历历在目——那是对家乡的热爱和对自己职业的由衷自豪。

在贵州时,我们和基层干部几乎每天"泡"在一起。他们对工作的满腔热情,令人感动。工作后,我也采访了大量基层干部,他们是打通政策执行"最后一公里"的关键,却也是最容易被忽视的一环。讲好中国故事,就是要讲好中国人的故事,讲好这些基层代表、基层委员办实事、守民心的故事。

贵州,是我们走出校门的第一步。在5天的实践中,我们完成了120篇新闻稿、4篇特稿、4个电视新闻片的创作。在"白天抢新闻,晚上赶片子,夜里改稿子"的生活中,我们初次体味了新闻人的艰辛,也领略了新闻的魅力。

感谢贵州,见证了一群新闻"小白"的稚嫩和成长。

二、从讲"好故事"到"讲好"故事

从贵州回来后,我在总结中写下这样一段话:"作为国际新闻传播专业的硕士研究生,我们要为祖国说话,说中国想说、要说、应该说,而外国人听到、听懂、听得进去的话。贵州之行,让我们更好地了解了国情,这正是我们向世界介绍中国的基础。"

工作一晃10年,这段话依然是努力的方向。如今,我们不仅要讲"好故事",更要"讲好"故事。在国际传播中,我们早就有了充足的"内容生产力",但缺的是技巧和渠道。网络时代,"注意力经济"成为热词,"注意力"已经是一种稀缺资源。如何拓宽渠道,让中国故事抓住国际受众的"注意力",是今天的传媒人面临的新课题。

我时常会想起贵州的那片山。因为有了路,山才"活"了,我们和国际受众间也隔着万重山,只有修建不同的"路",才能让山山相连。毕竟,谁也不能一直靠唱山歌、喊话来交流。

新媒体便是一条便捷的"羊肠小道"。成本低、受众大、触角广是新媒体传播的特点。网络爆款有"意外成分",但蕴含的是新的传播规律;要做好今天的国际传播,必须拥抱新媒体,这是我们实现"弯道超车"的一条捷径。一个爆火的20秒短视频,也许没有历史价值、甚至没有信息量,但爆款必有其因,只有究其因,才能成其果。如今,党中央号召在全党大兴调查研究之风。作为传媒人,我们不仅要写新闻、拍新闻,更要研究新闻传播的新路径、新规律。掌握了新媒体传播的"密钥",我们便有了"路基"。

媒体是品牌,也是平台。多年来,美联社、路透社等西方主流媒体,一直在利用自身的品牌影响力,构建自己的国际平台,他们通过庞大多元的客户系统,打造了基于西方价值观的垂直传播体系。我们要从中华传统文化中汲取养分,构建一套不同于西方的传播矩阵。国际传播不只关乎内容传播,更在于平台和品牌建设。

比尔·盖茨曾在接受采访时这样说:"中国是一个古老的国度,中国有着悠久的历史文化传承,很多人认为这些传承对提高国力没有什么帮助,如果这样想就大错特错了。中国人身上有一种极为特殊的品质,那就是流淌在血液中的信念之力,这种信念是全中国人民共同团结的信念,这种凝聚力是任何一个国家无法比拟的。"

从贵州实践到记者工作,变的是身份,不变的是初心。"坚守国家立场,发出中国声音"是国新班的班训,这不仅是个口号,更是一种信念。这份信念,激励着我,也激励着每一个国新人。

2020年,曾鼐在中韩交接第七批在韩中国人民志愿军烈士遗骸的现场采访

曾鼐在韩朝边境板门店采访

贵州之行的三个思考

◎ 梁晓辉*

2017年10月,梁晓辉在党的十九大新闻发布会提问

为期4天的贵州之行结束了,作为"准新闻人",大家切身来到新闻的最前线,体会了一把新闻人的高强度工作状态。虽然时间紧,但在中宣部和央视老师的带队指导下,大家对新闻工作有了鲜活的认知,也学会了不少抢新闻、做新闻的技巧,虽然只有短短的4天,但是我们感到获益良多。

同时,就我个人而言,这次的实践活动也是一次基层调研学习,让我更加深入地思考了一些关于新闻理论的问题,包括"走基层、转作风、改文风",以及新闻的真实性等,虽然考虑不甚成熟,却也不失为这次学习、实践、调研活动的一些感悟和总结,希望我能在今后的新闻工作中时刻保持思考。

---

* 梁晓辉,中国传媒大学2011级国际新闻传播硕士班毕业生,现就职于中国新闻社政文部,负责总书记报道、时政报道,两次获中国新闻奖国际传播一等奖、两次获三等奖,两次获中国人大新闻奖一等奖、一次获二等奖、一次获三等奖,2016年被中共中央宣传部授予"G20杭州峰会新闻宣传工作先进个人",2022年被评为中新社首届"十佳青年编辑记者"。

调研最前线："走"比一切都重要

"贵州是他们新闻工作的起点。"这是带队老师对我们这次活动的一句凝练总结。或许大家在整个的新闻专业学习中,已经有过大大小小的媒体实践经历,但真真正正地来到新闻的最前线,相互之间以一种抢新闻的姿态来亲历这个工作,对绝大多数人来说可能还是第一次。因为我们真正走到了新闻现场,亲身经历了新闻由事实形态到报道形态的转变,所以我们的新闻工作也由此延展开来。新闻是发展变动的事实的报道,因为这种发展和变化,要求新闻从业者时刻关注报道这种变动,所以"走"就成了掌握发展变动的唯一途径。

在我们"走基层、转作风、改文风"的活动中,"走基层"放在了最靠前的位置,细细想来,是因为它是新闻活动的起点。联想到我们在贵州的采访实践活动,不管我们之前做了多少自以为充分的案头工作,真当我们到了新闻现场还是会发现许多与预设不同的情况,这些情况有的可以成为新闻线索、有的可以成为报道的背景资料,增加到自己的新闻报道中。这些无疑都能够成为鲜活的、生动的、不一样的亮点,而这些都来自"走"。

"走"是新闻工作的开端和基础,所以"走"比"转"和"改"更为重要。因为只有走进新闻现场,才能真正获得新闻事实的第一手信息,而只有获得更全面的一手信息,才能写好稿件,这也就内在地需要转变作风,与新闻事实的环境相融合而不是相脱离,进而形成的报道自然也就会有不一样的文风。所以在"走、转、改"中,"走"更为重要。这是此次贵州之行第一个思考。

调研深观察:基层在哪里?

基层在哪里?恐怕在来贵州之前,我一直将基层与"田间地头"画上等号。而在这次贵州之行结束后,我才真正理解,基层并不仅仅指的是农村生产劳作的第一线,也不仅仅是基层组织的工作地点,而是任何具有新闻性、能够成为国计与民生交汇点的地方。这需要新闻人同时拥有国计的大观照与民生的小视角,带着这样的意识去审视每一个可能发现新闻的现场。

在我们小组进行选题的过程中,我们经过挨家挨户采访,发现当地大多数家庭的年轻子女都优先选择外出务工,而留在当地的年轻人少之又少,这意味着什么?这是我们首先想到的问题。从民生的角度看,外出青年务工者多,一是造成空巢老人多的情况,没有人照顾,老人在情感上受损;二是造成了当地经济发展缺少动力。从国家的角度看,青年人多选择外出务工可能会从某种程度上造成贵州经济发展水平相对落后的局面。这样一来,这个新闻选题就兼具了国计与民生两个视角,但这还不够。

新闻报道可以选择批评性报道,但批评性报道的最终目的仍然是建设性,所以用一种合适的方式来报道成为更重要的问题。在我们的报道最后,我们试图用"以情动人"的方式表达其实很少人愿意轻易离开自己的家乡,以建议的方式希望当地政府能够给青年人提供更具创造性的就业机会。

所以,经过在贵州的新闻实践,我对"基层"的理解有所加深,基层应该是国计与民生的交叉点,而不单单是刻板印象的"田间地头"。而在做基层报道时,更重要的是做到一种建设性的平衡,而非激化矛盾或者刻意渲染某一方。

调研浅思考:什么是新闻真实?

我们都知道新闻永远不可能达到完全真实,因为永远有一条真实的渐进线横亘在事实与新闻之间,而报道者创造性的劳动决定了新闻是主观与客观的统一,因而新闻永远不能达到哲学意义上的完全真实,这也是不符合马克思主义新闻观的。

然而经过在贵州几天的新闻实践,尤其是经历了从选题策划到实际的拍片过程,让我对新闻的真实性有了进一步的认知。电视这种媒介相对其他的媒介形式而言,是更容易还是更难还原新闻真实性成为我考虑最多的问题。

电视是一种视听语言表达的媒介,有直观的画面是电视媒介的首要原则,在这种原则的驱使下,我们的确达到了"眼见为实"的层面,然而这种眼见为实是否就真的代表了事物的本质真实?我们很难说。以我们做的新闻片为例,有限的时间与相对大的任务量要求我们必须做好采访的前期策划,甚至于我们为了实现自己的预设,确定了要找一个具有某某特征的人作为采访对象,并且希望他表达出我们想要他表达的观点。整个过程似乎可以简化为"基本了解事实—作出预设—选取合适采访对象—完成新闻"。在这种情形下,我们更多是让采访对象在镜头前代替我们把我们想表达的观点说了一遍而已。当然,时间紧、任务重是造成这种现象的重要原因,但在电视直播常态化的前提下,这种情况或许也是一种常态。所以电视媒介的确具有直观性的特点,但同时,新闻采访似乎也极易陷入带着观点找素材的怪圈当中。

为期4天的贵州之行结束了,但对这些问题的思考仍然在我脑海当中萦绕。我想,这些思考将会伴随在我整个新闻实践的过程中,也许不会有答案,但我不会停止思考。

2016年4月,梁晓辉随央媒代表团在宁夏进行调研

向基层要答案，让土地去检验

◎ 王嘉婧*

母校发来邀请，以文章回忆在国新班期间赴贵州进行基层调研的经历。时隔11年，回忆起2012年那个炎热的夏天，依然意兴盎然。事实上，即便没有此次邀请，我也时常回忆起当时的景象。

我在贵州见到了到目前为止见过的最大的蟑螂，它顺着我的腿向上爬，同行的芯蕊喊叫着，寻找东西帮我拍下。然后我跟她约定今晚不能睡觉，以免蟑螂上身。没想到当晚真的因为要赶出小组的新闻报道，彻夜不眠。

那一次的带队老师是我们的班主任王晓红老师、辅导员赵希婧老师、央视的肖博老师，和一位来自记协的老师。时隔数年，记忆仍然如此清晰的原因，与几位老师相关。一次基层调研，可以是浮光掠影，也可以是毕生难忘。如同近来在谈的形式主义，是否能揭开形式的表层，一看有无向内看的心，二看有无向深走的脚。

四位老师都是对专业有追求、对土地有渴望、对世界有关爱的"严肃派"，同时又是能包容我们的短板、用亲身示范来带动学生的"行动派"，也是懂我们的玩笑、愿意一起玩梗的"欢乐派"。他们非常认真地对待着这一次基层调研。让我记忆犹新的是，一次集体出行前，班里有人迟到。晓红老

---

* 王嘉婧，中国传媒大学2011级国际新闻传播硕士班毕业生。清华大学文化创意发展研究院创意项目部主任、导演、插画师、摄影师、音乐人。拍摄作品曾入选"五个一工程"奖最佳纪录片，登上豆瓣综艺口碑排行榜前十。在《新华文摘》等刊物上发表论文数十篇。出版《清清小分队大探险之再见幽门螺杆菌》健康传播绘本、《论企业形象——如何成为受赞誉的企业》等著作。

师和大家一起等待起晚的同学,并严肃地告诫大家准时的重要性。事情虽小,可向宽延展,事关彼此之间的信任与承诺,事关公平,事关尊重。

再比如来到基层时,一向习惯夏令营式游玩的我们,总不知如何展开采访。王老师会主动与当地老百姓聊天,亲身示范应当如何消除尴尬、在聊天中开启采访。肖博老师会让我们建立立体的思考体系,如何既批判、又关爱。

此次征文,学院的师妹给我发来了10年前我在调研后写下的感受,我想放在这里。一来,那时的记忆新鲜,有许多的一手细节;二来,时间沉淀,用那时懵懂的自己,对照现在已经摸爬滚打十余年的自己,看看如今是能够对得起当年的热情,还是汗颜地自我羞愧。

不论如何,那一次的贵州,让我知道了什么是土地,我们为什么要关心土地,我们为什么要关心远方。也让我知道未曾在基层历练的,都只是亭台楼阁的狂妄。真正的大智慧,必然带着泥土的芬芳,关爱着具体的人的喜悲。

没想到2012年的心得里,呼应着现在的一句流行语:"待在屋子里都是问题,走出去全是办法。"以下为贵州基层调研后的写作心得,也请原谅其中的稚嫩和莽撞:

王嘉婧工作照

> 我们是典型的学生气未脱的"学院派",对于新闻的理解是比较狭窄的。我们善于从教科书上拼凑出对于新闻的理解:"人咬狗"才是新闻、对于新近发生事实的报道、"哎呀"新闻等。在这些定义当中有互不相干的定义,甚至有互相排斥的观点。教科书中对新闻的定义只能成

为我们工作中的参照。究竟什么是新闻,我们应该成为哪一类的新闻记者,需要我们自己在实践当中去体会。

幸运的是,我的实践之地,开始于贵州这片土壤。

"keep digging out",这是一位来自美国的新闻老师告诉我的话。似乎新闻就是不断挖掘事实的真相。到达一个地方,发现一个新闻,然后像"FBI"一样不停地追问,直至找到最后的结果。我把新闻等同于问题新闻,一个新闻必须有一个问题。这是没有错的,然而错的是我们对问题新闻的理解。

我们似乎真的把自己当成是"FBI",把一切的问题当成是杀人放火般恶劣的事件,把一切人视为隐藏真相的坏人,把一切事物都当成谎言。在新闻现场,总觉得在这看似和平的表面下隐藏着什么不能明说的勾当,不断地发掘问题。于是,我们睁大眼,竖起耳,如夜晚散发着尖锐目光、随时准备捕食的饿狼。这样的我们是可怕的,因为在进行报道之前,我们就预设了动机。这个动机看似是挖掘事实的动力,但实则在报道之初就失去了报道的平衡。

感谢贵州,正是因为它的真诚褪去了我幼稚的戾气。

来到这片土壤,满目的青山田园,让我们摆脱了城市中终日不变的钢铁森林,目之所及都是新鲜的。

人是这个世界永恒的故事。在贵州,遇到了各种各样的人,百姓、官员,应有尽有。但他们都给了我共同的感觉——真诚。百姓们真诚地耕种着手中的地、做好手中的事,用自己的力量换取一份糊口的钱。官员们真诚地推荐着他们扎根的土壤,细数着贵州的好,想要告诉外面的世界贵州多么精彩。

贵州是落后的,在全国 GDP 排名当中处于末流,同时还有发展不均衡的产业结构,人民的教育水平不高等问题。这样的省份总是与落后的问题相伴。按照先前的思维,我们须以调查问题为出发点,揭开贵州所有落后的伤疤,一一暴露在外,让世人看到这里的落后。

但这一次，我却不能这么做。落后是有原因的，历史原因、地理原因等。没有人甘于落后，关键是看这里的人是否敢于争先。西部大开发以及老区人民热烈期盼新变革的气氛，让贵州呈现着蓬勃的朝气。问题报道应该首先明了走向，一个问题是否朝着好的方向发展，人民是否有追寻美好的勇气。做出判断之后，就了解了事件的性质是积极的还是消极的。贵州是一个积极的命题，所以报道的出发点是积极的建议式，而非消极的打压式。

发展必然伴随着问题，重要的在于发现问题、解决问题的过程。问题报道的核心是以一个问题为基点进行调查和探讨。然而，对于问题的理解是复杂的。问题有两则含义，一是错误，二是疑问。狭义的问题报道是纠错报道，发现当地的错误之后像侦探一样指出，揭穿谎言。但贵州遵义之行让我对问题报道有了更广义的理解，问题报道应该重在解惑，有很多问题并没有清楚的是非黑白。例如发展当中，人们的走向问题，是留下来还是走出去。这种问题属于社会学范畴，是随着社会发展而不断更新的。我们不能清楚地给予一个答案，但可以根据事件去分析最好的发展方向。

明确问题之后，重点就落在了具体的报道方式上。肖博老师为我们讲解说，一条线并不能构成证明问题的线索，只有当两线相交于一点，才可能推断出一个观点的正误。作为记者，都会带着一个问题和自己预先的设想走向现场，进入现场之后，发现可以佐证自己观点的线索，便会异常兴奋。这种兴奋是记者的提神剂，也是记者的麻痹剂。它会让记者疏于，甚至害怕去寻找其他线索。懂得改变，是一个记者在现场必须时刻保持的清醒。记者必须努力从人性的弱点中挣脱，拥有全局的视角。这样的视角才能防止一叶障目，而窥得全貌。

抓走向、明问题、求真实，从面、线、点三个层面去落实问题报道。抓住基调、明了问题，寻求坦率、客观的报道角度，才能在对外传播中有公正的、令人信服的、不产生误解和偏颇的呈现。

以上是23岁、第一次跟随国新班到达基层开启一场真正采访的我,写下的文字。现在看来,有许许多多的羞涩之处,但很怀念那时被专业点燃的对世界的热情、对人的好奇。那时对记者这一职业的理解,也奠定了我之后作为导演、作为研究者、作为创作者,进入世界、看待问题的价值观。平等地进入、敏锐地捕捉、积极地解决、温柔地关怀,也成为我的人生准则。

有趣的是,在2020年年末,我的作品《一日谈》上线,刷朋友圈时,突然看到了熟悉的海报,原来是有人做"自来水"。仔细看发布内容的是肖博老师,我们在贵州之行后少有联络。他在朋友圈里写了许多观后感和推荐语,其中有这么一段:"感谢这个片子的导演,因为我是看到她在朋友圈的分享开始看这个系列视频,三集节目,受益良多,特此推荐。希望大家一定要花40分钟的时间去看每一集,收获超乎想象。"

因缘际遇,时间不负前行人。很感谢贵州之行,让我开始享受去到基层、去到土地、去到每一个可爱的百姓身边,把注意力留给他们,听他们的故事、喜悦与烦恼,反观我的渺小、疑惑与困扰,继而寻找到解法。

向基层要答案,让土地去检验。

10 年坚守

——魅力华东点燃新闻热情

◎ 郁琼源[*]

2013 年 7 月至 2023 年 7 月,再看到自己这篇研究生暑期国情实践总结竟然已是 10 年后了。感谢学院的细致安排,让我们能够从事业之始找准方向定位。不忘初心,牢记使命,梳理这 10 年来的点滴,2013 年 7 月这次集体调研学习的收获对我后来的工作有着深刻而持久的指导意义。

一、第一次开启江浙沪调研模式

2013 年 7 月初,短短一周的国新班暑期国内实践结束了,回首这一周充实紧张的集体生活,我感触颇深。上海、嘉兴、宁波、义乌、杭州、南京,一路下来,我们去到了很多只是听说过但并没有深入了解过的地方,通过"走出去"了解党情、民情,我更加坚定了作为一名媒体人的信仰。

一大早的高铁之旅是我们实践的开始。和来华访问的时任巴基斯坦总理谢里夫同车抵达上海,无疑是本次实践中难忘的记忆。国际事件如此近、如此突然地发生在身边还是让大家激动不已。虽然很多同学都到过上海,但是和全班同学身着统一班服,集体参观中共一大会址还是第一次。

离开北京的干热,进入上海的湿热,变的是天气,不变的是热情。在中

---

[*] 郁琼源,中国传媒大学 2012 级国际新闻传播硕士班毕业生,现就职于新华社国内部中央新闻采访中心经济采访室,长期从事宏观经济、农业农村相关报道,采访作品曾获全国人大好新闻二等奖、新华社社级好稿、总编室表扬稿、国内部部级好稿等奖项。

共一大会址重温入党誓词,参观中共一大纪念馆,在南湖感受革命年代的慷慨激昂,汗水湿透了我们的衣襟,也让我们深刻体会到了革命的不易。

参加工作以后,我也曾利用出差等机会又去看过中共一大会址,每当看到党和国家领导同志提到中共一大、红船精神,我就会想起这次暑期实践,想起我的同学老师们。尤其是2021年,我参与了建党百年举行的相关纪念活动,让我不断加深对党史、新中国史、改革开放史、社会主义发展史的学习理解,向身边优秀的同事学习,提醒自己要时刻保持学生时代就有的革命热情。

上海东方卫视、宁波广电、义乌广电、浙江卫视、江苏卫视……10年前的那个暑假,我们来到广电发展势头迅猛的江浙沪,在高温天气下将省、市、县级广电媒体转了一圈,感受华东广电媒体生存状态,探索行业未来发展之道。

经济基础决定上层建筑。从叱咤风云、闻名遐迩的榜上前几名电视媒体,到市级、县级的舆论主流,我们看到了中国改革开放成果在媒体硬件上的体现,直观感受到了中国电视媒体的成就,当然也看到了许多学界、业界共同关心的问题。党政方针的传达、新媒体的冲击、娱乐节目的竞争、新闻节目的规制、原创品牌的探索,我们的电视台也好,广电集团也好,都在进行着积极的探索和改进。改善办公条件、学习国外先进经验、打造地方特色、增加民众幸福感、贴近老百姓,广电媒体在不断做出努力。各位领导、业内前辈朴实的话语、真诚的讨论感动了我们每一位同学,也一次又一次地在我们身上寄托希望。

无论大环境怎么变,主流媒体的地位不会变。10年前我是这样想的,10年后的今天,中国已从买外国节目的模式到输出自己的节目模式,传播一个又一个中国好故事。我们的内宣、外宣都取得了显著的进步,未来还有很长的路要走。回想着彼时传媒校友在编辑机房、主播间、导播间忙碌的身影,到如今越来越多的中传学子加入新闻战线,我想,代代传承就是这样吧。

二、同学情、战友情延续

一路走走停停,我们也直接或间接接触到当地社会的其他方面情况。上海的红色旅游热、义乌小商品城的商贸平台、杭州的绿色出行、南京青奥会的紧张筹备、大学生自主创业的艰辛,都出现在我们的电视新闻作品里,出现在我们的新闻稿件中。对每个媒体相关负责人的专访,让我们亲身感受到了做电视专访的不易。短短20分钟的专访,却需要大量的前期策划、问题设计、镜头设计,素材的拍摄、成片的逻辑框架,都需要采编人员精心打磨,倾注大量心力。在这里,十分感谢中央电视台张柱老师全程陪同我们调研并提供业务指导,让我们看到了自己和专业记者间的差距。

这次集体出行同时了却了大家的春游之憾。到了研究生阶段,大家都越来越忙,压力也越来越大。这次是我们研究生阶段唯一的一次集体出行。两年的时间很短,集体出行对于促进大家交流再好不过。和班里同学一起行走在她或他的家乡,大家对这座城的感觉又会不一样。想起这段一起出行的日子,满满的都是幸福的回忆。

2014年7月走上工作岗位之后,我经常能在国新办发布会、全国两会、各类时政活动、重大主题采访等报道现场见到昔日的老同学们,大家彼此鼓励、相互支持,是同学,更是战友。很高兴看到不少同学还坚守在新闻采编一线。有艰辛才有收获,大家一路相互陪伴,走进这记者生涯的第10个年头。

美丽华东,魅力华东。10年前的我们不怕苦累,基本一天一个地方,每天的参观访问都安排得满满当当,闲暇时间还要做采访、剪片子,得空还要去看看这座城市著名的地标,这是属于我们2012级国新班的节奏。热情的人们、美好的景色都点燃了同学们的新闻热情。

做记者首先要了解生活,懂得领悟生活的真谛。在参加完一学期的国情教育课程之后,我们必须理论联系实践,将所学及时运用。这里的理论,不光是专业知识的理论,更是认识世界、认识社会的理论。这次实践就是让我们了解生活、了解社会。了解了之后，我们才能更立体、更综合地看问题。

出来之前，我们总说"国际传播""国际影响力"这样的宏大概念，来到具体的新闻单位，我们看到的就是团结协作、认真做节目、认真做新闻的同行。再远大的个人理想都要融入具体的工作实践之中。新闻宣传工作是我们党和国家事业的重要组成部分，需要我们投入更多耐心和智慧，守正创新、持之以恒，努力创作出更多优秀的新闻作品。

三、10年坚守，继续走下去

10年来，我的足迹遍布境内外很多角落，回首过去，每一步都有意义。

有一句话说得好："选择了记者，便是选择了奔走与忙碌，选择了责任和勇敢，选择了为别人作嫁衣，为历史做记录。"记者也是最快乐的职业，就像时任中国记协党组书记、常务副主席的翟惠生老师所说，他最愉快的时光就是当记者的日子了，因为天天遇到的都是新鲜人、新鲜事儿，写的是新的稿子，确实感到很轻松。而且记者的收获是立竿见影的，今天写的稿，明天见报，马上就会获得成就感。

写了近10年的稿子，鲜有能让自己满意的作品，总会觉得"压力山大"，难免有时还会有疲沓之感。我时常没有自信，不知道自己是否能干好记者这份工作。经常和同学、老师、前辈交流，我认为与其抱怨焦虑，不如多看点书、做点调查研究、到现场去多采访、多学习，沉下心来，多想多写，不急功近利，就不焦虑了。

二三十岁是最好的年纪，要不断调整自己的心态，保持身心健康，更好地统筹规划自己的时间，保持情绪稳定，变得抗压抗打。这对于工作后的我们显得尤为重要。如何做到不断跳出舒适区、保持新鲜感，这也是我在不断摸索的。

实践之后便是实习了。从未做过电视台工作的我，长期实习竟也坚持下来了，因为我不是一个人在战斗，国新班的兄弟姐妹是我坚强的后盾。专业实践很及时，在我们找工作之前，又让我们在业务和心态上做好了准备。

"无论如何,作为一名国际传播专业一路走来的学生,坚持到现在,遇到过质疑,怀疑过自己,但是我对记者这个行业依旧充满了热情和向往。和所有国新班的同学们一样,我希望做一名职业的、专业的记者,希望国际传播队伍里能多一些脚踏实地的专业人才。"10年前我是这样想的,10年后我还是在这样做着。虽然我现在更多的是做内宣报道,但随着我国各项事业的发展,报道时离不开"国传思维",打通对内对外,在内宣报道时兼具国际视野,更体现出国新班教学理念的时代性。

郁琼源在人民大会堂采访现场

祝福国新班教学发展越来越好,祝福我的老师、同学们,大家一起继续走下去。

调研中国，牢记初心使命

◎ 陈文沁*

10年前，我作为2012级国际新闻传播硕士班的一名学生，与老师、同学一同赴华东地区开展国情调研。10年后的今天，我已成为国际传播的一线教育工作者，回想当年与同窗共同调研的情景，往事历历在目。正是这两次亲身调研，让我从实践中感受到"讲好中国故事，传播好中国声音"这一历史使命的厚重感，把国际传播作为终身事业的追求也在我内心深处扎根。

一、体悟红船精神，赓续红色血脉

华东暑期调研中，最让我难忘的是第一次踏上嘉兴南湖红船的情景。嘉兴南湖是中国共产党的诞生地，是"红船精神"的溯源地。一艘小小红船承载着人民的重托、民族的希望，见证了中国历史上开天辟地的大事件，成为中国革命源头的象征。我记得那条红船静静地漂浮在浅滩上，我们登上红船，进入狭窄的船舱，历史重现眼前。1921年8月，中国共产党第一次全国代表大会转移到嘉兴南湖的游船上举行。正是在这条红船上，会议宣告了中国共产党的诞生，中国革命翻开了新的一页。从中国共产党在南湖红船上宣布成立到南昌起义打响，从秋收起义的红色风暴到抗日战争的烽火燎原，从解放战争的势如破竹到1949年10月1日天安门广场上的开国大

---

* 陈文沁，中国传媒大学2012级国际新闻传播硕士班毕业生，现就职于中国传媒大学传播研究院。

典,红船精神像点点星星之火,传遍整个中国。

时代变迁,光阴似箭,如今的中国已经发生了翻天覆地的变化。这艘船仍然静静地躺在湖心岛旁,它的四周高楼林立,车水马龙。正是这条红船,见证了中华民族从站起来、富起来到强起来的伟大飞跃。也只有亲眼见到红船,才能身临其境地体会到百年前中国共产党成立之初面临的巨大困难,才能感悟到中国共产党百年伟大成就背后的初心使命与坚定信念。

二、探访"世界超市",见证产业繁荣

我们在华东地区调研的第三站是浙江义乌。之所以记忆深刻,或许因为那是我第一次对经济全球化产生了直观的感受。如今我经常在课上将之作为一个具体案例,向学生讲解中国在全球化的参与过程中如何将改革的春风吹向世界。

在改革开放40余年的征途中,义乌从"无中生有"到"无所不有",创造了全球最大小商品市场的奇迹,也让自身成了全球贸易网络中的一个重要节点。当年调研期间,我们走访了义乌电视台,看到了实时滚动的全球物价。而在调研义乌小商品市场时,我还曾多次迷路,差点掉队,最后遗憾地发现,要全部逛完恐怕需要几个星期。我曾多次向来华经商的外国友人介绍义乌,告诉他们务必去看看中国的"世界超市",去看看各国人民生活中司空见惯的各式小商品是如何从义乌这个小城市流向世界的。

然而,近几年西方国家逆全球化势头日益加剧,部分西方政客、媒体持续唱衰中国经济,反复炒作对华脱钩、去风险政策,为疫情后全球经济复苏蒙上阴影。这些政治修辞和媒体修辞不仅罔顾现实,更是无知的产物。生产这些修辞的人,或许从来没有到过中国,或许从来没有亲眼看到过支撑全球贸易网络的一个个小节点是如何运作的,又是如何与各国经济网络联系在一起的。

在以美国为首的西方世界掉转船头、朝着极端保守主义转向的同时,像义乌小商品市场这样的中国贸易网络节点,在不断开拓创新、力争上游。义

乌近年来持续推进市场数字化转型,力求建设好以全球数贸中心为标志的第六代市场。面对西方世界对我国的经济打压和贸易封锁,义乌没有因此而气馁,反而被激发了斗志,马不停蹄,蓄势待发,努力从低价竞争迈向质量竞争,促进小商品转型升级与可持续发展。这彰显了中国人民追求美好生活的强烈愿望、创业创新的巨大潜能、共克时艰的坚定意志,彰显了中国共产党领导下的中国人民敢于斗争、敢于奋斗的坚定信心和坚强信念。

三、发扬调研精神,讲好中国故事

忆往昔而思今朝。自 2014 年毕业后,我辗转于中欧两地求学,留校后开展国际传播研究工作。在目前的教学科研工作中,我时常回忆起 10 年前的那次暑期调研,尤其是如何从中国本土的调查研究中挖掘中国故事,从而更好地向世界宣介中国主张、中国智慧和中国方案,为提升中国话语世界影响力打好微观层面的叙事及传播基础。

2023 年,全党大兴调查研究之风。调查研究是谋事之基、成事之道,没有调查就没有发言权,国际新闻传播也是如此。调查研究与国际新闻传播之间,无论在实践还是理论上都存在高度关联。国际新闻传播实践本身就具有调查的性质,没有实地调研,没有多方采访,就很难发现问题并向国际社会解释清楚。同样,国际新闻传播的理论从实践当中而来,没有广泛的国际新闻传播经验积累,就难以凝炼出具有指导意义的理论,也难以创新对外话语传播体系,这反过来又作用于实践本身,对国际传播实效带来制约。

例如,近期我们对几家媒体开展调研的过程中,遇到了一位从事经济报道的记者。他对我们说:"如今国际层面噪音不断,中国经济见顶论、中国经济崩溃论不绝于耳。彭博社的记者去中国实地考察调研,我们也希望去调研,而不只是坐在办公室里解读数据。冷冰冰的数据无法反映具有代表性的人性化的故事,这些故事恰恰是向国际社会说明中国经济韧性的抓手之一。中国从来不缺乏个体奋斗、个体奉献的生动事迹,这些故事不仅在内宣上具有引导作用,在外宣上也是展示中国人民形象的有利声音。国际经济新闻不能只关注宏观,也需要开展微观层面的实地调研,挖掘一个个生动的案例,从而为宏观经济政策的成效提供具体的支撑。"

这位记者的这番话促使我进一步思考。做好调查研究是做好调查新闻和深度新闻的关键,调查新闻和深度新闻本身在国际新闻传播中具有重大的作用和功能。具有调查研究性质的国际新闻报道,不仅为世界了解中国发展提供了一个窗口,同时也是促进中国式现代化的一个途径。国际新闻记者基于深入的调查研究进行报道,能够以小见大,让没有到过中国、没有机会了解中国实情的外国公众看到更加真实立体的中国,让他们更加直观地感受到中国式现代化道路是中国共产党领导下的中国人民自己走出来的。

立足新时代,回应新需求。要想加强国际传播能力建设,全面提升国际传播效能,迫切需要国际传播专门人才队伍学好、用好、掌握好调查研究这一党的传家宝。中国传媒大学国际新闻传播后备人才班一直注重将调查研究与人才培养紧密结合在一起,培养新时代卓越的国际新闻传播后备人才。如今,我已身处国际传播人才培养的第一线,定当铭记第一次参加暑期调研实践的所思所悟和初心使命,为培养好新时代国际传播人才贡献自己的力量。

重庆调研
——植根中国大地的行与思

◎ 王婧雯*

2014年6月15日,中国传媒大学2013级国际新闻传播后备人才班开展了暑期国内国情实践。历时8天的实践活动,同学们先后奔赴了新华社重庆分社、重庆广播电视集团等媒体机构进行了参访。通过在新闻生产一线的学习以及与优秀新闻工作者的座谈,我们对于前沿的新闻实践活动以及西南地区媒体发展特色有了更为深入的认识。同时,同学们在中共重庆市委宣传部的协助下参观调研了重庆市现代农业开发园区四季田园、花木世界、重庆生态奶业园、长安福特汽车二工厂生产线、两江新区规划展览馆等地,对重庆的农业、工业以及城镇化建设情况进行了深入的了解,在社会实践中深刻体验国家在经济、社会、文化、科技、生态等方面的重大战略需求、战略部署。此外,同学们还在红岩村、渣滓洞、白公馆等革命历史遗迹前缅怀革命先烈、学习党史知识,进行了一次生动的革命传统教育。

一、寻找见证者和发言人,报道重庆直辖17年建设成就

在参访调研的同时,我们每天承担着新闻采写的重要任务。每日完成

---

* 王婧雯,中国传媒大学2013级国际新闻传播硕士班毕业生,现就职于中国传媒大学电视学院,任学生工作办公室副主任、研究生辅导员,获评2017—2021年度北京市优秀辅导员,参与建设的课程获评教育部首批"国家级一流本科课程",指导学生开展的创新创业项目获评中国国际"互联网+"大学生创新创业大赛北京赛区二等奖。

调研后必须立刻发布一篇新闻采写报道。对于从未走出校园的我们来说，这样快节奏的新闻实践是一次很好的磨炼机会。几天的新闻采写实践让我们积累了许多实战经验。参观调研的第4天，我负责视频新闻的制作。为了更好地把握选题、寻找新闻点，我在调研的前一天按照给定的行程搜集了大量的资料。详细了解了第二天将要访问的长安福特汽车二工厂生产线以及重庆各区城镇规划、城市建设方面的成就，并打算以"重庆直辖17周年"为新闻由头，以重庆幸福时光智慧小区这个先进的物联网社区为典型案例来报道重庆直辖17年来的成就。然而，新闻拍摄并没有我想象的那样简单。在当天的调研过程中，长安福特汽车的生产线因涉及内部技术研发信息，故无法拍摄，而参观各个城镇规划展览馆又缺少生动、富有信息量的画面。同时，我们对重庆规划委员会的采访未能获得更多的信息，采访对象时间有限，仅对重庆市的建设规划进行了简单的概括性介绍，因而我们不得不放弃使用这段采访。一天的新闻拍摄已经困难重重，恰恰又在此时接到通知，幸福时光智慧小区的行程因时间关系临时取消，我们的新闻报道顿时没了着落。正当我们的随团导游为一天的调研旅程做最后的总结时，我想到在课堂上老师们一遍遍重复的那句"新闻故事化，故事人物化，人物细节化"。为何一定要采访领导？为何一定要展示丰功伟绩？重庆直辖17年的变化就是每一个重庆人最朴实的生活的改变。我立刻将摄像机对准了大巴车上的导游，在晃动的车里拍下了关键的画面。抵达目的地后，我拉住导游对他进行了深入的采访。通过对导游的访谈，我惊喜地了解到他正是在重庆直辖的那一年成为一名导游，至今已经在这个岗位上工作了17年。17年来，他每天带着来自五湖四海的游客游览重庆，见证着重庆这座特殊的城市一天一天的变化，他才是反映重庆直辖17周年翻天覆地变化的最有力见证者和发言人。结束采访后，我们连夜编辑了这条新闻，以导游17年来最朴实、最切身的体会为由头，从一个小人物的故事切入，扩展到整个重庆直辖17年以来的巨大变革和成就。为了弥补现场纪实画面不足的缺点，我们利用资料图片制作了可视化动态图表，增强成就性报道的可看性，让枯燥的数字更通俗易懂。

在国情调研最后的总结会上，这则新闻得到了彼时中央电视台国际部张淼老师的肯定，并授予了我们国情调研成果一等奖的荣誉。这次新闻的采编过程锻炼了我的现场应变能力以及对新闻点的挖掘能力，老师的肯定也进一步激发了我的新闻实践热情。

二、与人民共情，创新成就性报道的话语体系

国情实践调研是十余年来国新班持续坚持的教育传统。2014年的调研活动让我在课堂教学之外对成就性报道有了更加深入的认识。我们参观调研了重庆市农业、工业、城镇化建设以及革命传统教育方方面面的成果，但要把这些党和国家建设所取得的翻天覆地的成就用真实、客观、新闻化、可视化的语言报道出来则需要下一番功夫。当下许多的成就性新闻报道往往一味地强调成就的宏观视角而缺失了新闻信息，更缺乏具体可感的人物与细节，时效陈旧、新闻性不强。受众看到的成就性报道，多的是总结性、报告式的叙述，少的是鲜活真实的新闻故事，看上去浓墨重彩，实际上却空洞无物，远离了受众，更远离了人民群众。因此，挖掘成就性报道的"潜在新闻点"是把成就性报道做出新意的关键。

首先，成就性报道要以平民化的视角、日常化的叙事增强其吸引力。从普通百姓的角度看成就，而不是从官方的视角来做报道。这也是新闻领域"走、转、改"所倡导的。记者要深入基层寻找成就的源头活水，找出这些成就与老百姓切身利益的关联点，引发普通受众的兴趣和关注，让看似遥远的报道主题"飞入寻常百姓家"，在人民的日常生活中寻找有效的新闻载体，把重大主题转化成离广大人民群众最近、最熟悉、最有深入体会与共情的故事。

其次，成就性报道要寻找时效性强的典型案例。成就往往是一个宏观的表象，而组成成就的一个个典型的个体才是最具体、最有张力的新闻点，宏观性成就要从小处切入才能寻求受众的共鸣。同时，成就性报道也不能脱离新闻的基本要素。时效性强的报道才能让成就更贴近实际，实事求是，

与时俱进,深刻反映历史与当下、过程与结果、量变与质变的辩证关系。

最后,成就性报道离不开扎实的采访调研。采访调研是新闻记者的基本功,也是践行记者"四力"的最直接的体现。展示成就不是自说自话,所有的结论都要源于记者踏实、深入且客观的采访。成就是党领导下的人民群众的创举,群众是成就的创造者,也是最权威的见证人。请群众讲述成就,是最有说服力的。用群众所见、所闻、所感来反映成就,也是最能感动人、激励人的。

三、以调查研究为基础,建强适应新时代国际传播需要的专门人才队伍

回顾10年前学生时代的国情实践调研,与今天"大兴调查研究之风"的时代课题形成了高度的呼应。调查研究是谋事之基、成事之道。习近平总书记指出:"正确的决策离不开调查研究,正确的贯彻落实同样也离不开调查研究。"国情实践调研充分证明,调研是密切联系群众的重要途径、是加强作风建设的重要举措,更是自我学习提升的过程。通过国情实践,国新班的同学们真正走近群众、了解群众、联系群众,以一个专业国际新闻人的姿态思群众之所思,想群众之所想,俯下身子扎根中国大地。同时,这次调研不仅使同学们在专业知识上有所提升,更重要的是能够让同学们学习到如何将理论应用到实践中去,实事求是、知行合一,把调研成果转化为分析问题、解决问题的实际本领。此外,调研的过程也是锤炼同学们意志品质的过程,这一行同学们经历了长途跋涉、高温酷暑以及快节奏新闻生产的考验,是对未来新闻记者的眼力、脑力、笔力、脚力的全面锻炼,为同学们未来的职业发展打下重要基础。

今天,我从一名国新学子成长为了国新班的辅导员,继续坚持着带领国新班同学们每年开展国情实践调研工作。作为学习贯彻习近平新时代中国特色社会主义思想主题教育的重要内容,大兴调查研究是思政教育工作者的必修课,也是立德树人的重要渠道。调查研究应围绕着"为谁培养人、培

养什么人、怎样培养人"这个建设教育强国的核心课题展开,引导国新学子在社会实践中厚植家国情怀,了解国情民情,增长知识才干,积极服务"国之大者",带领国新学子将"小我融入大我",以调查研究为基础,提升国际传播效能,建设适应新时代国际传播需要的专门人才队伍。

从拍摄河南首个脱贫县到记录全国脱贫攻坚奇迹

◎ 卢　烨*

我们自学生时代起就敬仰的新闻工作者中,有紧追时代的记录者,有在天安门广场、人民大会堂等重大事件现场的发声人,有扎根基层的践行者,有在田间地头、厂矿企业、基层社区、边远社区的"四力"践行者,他们守土有责,决不懈怠,肩负起了新闻工作者的重任。从学生时代起,我们就向往着有朝一日可以与新闻同行,担负起记录实现民族复兴的时代任务。

2015年6月28日,当时我所在的中国传媒大学新闻传播学部2014级国际新闻传播硕士班赴河南省兰考县开展暑期国情教育实践调研活动。兰考,有着鲜明的标签。在这座拥有红色基因的县城里,走出了"心里装着所有人却唯独没有他自己"的县委书记焦裕禄,诞生出新华社记者穆青、冯健、周原写的名篇《县委书记的榜样——焦裕禄》。学院将这里选定为我们的学习、调研基地,具有十分深刻的教育意义。

我们怀着极为崇敬的心情路过一片片"焦桐",走进了焦裕禄干部学院。耳边,是调研活动启动仪式上师长们"希望同学们能够深入兰考,扎根基层,了解国情,紧密联系群众,走出去,沉下去,融进去"的谆谆教诲;眼前,是成片的焦桐见证过的兰考县完成脱贫攻坚的扎实足迹。

---

* 卢烨,中国传媒大学2014级国际新闻传播硕士班毕业生,现就职于新华社摄影部,多次参加党代会、两会、奥运会、博鳌论坛、进博会等重大战役性报道。荣获新华社社党组嘉奖、全国向上向善好青年提名奖,并获中宣部记功荣誉,获评新华社新锐青年(新锐全媒体报道人才)、新华社优秀党员,在校期间获评北京市优秀毕业生,获范敬宜新闻学子奖、国家级奖学金。

一、在实践中感受红色基因，体验新闻工作流程

焦裕禄有张广为流传的照片，肩披外套、双手叉腰、侧头目视远方，背后斜伸出几片桐树叶。那棵未露全貌的泡桐，就是他亲手栽下的"焦桐"。栽种前，焦桐只是一棵被遗弃路边的"小麻秆"，比其他树苗明显矮了一截。栽下焦桐的第二年，焦裕禄逝世，焦桐却一天天长大，直至枝叶成荫。斯人已逝，焦桐常青。焦裕禄带领兰考人民在飞沙地、老洼窝、盐碱滩种下的泡桐树，已成为"绿色银行"，造福千家万户。随着调研逐步开展，我们在焦桐树下聆听了焦裕禄当年带领广大干部群众战天斗地、改变兰考面貌的感人事迹；领略了兰考完成脱贫攻坚的建设成果，见证了幸福美丽、充满活力的兰考新面貌；在民族乐器村，感受了中国民族乐器的魅力。调研采访中我们发现，这当年如麻秆般瘦弱的焦桐，数十年后已是脱贫攻坚上反哺兰考人民的重要力量，我们真切体会到了"一棵树的成长，一座城的蜕变"。岁月流逝，精神永恒。焦裕禄，这个永不褪色的名字，在新时代依然直抵人心、催人奋进。

在兰考的一周中，我们完成视频新闻制作、消息特稿写作、微信公众号推送、实习心得和学习实践总结"五个一"工作任务，与当地农民同吃同住同劳动，深入体验和了解农村社会的状况。这是踏上新闻路的首次"融入基层"的体验。

在到达兰考的第二天，我们被分配了"金融扶贫"这个新闻选题。学院老师指示，这个选题需要在第一时间制作完成，随即向中央电视台投稿。得到指令后，我们全组7名成员迅速分工，倒排工期，翻阅相关报道与资料，随即投入了紧张的拍摄与后期剪辑中。在采访中，我们尝试用脚步去丈量兰考的每一寸土地，用眼睛去捕捉兰考的每一处新闻细节。如何架构选题？如何用实际的采访线索去做填空？我们用职业记者的标准来要求自己的作品，最终也得到了央视的认可，该新闻作品于6月30日在中央电视台新闻直播间播出。从选题分配到播出，前后仅有两天时间，我们也在紧张的流程

中感受到了新闻工作的节奏。这次实践仿佛是一次种子发芽的过程,这份经历也仿佛是一面旗帜,让我时隔多年,仍能感受到这份力量的召唤。

"生也沙丘,死也沙丘,父老生死系。"一代代共产党人,守的正是人民的心。而对我而言,新闻工作者的初心就是能够时刻回忆起自己初入行业时的激情与澎湃,时刻保持自己对行业的热爱,用时不我待的精神去践行自己的职责与使命。

二、致敬焦裕禄精神,记录脱贫攻坚进程

时间的刻度,标注在历史的长卷上更能凸显其重大意义。

墓碑照片上的焦裕禄依然年轻。他临终时留下的话:"活着我没有治好沙丘,死了也要看着你们把沙丘治好。"依旧让人热泪盈眶、心潮澎湃。在脱贫攻坚的道路上,兰考县始终在焦裕禄精神的感召下奋进。2017 年,兰考成为河南省首个脱贫摘帽的贫困县,焦裕禄当年带领大家栽下的泡桐树,如今被制作成一件件美妙的乐器、一件件精美的家具,成为兰考人民致富奔小康的重要产业。

岁月褪去了焦裕禄藤椅的颜色,却洗不去人们对其主人的思念;病魔夺走了一个共产党人的生命,却磨不灭激荡在他血液里的精神气概。兰考变了,变得几乎家家都有产业,户户都有增收渠道。不变的,是焦裕禄的精神穿越时空,历久弥新,如同一团不熄的火焰,照亮无数人前行的路。

在兰考采访中,我们结识了在家禽行业一线工作的女工乔永艳,她是一名普通的兰考人,但她的内心始终有一股拼劲与闯劲,在脱贫攻坚的道路上,正是像她这样一个个敢于拼搏的普通人,与国家共同完成了 9899 万农村贫困人口全部脱贫,832 个贫困县全部"摘帽"的壮举。我们知道,兰考县的故事只是全国的一个缩影,在这片热土上有太多值得挖掘、值得深度报道的鲜活案例,有太多顶风冒沙、蹚水排涝的身影。作为青年记者,我们走出的每一步、按下的每一次快门,都是新时代中国的窗口;与老乡的每一次对话、坐在村口大树旁聆听的每一次讲述,都是中国前进道路上最生

动的素材。

历史川流不息,精神代代相传。日后,我成了一名新华社记者,也参与到记录全国脱贫攻坚这彪炳史册的人间奇迹的工作中。从广西的苗寨深处,到新疆的大漠腹地,我也端着相机拍摄下中国脱贫攻坚进程中一个又一个故事。每一次与老乡同吃住,都会唤起我在2015年夏天国情实践时的记忆,那时的泥土味道始终芬芳。我们与采访对象一次次见面,一次次感动,一次次再出发。而在前进的道路上,兰考老乡的声音也会时常响起:"每当自己干活觉得辛苦的时候,想起焦裕禄同志就不累了,像焦裕禄那样和老百姓想在一起、干在一起,就充满了力量。"

这里的故事,我在多年后再次讲起。2022年8月16日,在焦裕禄诞辰100周年之际,我采写播发了稿件《焦桐,活在人们心中的树》,再次向焦裕禄精神致敬,向"亲民爱民、艰苦奋斗、科学求实、迎难而上、无私奉献"的共产党人致敬。新时代开启新征程,新使命需要新担当,中国人民依旧呼唤焦裕禄。

再后来,我也见证了一个又一个用时间积累讲述而成的故事。那是震古烁今的百年党史中一个个丰碑伟业的铸就、一个个精神谱写的养成;那是珠江畔的东方明珠由乱到治,再由治及兴的转变;那是向世界发出了"一起向未来"时代强音的中国奥运梦;那是在党的二十大现场,一个个来自全国基层精神焕发的面庞;那是一个个在经济建设的主战场、在乡村振兴的最基层、在科技创新的最前沿、在疫情防控的第一线勇挑重担、攻坚克难、开拓进取的身影。

卢烨在党的二十大期间,于天安门广场拍摄采访

时代的浪潮,生活的波澜,中国的故事,最终会体现到每一个人的身上,中国故事永远值得我们去深度挖掘。时代发展的大潮激荡人心,民族复兴的脚步催人奋进。伟大的时代等待着我们去见证和记录,这是新闻人这份职业赋予我

们的荣光,这更是不可辜负的时光。

"头上高山,风卷红旗过大关。"今天,我们身处风云变幻的世界,百年未有之大变局,青年新闻人注定要用思想武装自己的斗志,拿起笔和相机,去记录伟大时代。就像我们走进国新班教室第一天看到的大字"传播中国声音,讲好中国故事"。其实出发时的起点,已经为我们日后的事业做出了最好的诠释和注脚。

卢烨作为导演,录制建党百年特别节目

卢烨在香港回归祖国25周年大会现场

珍贵的一线实践调研
——学习先辈精神，亲历国家壮举

◎ 眭黎曦*

转眼间，研究生毕业踏入工作岗位已经 6 个年头，回想在国新班学习期间最难忘也是最珍贵的一段经历，不得不谈到 2015 年的那个暑假，那段真正走入田间地头、与乡亲们同吃同住同劳动的日子。彼时，我们不仅全面深入学习了兰考县原县委书记焦裕禄的事迹与精神，还亲身感受了我国脱贫攻坚的伟大实践，成为受益一生的学生时代一线经验。

2015 年 6 月，当时我所在的中国传媒大学新闻传播学部 2014 级国际新闻传播硕士班赴河南省兰考县开展暑期国情教育实践调研活动。兰考县是著名的县委书记焦裕禄曾经工作过的地方，更是焦裕禄精神的发祥地。选取此地作为我们国际新闻传播硕士班的国情实践调研地，具有多方面考量和深刻的教育意义。也正是通过在兰考县近一个星期的学习、劳作、调研以及业务实践，我第一次真正触碰到我国基层的脉搏，沿着习近平总书记考察兰考的足迹，践行党的群众路线，去深入感受那实事求是、艰苦奋斗的焦裕禄精神。

---

* 眭黎曦，中国传媒大学 2014 级国际新闻传播硕士班毕业生，现就职于新华社国际部，负责国际时政、经济热点、文化艺术等类别对外新闻的采编。多次参加国家大型主题活动、国际性会议报道，如建党百年庆祝大会、联合国生物多样性公约组织大会、中非论坛、上海进博会等，参与创作的作品多次获评新华社社级好稿与总编室表扬稿。2020 年赴武汉一线参与抗击新冠疫情战役性报道，曾获评新华社对港报道先进个人，2020 年新华社新锐青年，2022 年好记者讲好故事全国十佳选手等。

一、在实践中重新思考焦裕禄精神的时代意义

抵达河南省兰考县的第一天，我们首先参加了一节生动的讲座课。

在兰考县的焦裕禄干部学院，我还记得当时在中共兰考县委宣传部工作的侯永胜同志结合具体情况，给我们讲了一场名为《从焦裕禄事迹宣传看新闻记者的党性观念》的专题讲座。

在讲座中，我们了解到实事求是是党的思想路线的核心内容，也是焦裕禄精神的灵魂。在焦裕禄看来，实事求是、求真务实既是一种科学精神，也是一种工作作风，还是一种人生态度。他来到兰考的那一年，正是兰考遭受连续三年自然灾害最为严重的时候。因此，焦裕禄深知自己身上肩负着几十万人民的生活乃至生存的重大责任。

他到兰考的第二天，就开始了对各地区详细、深入的调查研究。在贫下中农的草屋里、饲养棚里、田间地头，他详细了解情况、察看灾情，以便彻底摸清地区情形，找到解决问题的对策。为了改变兰考的落后面貌，他从县情出发，坚持把战胜灾害、改善生产条件、提高人民群众生活水平作为压倒一切的中心任务，大力调整农业结构，为兰考长远发展打下了良好基础。

焦裕禄在兰考的470天中，靠着一辆自行车和一双铁脚板，对全县当时149个生产大队中的120多个生产大队进行了走访和蹲点调研。正是这种深入、系统、全面的调查研究，使焦裕禄同志能够在较短时间内对改变兰考面貌提出切合实际的规划。讲座中焦裕禄这些故事的细节深深震撼到了我，直至现在。

结合自身的实际，我们更应重新思考焦裕禄精神在当下的时代意义。作为共产党员，作为战斗在国际传播报道一线的媒体人，应该实事求是、刻苦钻研、注重调研，并时刻牢记为人民服务这一宗旨。应该认识到党的群众路线教育活动的重要性，就像习近平总书记在考察兰考县时所说的，要深入学习、大力弘扬焦裕禄精神，结合新的实际把焦裕禄精神发扬光大。这是我们每一位媒体人在新时代新闻传播工作中的职责与使命。

二、在实践中感受国家打赢脱贫攻坚战的决心

结束焦裕禄干部学院的学习课程后,我们开始了在兰考县当地的调研与实践。

2015年6月28日至30日,我们分别前往习近平总书记曾走访过的三义寨乡南马庄村和东坝头乡张庄村,以及仪封乡代庄村和城关乡何寨村四个基层乡村进行调研。在调研过程中,我们详细询问了村民的生活情况和家庭经济情况,尤其走访慰问了村内的数十位高龄老人和村里建档入籍的困难户群众。虽然给他们都带着捐赠的米油等生活慰问品,但我明白,授人以鱼不如授人以渔,真正要解决乡亲们的贫困问题还得靠发展经济,靠当地产业驱动。

为了更进一步了解当地的脱贫策略,上午走访完贫困村的村民,下午我们马不停蹄地访问了兰考县的多家参与当地扶贫事业的机构。有当地倾力扶持三农的农业银行,有当地最大的禽业集团晓鸣农牧股份有限公司,还有变盐碱地为经济农作物种植园的特色生态园。通过多方位走访调查,我们才真正理解河南省兰考县作为一个国家级重点贫困县是如何探索出一种政府主导、银行支持、企业带动的"三位一体"的产业扶贫模式,如何脚踏实地地踩出了一条脱贫致富的新路子。

当时我们拍摄采访了一名正在县里乡镇企业干活的女工,她叫乔永艳,之前是村里的一名贫困农户。但得益于当地的产业发展,她成为晓鸣农牧公司的一名流水线工人。记得采访时正值盛夏炎热时节,干活时汗流浃背的乔永艳却特别开心,询问下才得知她家那年刚买了新的空调和电冰箱,再也不用因为天热而发愁。那一刻人民群众朴素的情感也深深击中了我,为老百姓做实事,最基本的就是要提升老百姓的生活水平,衣食住行、柴米粮油,冬能取暖,夏能纳凉,而脱贫攻坚正是致力于满足全中国人民群众这些最平实、朴素的需求。

由于当地的产业扶贫政策改以往的输血式扶贫为造血式扶贫,调动更

多的资金和力量共同完成脱贫这一艰巨目标,所以在2015年便已经有了4家上市公司落户兰考县,成为产业扶贫的主力军。仅晓鸣农牧公司一家企业,就为200多名像乔永艳一样的贫困农民提供了固定的工作岗位,让他们过上吃穿不愁的好日子。更加振奋人心的是,当地的各个农业综合开发公司进行平台融资,在当年也为兰考县2.5万贫困人口脱贫提供了强有力的金融支撑。

受到当地脱贫工作的激励,我们也迅速写好脚本,配合采访的素材和当地拍摄的镜头,编辑制作了一条表现河南兰考产业扶贫政策的电视新闻资讯,没想到竟然登上第二天中央电视台的午间新闻栏目,那会儿看着自己策划、采访、编辑的新闻在央视新闻频道播出,心里还是非常有成就感的。或许正是当时的那股成就感,支持着我坚定地走上新闻记者的职业道路,一直支撑到如今。

河南省兰考县,九曲黄河的最后一道弯。开封市下辖5区4县,兰考曾是唯一的贫困县。而在2017年2月27日,经国务院扶贫开发领导小组评估并经河南省政府批准,兰考县成为河南省第一个"摘帽"的贫困县,也是全国第一批实现脱贫的国家级贫困县。或许不少人惊讶于这一优秀的战贫成绩,而我可以自豪地说,我一点儿也不意外,正因为2015年在兰考实地的调研和采访,我亲身体会到了当地党民一起"敢叫日月换新天"的脱贫决心。

"摘帽"后仅过了3年,县内最后三户贫困户同期脱贫,兰考消除了绝对贫困。在当下,兰考已经列入国家乡村振兴示范县的名目中。兰考,从一个国家级贫困县已经蜕变为国家在新时代奔小康之路上一面新的旗帜。

2020年,经过14亿人民的不懈努力,我国完成了9899万农村贫困人口全部脱贫,832个贫困县全部"摘帽",128000个贫困村全部出列这一历史壮举。中国的"减贫奇迹"提前10年实现了联合国2030年可持续发展目标的第一项——消除贫穷。现如今我们可以无比自豪地说出那句千百年来魂牵梦萦之语——中国已消除了绝对贫困!

距2015年的这段暑期调研实践已经过了8年,但兰考暑期实践中的每一天、每一个故事、每一个细节都还深深印刻在我的心中。我感谢这段经历,它带我身体力行地体验了国家是如何让近1亿贫困人口摆脱绝对贫困这一个"几乎不可能实现"的伟大壮举实现的。可以说,这段历程以及焦裕禄艰苦奋斗、知难而进的精神,让我感到震撼,也激励着我不断前行,鼓舞我为国家对外传播事业不断奋斗,努力不负于人民,不负于这个伟大的时代。

眭黎曦参加2022年中央电视台好记者讲好故事特别节目

眭黎曦参加2023年首届中国—中亚峰会现场报道

中国传媒大学2014级国际新闻传播硕士班学生走进兰考县裕禄小学举办捐书仪式

深入基层，用镜头讲好中国故事

◎ 李桢宇*

时光是最好的见证，因为铭记的都是永恒。

从 2015 级国际新闻传播硕士班毕业已有 5 年多的时间，很多美好的回忆依然历历在目：和同学们一起做 Batong Line 的节目、熬夜准备英文演讲、共同拍摄毕业班鉴……然而，令我印象最为深刻的莫过于为期一周的河南兰考国情教育实践行。

记得 2016 年 6 月 21 日，我们踏上了前往兰考的旅程。7 天的国情教育实践活动中，我和同学们拜谒了焦裕禄同志的陵墓，参观了焦裕禄纪念馆并重温了入党誓词；与当地村民们一同生活、一同劳作，深入体验与了解农村社会的真实状况。当时班级分为几个小组，对兰考的精准扶贫模式进行基层调研，发掘并拍摄了多部有温度的兰考故事，用镜头记录下兰考脱贫致富的一点一滴。

我所在的是第二小组，我们组的选题聚焦于"金融扶贫"这一主题，通过实地的调研和预采，我们决定围绕兰考县第一家农业银行成立并向贫困户发放贷款这一事件进行采访拍摄，并确定了影片的主人公——三农中心客户经理闫结实。

---

* 李桢宇，中国传媒大学 2015 级国际新闻传播硕士班毕业生，现就职于新华社音视频部，曾在新华社西藏分社锻炼工作一年。作为主创参与的《巅峰见证——2020 珠峰高程登顶测量》《权威访谈丨张扬对话王亚平：因热爱而执着，因梦想而坚持》《钟华论丨百年风华：读懂你的样子——献给中国共产党百年华诞》等多篇报道获"中国新闻奖"荣誉。

中国传媒大学 2015 级国际新闻传播硕士班学生在兰考调研实践

记得在微纪录片拍摄过程中,炎热和暴晒让我们组的每个人都黑了一个色度,有的同学甚至中暑,或是被晒脱了皮。可对于闫结实经理来讲,这就是最为普通的一天,他每天往返于乡间田地,一年走访一百多户人家,帮助当地群众脱贫致富。

这次难忘的采访调研经历虽然艰苦,但对于我们每位同学来讲都是一堂生动的基层实践课,我们深刻体会到了基层工作者的艰辛与不易,更从他们身上学到了一名党员全心全意为人民服务的责任和担当。我们用手中的相机记录着这里日新月异的变化,也从群众一张张洋溢着微笑的脸庞上感受到他们在党和国家的政策扶持下,过上了越来越红火的生活。

7 天的国情教育实践转瞬即逝,但在兰考这片土地上亲身经历、见证和记录下的故事令我们受益匪浅。就像我们同一小组的齐歌夷同学说的那样:"印在衣上,扛在肩上,记在心上。"作为国新班的一员,"国新"二字是我们身份的象征,更是"铁肩担道义"的责任。"涉浅水者得浮萍,涉中水者得鱼虾,涉深水者得蛟龙。"我们身潜基层的决心有多强,笔下所讲述的人情故事就有多深刻和动人。只有积深入世情人情之跬步,才能达求索新闻真知之千里。

时至今日,我依然很感谢这次宝贵的实践机会,因为它让我在学生时代就能将所学的知识内容与基层实际结合起来,既磨炼了意志、提升了素质,又坚定了理想信念、培育了红色气质。

如果说,本科时母校中传教会了我如何用影像去记录和表达,那么国新研究生的3年学习则让我明确了自己追梦的方向——我要用镜头、用一帧帧画面去讲述好中国故事。

因为有梦,所以步履不停。

在我眼中,延续梦想最好的方式就是把它从"你的学业"变为"你的职业"。从国新班毕业后,我顺利入职新华社音视频部。这个温暖、和谐又充满朝气的部门给予了我一个追逐梦想的绝佳平台,得益于部门领导的培养、前辈老师

李桢宇在新闻采访现场

们的帮助,我在一次次采访和拍摄中,不断挑战自我、提升自我、突破自我。

记得在新华社入社培训时,我作为新人读到了由新华社记者穆青、冯健、周原写的名篇《县委书记的榜样——焦裕禄》。读着前辈们的作品,我感受到文字的力量与温度,自己在国情教育实践中的很多记忆涌上了心头。电视学院的新闻传播教育与媒体人的历史责任似乎在此刻汇聚。在体会焦裕禄实事求是、艰苦奋斗精神的同时,我更加明白联系群众、深入基层的重要性,也更加明确自己作为一名共产党员、一名新闻工作者所肩负的光荣使命与历史责任。

建党百年、全国两会、载人航天、考古发掘……在一项项重要报道任务中,我的政治素养、业务能力、专业精神等各方面在不断提升。数不清的报道和作品带给我难忘的创作体验,更让我深刻意识到:讲好中国故事,需要

李桢宇在新闻采访现场

我们充分历练脚力、眼力、脑力和笔力。

在新华社,每名入职总社采编部门的校招生,都需要下基层锻炼学习一年时间,而我选择的地方是西藏。现在回想起来,是什么让我做出了这样的决定?也许,和学生时代的那一次河南兰考行的难忘经历息息相关。因为我相信,最艰苦的地方往往会充满最动人的故事,同时也总会带给我们最大的成长和最美好的回忆。

2019年年末,我来到了新华社西藏分社,在平均海拔3600米以上的日光城拉萨开启了我为期一年的基层锻炼生涯。

记得初到高原不久,我就获得了一次难得的学习机会。在参与制作分社践行"四力"短视频《"世界之巅"的新华人》时,我被这里的前辈和老师们的事迹触动。为了把这片高原上最鲜活生动的故事展现给大众,寒冷的冰面上,有他们匍匐前进的身影;崎岖危险的山石路上,有他们勇往直前的脚印;在一个个平均海拔超过5000米的"生命禁区",有他们用文字、图片、视频记录下的动人故事……

罗伯特·卡帕曾说:"如果你拍得不够好,是因为你站得不够近。"当你真正深处这片高原之上,你会不由得感慨:如果你的报道不够精彩,那是因为你还未曾抵达。

一年时间,西藏分社的记者老师们带我深入基层,走遍了西藏的7个地市,有幸参与了"2020珠峰高程测量""昌都解放70周年""走向我们的小康生活""新春走基层"等多项重点报道。这一次次难忘的采访创作经历开拓了我的视野、提升了我的采访拍摄能力,更让我深刻意识到,用镜头讲好中国故事,不仅需要我们个人在经验和能力上有一定积累,更需要团队的智慧和力量。无论是纪录片还是短视频,一部好的视频作品不是单打独斗的个人创作，而是每个人不计得失、齐心协力的结晶。

记得一次新春走基层的报道，我和分社的老师们克服高寒缺氧的困难，先后4次深入那曲和山南的高海拔地区，拍摄制作了微纪录片《高原上的团圆》，生动讲述了18年未曾回家过年的森林消防指战员孔特特在今年春节与妻子女儿高原团聚的动人故事。这次创作经历至今令我记忆犹新，它不仅让我体会到高原报道的艰辛与不易，也让我从分社老师们身上学到了精益求精的工作态度。一篇新春走基层的报道，拍一次行不行？行。但为什么要拍4次？因为挖掘到的故事和人物会更鲜活、更立体、更饱满。

记得2020年4月至5月，我有幸参与了"2020珠峰高程登顶测量"的视频报道工作。在总社领导和相关部门的支持下，我和音视频部及西藏分社的老师们在此次直播报道中实现了"珠峰地区首次高海拔高清、VR慢直播""新华社首次珠峰峰顶直播"和"全球首次珠峰峰顶VR直播"三项创新。这为我们在融媒体时代做好视频直播积累了宝贵的经验。除了直播方面的探索和突破，我和老师们还共同制作了《拾光·留影：与珠峰相遇的24小时》《登顶2020》《"珠峰VLOG"系列短视频》等重点融媒体产品，收获了"高质量、高点击、高口碑"的"三高"评价。在历时一个多月的报道过程中，我深刻理解到"前方采集，后方编辑"这一视频报道模式的优势和价值：它让团队分工更明确，提升了报道的质量和效率；让团队策划更加多元，加强了一线拍摄的针对性；也使团队统筹更便捷，拓宽了总社与一线的沟通渠道。这些宝贵的经验为我在高海拔地区进行重点融媒体报道提供了很好的借鉴与启示。

在西藏锻炼的一年时间里，我得到了成长，也认识到自己的不足，更学会从不足中吸取经验教训，不断成长和蜕变。累，并快乐着，累，并收获着——这是对我这一年工作生活的最好总结。这一年的高原生活虽然短暂，但"艰苦不怕吃苦、缺氧不缺精神、团结凝聚人心、海拔高境界更高"的西藏分社精神早已在我的心中生根发芽，这句话对我来说不是一个口号，它已经成为我内心深处的一个情结、一段见证和一种鞭策。在之后的工作中，我也一直努力把在这里收获的经验更紧密地结合到采访报道中；把从分社老师们身上汲取的专业知识与敬业精神更好地发扬和传承。

记得离开西藏时我和分社老师们这样说道:"在我心里,我与这片高原的缘分不会是结束,而是一个崭新的开始。"如今,3年过去了,我想,自己手里的镜头也从未停止记录,我也从未忘记身上的那份责任与使命:不断践行"四力",创新表达,讲好中国故事,创作出更多"沾泥土、带露珠、冒热气"的融媒体作品。

希望摄影机不要停,希望自己一直在路上。

将报道写在大地上

◎ 栗思月*

2016年盛夏,万木葱茏,夏意正浓。36名有相同的国际新闻传播理想的同学们意气风发,前往河南兰考,记录与感受最生动的一线故事。这对于班集体组成不到一年的我们来说,既感到兴奋,又十分珍惜,兴奋于全班36人将开始第一次实践活动,珍惜于这为数不多的集体实践的机会。"力尽不知热,但惜夏日长。""国小新"们踏上了为期一周的学习之旅。

一、调查研究是坚持人民至上的生动实践

"共产党没有自己特殊的利益,代表着最广大人民群众的根本利益",这句话在河南兰考有非常生动的诠释。河南兰考县在20世纪60年代遭受严重的内涝、风沙、盐碱三害,客观存在的困难让兰考遇到前所未有的灾荒。为解决人民最基本的生活问题,当时的县委书记焦裕禄坚持问题导向,用心找准调研方向,实事求是,不断考察、试验,带头去查风口、探流沙,后来经引黄淤灌,让二十多万亩盐碱地变为良田。

---

* 栗思月,中国传媒大学2015级国际新闻传播硕士班毕业生,现就职于中国日报社新媒体中心,中国日报社海外社交媒体编辑、编导,负责海外社交媒体脸书、推特、Tiktok等平台运营,短视频策划制作。参与两会、"一带一路"峰会等重大报道和建党百年、中共二十大、脱贫奔小康等重大选题项目,并参与中国日报社首位数字员工"元曦"运营与内容生产。作品《中国共产党为什么值得信任?》获得中国新闻奖二等奖、北京电影节最佳短视频等奖项。

调查研究不是空中楼阁，目的是帮助人民解决问题。焦裕禄在调查研究中，始终带着对人民的深厚感情，相信群众、依靠群众，下乡主动住牛棚和草屋，与群众同吃同住同劳动，赢得了群众的信任。种植泡桐、翻淤压沙等很多治理"三害"的办法都是他从群众那里"淘"来的。

讲解员分享焦裕禄一年多的艰苦奋斗故事时，令我印象最深刻的是焦裕禄将治理风沙的方法总结为"贴膏药""扎针"。"贴膏药"是指翻淤压沙；"扎针"指种植泡桐，固定土壤。这种应对自然灾害的方式十分巧妙，具有画面感的概括方式也非常传神。那一刻的我，作为一名普通的中国学生，意识到在国家的改革发展和人民生活幸福的背景下，不能只是坐享其成；那一刻的我，作为一名国新学子，更加明白讲好中国故事是我们沉甸甸的责任。

二、调查研究提出解决问题的新思路和新办法

"纸上得来终觉浅，绝知此事要躬行。"在开展国情教育活动期间，我们以小组为单位来到兰考仪封乡三合庄村的孙秋凤家中。他们一家 5 口人，孙秋凤的老伴因中风，导致半身不遂，基本丧失劳动能力；她的儿子腰有疾患，作为家里唯一的壮年，只能在离家不远的车铺修理附近村民的电动车；孙秋凤有一个年轻的儿媳，智力低下，难以与人沟通；另外，她还有一个 4 岁的孙子。孙秋凤一个人要支撑起 5 口人的生活，"贫困"二字犹如巨大的阴影，笼罩着孙秋凤一家十余年。

2015 年 4 月，孙秋凤一家的"脱贫"迎来了机会。她得知可以通过免费养羊的方式致富，随即报了名。"俺们村 78 户在刚开始几乎都报了名，最后参与的就俺们三户，其他人都怕公司跑了。俺不怕，俺想试试。"孙秋凤边回忆一年前养羊的过程，边向圈内投食。

孙秋凤口中的"免费养羊"实际上是兰考县金融精准扶贫政策下的一个模式，通过采用"政府+银行+企业+贫困户"的方式，四方联动，专人办专事地"造血扶贫"，为像孙秋凤这样缺场地、缺资金、缺技术的贫困户实现稳定脱贫。

兰考县县委书记焦裕禄同志总结的"贴膏药"与"扎针"像是某种精神旗帜,飘扬在兰考这片土地上,传承与影响着一代又一代的兰考人。像孙秋凤一样的脱贫攻坚故事,是中华大地上最精彩的时代故事。

中国传媒大学2015级国际新闻传播硕士班在兰考实践调研

三、调查研究让主题教育走深走实

我们到兰考县焦裕禄纪念馆学习了县委书记焦裕禄的故事,拜谒了焦裕禄烈士墓,缅怀先烈,还参观了焦裕禄纪念馆并在焦裕禄同志的半身铜像前重温了入党誓词。"我志愿加入中国共产党,拥护党的纲领……",声声句句穿越时光,此刻依然回荡在耳边。

开始工作以来,我一直思考,面对着对于中国共产党党史零基础的群众及一些受到不实信息影响的海外受众,要传递真实的共产党形象,需要告诉他们什么?需要如何对他们讲述好故事?

基于这个出发点,在中国共产党百年华诞之时,我策划制作了《中国道路》党史科普视频,向全球受众讲述中共党史。借用大数据技术,我们花费2个月的时间,挖掘海外受众的关切点和高频偏见与误解,确定了"为什么是中国共产党""为什么相信中国共产党""党为何如此重视对外开放""党如何践行人类命运共同体的理念"四个问题作为《中国道路》四集科普视频的核心主题思想。该项目在第32届中国新闻奖评选中获得了国际传播项目二等奖。

为了降低国际受众了解中国党史的理解门槛,我们以中外熟知的"C位"概念作为《中国道路》系列视频的主线。在前期的构思过程中,找寻国际共识符号,我们以国内外受众共通的"C位"为线索,穿针引线,将百年党史娓娓道来,选定了4个C——CPC,China,Center stage,Chinese way作为每一集的核心主线,阐释了历史和人民选择 C、建设 C、走向 C、形成 C 的历史背景与生动实践,帮助外国人对视频中的 4 个关键词"选得对""信得过""放得开""扛得起"树立起了全新认识。4 个 C 的选择合理匹配上百年党史的 4 个时期。该视频打通海内外多平台传播渠道,构建立体传播格局,触达了 1 亿用户,评论正向率高达 77%,收获了大批海外网友的点赞。海外网友观看后纷纷表示:"时间会证明中国是正确的""我为中国共产党打满分"。

栗思月参与的二十大系列报道《超级工程》

在 2016 年的实践活动中,我们更深刻地理解了祖国大地上的社情民情。作为记者,我们通过文字采访、视频采访的形式,讲述着兰考脱贫人物的典型故事,原汁原味地展现中国国情。走到哪里,看到什么,停下来好好思考,用生动的方式报道出来,那时的兰考经历加深了我对于"四力"的理解,并更加坚定了我要做一名国新人的信心。

8 年前,我选择了国际新闻传播专业,国新班也选择了我,从此开启一场为了理想抱负的双向奔赴。8 年后的今天,我依然在践行"讲好中国故事,传播中国声音"这个装裱在国新班教室里的标语,这也成为国新学子、国新记者的国新信仰。

泡桐有声
——兰考国情教育实践有感

◎ 方雪悦　黄若鸿*

兰考是我国乡村振兴的一个缩影。作为国新班国情教育实践的一部分，我们在2016年两次前往兰考调研采访，了解这个前国家级贫困县脱贫致富的故事。

20世纪60年代，时任河南兰考县县委书记的焦裕禄为治理当地的风沙，带领人民广种泡桐。60年过去了，泡桐逐渐成了当地人民致富的法宝，被称为"绿色银行"。兰考的泡桐被誉为"会呼吸的木材"，由于生长在黄河古道的沙壤地，木材年轮间距宽、透气性好、共振性能强，因而成为制作民族乐器的绝好材料。20世纪80年代起，泡桐开始被广泛用于制作民族乐器，乐器产业由此成为兰考县四大特色支柱产业之一。

兰考县堌阳镇徐场村是有名的"民族乐器村"。据徐场村村支书徐顺海介绍，当时村里有近一半的村民经营着制作民族乐器和原材料加工的家庭作坊，遍布全村的一百多家乐器作坊吸收了村里大部分的剩余劳动力。农忙时下地干活，农闲时便在作坊里帮工。走在徐场村里，古筝、古琴、琵琶等各式乐器试音、调音的声音不绝于耳。

我们走访了乐器制作师徐会波的作坊。他在2012年便开办了乐器厂，

---

* 方雪悦，中国传媒大学2015级国际新闻传播硕士班毕业生，现就职于中国日报社网站国务院客户端编辑部，曾参与2018—2023年全国两会政府工作报告系列报道，作品荣获中国日报社好新闻奖最佳交互创意奖。
黄若鸿，中国传媒大学2015级国际新闻传播硕士班毕业生，现于新加坡国立大学攻读工商管理学硕士。

经营古琴和古筝等民族乐器。随着生意越做越大,生产工艺逐渐成熟,徐会波也注册了自己的古琴品牌,改变了以往贴牌代工的生产方式。当时,徐会波的作坊每月能销售 300 到 500 张琴,到了暑假等销售旺季,每月销量甚至能够突破 1000 张。据他介绍,一张普通的古琴利润约为 30%,算下来,作坊一年的收益就能达到上百万元。

在兰考经济中占有相当大比例的小微企业,经营存在各种问题,导致它们贷款难、贷款贵,影响了其持续、快速、健康的发展。因而,兰考县政府提出要着力支持小微企业和个体工商户的发展,推动当地有关部门与金融机构,研究对策,着手解决他们用款急、额度小、贷款周期不一、难以提供有效抵押物等实际情况。很快,兰考县开展"精准扶贫",推出了政、银、企"三位一体"的金融扶贫模式,由政府拿出风险补偿金,金融机构以不高于 10 倍的额度,贷款给企业发展扶贫特色产业,简化审批和发放程序。

2015 年,兰考县政府开始扶植当地特色产业,为小微企业提供担保,帮助企业申请低息或免息的"金融扶贫"贷款,徐会波的作坊便是这一政策的受惠企业之一。他向当地政府申请了 100 万的扶贫贷款,用于在政府新批的 40 亩工业用地上建设新厂房。

扶贫目标企业为当地村民提供了更多的收入。据徐会波介绍,普通的做琴工人每月工资是三四千元,熟练的师傅每月甚至能赚六七千,这是以前农作收入的四到五倍。

同时,兰考也进一步扩大泡桐的种植面积,建设一个以乐器生产为主导产业的产业集聚区,促进产业经营更加有序,形成规模效应。兰考县民族乐器行业协会会长汤二法经营着三家乐器厂。他说,兰考泡桐乐器的产业集群极大地促进了当地贫困人口脱贫致富。企业的发展加大了对劳动力的需求,据汤二法介绍,许多原先外出务工的村民都回到了家乡,在村里的乐器厂打工,不但比在外打工挣得多,也解决了村里留守儿童、老人的问题。"在我们厂子里打工两三年的贫困户,他们都盖了小洋楼,有的还买了小汽车。"他一边介绍,一边领着我们参观了扬琴和古筝的制作车间。

全国民族乐器行业 90% 的音板取材于兰考,而兰考出产的民族乐器行销日韩、东南亚和欧美各国。当地的乐器厂经营者告诉我们,越来越多的外商也了解到兰考的泡桐乐器产业,纷纷去到兰考考察,并希望能将兰考泡桐的优质木材与他们本国的乐器相结合,进行产品创新。

2014年,兰考立下了"三年脱贫、七年小康"的军令状。就在我们走访的一年后,河南省政府宣布,兰考县如期脱贫摘帽。

在我们走访兰考的时候,网络电商已经迅猛发展,为徐场村的许多乐器厂带来可观的订单量。那时,徐会波告诉我们,他们正在学着经营网店,当时电商销量已经占到他们总销量的50%—60%。不过,村民们对电商和移动互联网的接触还比较少,许多人不得不将网店承包给专门的运营商代管,作坊只承担生产环节,虽然简单便利,但却限制了销售的进一步增长。

据媒体报道,近年来,兰考当地越来越多的人利用更加多样和普及的电商形式,包括直播、短视频等,积极开拓销售渠道。全国以及世界各地越来越多的人通过网络了解到兰考的泡桐资源和民族乐器产业,这也为当地经济的发展创造了新的机遇。

当地民族乐器产业集群发展的现代化水平也逐步提高,许多村民将小型作坊经营成更加成熟的企业,通过引入外部资源,拓展了经营规模、范围和上下游的触角。据媒体报道,近年来,兰考引进了上海民族乐器一厂、西安朱雀、深圳佳音王等品牌企业,深化与中央音乐学院、浙江音乐学院、西安音乐学院等专业高校的合作,将乐器制作的生意扩展成集制作、销售、电商、物流、演艺、培训为一体的完整产业链。到2022年,兰考已经有各类民族乐器及配套企业近300家,规模以上企业19家。

除了民族乐器,兰考的泡桐也为当地家具产业提供了重要原材料,推动形成了完整的产业链。近年来,与乐器企业类似,当地的家具企业也由普通的基础代工逐步升级,许多企业创立了自己的品牌,在技术、质量规范等方面提升水平,增加产业的附加值,形成产业园、产业基地,并不断开拓出口渠道。

兰考在最近10年发生了翻天覆地的变化,背后有很多值得深入挖掘的故事。除了泡桐产业,我们还探访了当地的新型畜牧业和城市亮化工程,采访了兰考的水稻种植专家和医护人员,这些都是乡村振兴的鲜活素材。

新闻工作者应具备"四力",即脚力、眼力、脑力和笔力,这一要求时刻提醒我们要结合实践、体察民情、为民发声。参与国新班的国情教育实践是我们许多同学第一次深入地走进基层去调研、采写,驻扎式地深入我国扶贫工作一线。实地的调查研究让我们走进当地百姓的日常生活,了解人民的真实诉求,记录群众生活的变迁和产业的成长,获得了比统计数据更生动的百姓故事。

新闻工作也是非常适合、非常应当进行调查研究的职业之一,就像大学新闻课所讲的"抵达",只有抵达你的采访对象,感受他们所处的生活,观察他们的表情、神态和动作,才能塑造真实、鲜活的人物故事。也只有细致、系统地进行调查,深入新闻地点,"攻克"核心新闻当事人,获取更多的一手材料,才能用有力的细节和事实支撑宏大的主题叙事。

毕业后进入新闻行业一线,我们遇到了很多在书本上不曾遇到过的困难情况。比如,如何走近采访对象、如何随机应变、如何讲好故事、如何使好故事达到理想的传播效果等,每一个环节都要求我们既要具备全面的知识和专业技能,同时也需要对社会背景有全面深入的认识和理解。初入职场的我们,需要快速在实际工作中打磨我们的工作能力。国新班的学习、训练

方雪悦工作照

黄若鸿工作照

和实践积累,让我们在初入职场时能够迅速适应。选题、挖掘新闻价值、采访、拍摄、剪辑和平台播出,对新闻生产各个环节的熟悉掌握,让我们在面对挑战时不慌不忙。在实际工作中,我们也更加积极地用研究和调查说话,让新闻工作"沉下去",把新闻事件和新闻人物放到社会大背景中去理解和思考,努力用新闻记录时代的温度。

当下传媒技术发展迅猛,人工智能、大数据的突破让社会对于信息的提取和解读有了全新的生态。这更要求我们,作为成长在传统新闻行业向新兴新闻行业转型时期的一代新闻人,必须要有传承和革新的意识,需要有调查研究的精神,将过去从书本中学习到的知识与实际工作相结合,把实践中遇到的问题放在时代的背景下去辩证分析。同时,个人意识也要与时俱进,用更加开放的心态辩证地思考新事物,不断为新闻实践注入时代的活力。

在一线，遇见可信、可爱、可敬的中国

◎ 郑锦强*

中国传媒大学2015级国际新闻传播硕士班学生在河南兰考体验治沙操作

时光荏苒，曾经的国新"小萌新"如今已是工作5载的"老编辑"。如果说有什么心得贯穿了学习和工作生涯的话，加强一线调研一定是其中一条。我从事国际报道，讲好中国故事、开展舆论斗争是工作的重心之一，只有深入一线挖掘而来的故事，才是有血有肉、撼动人心的，也才是最能回应关切、回击抹黑的。

2016年的夏天，根据国新班教学安排，我们前往河南省兰考县开展国情教育实践活动。对于新闻专业学子和新华人来说，兰考这个地方并不陌生，因为新华社的老前辈、前社长穆青所撰写的长篇通讯《县委书记的榜样——焦裕禄》便与此相关。彼时正值盛夏，38摄氏度的高温让人感觉如

---

* 郑锦强，中国传媒大学2015级国际新闻传播硕士班毕业生，现就职于新华社国际部，运营郑锦强工作室，从事英文微电影、脱口秀等创意融媒体产品生产。入选新华社第四期青年拔尖人才培养计划，获评新华社第八届新锐全媒体报道人才、海媒报道先进个人、对外融合报道先进个人，荣获社长总编辑奖（集体）、中国新闻对外报道英文翻译大赛银奖、中国新闻奖二等奖（集体）等。作品创作手记收入高等教育出版社《实践中的马克思主义新闻观——新闻报道经典案例评析》一书。

蒸桑拿,点缀在兰考街头巷尾的棵棵泡桐树所成就的阴凉就更显可贵。纵然焦裕禄已离世50多载,这里却依然与他有千丝万缕的联系:革命烈士纪念碑上"为人民而死,虽死犹荣"9个金色大字熠熠生辉;焦裕禄同志纪念馆人来人往,一张张照片、一件件遗物还在讲述他鞠躬尽瘁、死而后已的一生;连如今郁郁葱葱的泡桐也是当年他推广种植的。

事实上,焦裕禄故事的核心便与基层密不可分,他"亲民爱民""科学求实"精神的背后,是一次次地躬身一线。比如,为了解"三害",起风沙时,焦裕禄带头去查风口、探流沙;下大雨时,他蹚着齐腰深的洪水察看洪水流势。正是因为察看了实情又勤于思考,他才找到了风沙灾害的症结所在,成功总结出治理风沙的经验,这正是"实践出真知"。在兰考,我们在东坝头乡体验了焦裕禄治沙的办法:"贴膏药"和"扎针"。所谓"贴膏药",就是把淤泥翻上来压住沙丘;所谓"扎针",就是大规模栽种泡桐。

"没有调查就没有发言权",这是最浅显不过的道理。但在复杂的国际舆论场中,一些敌对势力出于抹黑我国形象、遏制我国发展的目的,闭门炮制出了种种谎言,从西藏到香港再到新疆议题,带偏了不少外国民众的对华认知。可笑的是,这些抹黑中国的所谓学者和记者,有的甚至从未到过中国。党的二十大召开前,我决定"现身说法",结合自身生活实际,策划制作了情景剧《国社小哥给10年前的自己打了个电话,结果亮了》,以"穿越"的新形式承载个人的亲身体验,呈现中国10年里翻天覆地的变化。比如,剧中提及:

郑锦强主创、主演的情景剧《国社小哥给10年前的自己打了个电话,结果亮了》剧照

10年前,人们从广州坐火车到北京,需要21个小时,因为手机网速太慢,还需要提前买一本《意林》杂志供路上消遣。10年后的今天,高铁将同样的路程缩短至8个小时。同时,5G不仅允许人们随时随地下载视频,更开启了蓬勃的数字经济。这种基于实际生活经历的大量今昔对比让"今日俄罗斯"主播塞瓦略斯主动推荐道:"很精彩,千万别错过!"

在兰考开展国情教育实践期间,我们还来到河南天民种业有限公司,拜见公司董事长沈天民。说是董事长,但他身着布鞋,皮肤黝黑,看起来像位农民,而农民也的的确确是他的身份之一。作为一家固定资产接近1亿元的民营高新技术企业的董事长,沈天民在国内率先提出了"超级小麦"的概念,成功培育出了"兰考矮早八""豫麦66""兰考198"等享誉全国的小麦品种,并获得2008年度的国家科技进步二等奖。

中国传媒大学2015级国际新闻传播硕士班学生采访沈天民

沈天民告诉我们,自己出身中医世家,1965年初中毕业后最先学习的是医学。但他渐渐感受到,很多疾病源于贫困。"穷了就吃不饱,吃不饱就容易生病。学医可以治病,但更重要的是要治贫。"对于农村地区来讲,贫困的直接原因是小麦、玉米等粮食产量不高。1966年,适逢县、乡的农业技术员到沈天民所在的樊寨村驻队,他开始参与良种培育。同一年,他入了党。

接受我们采访时,沈天民已70岁,从事良种培育已整整50年。他走遍了我国的小麦主产区和30多个小麦主产国,得到了几千份小麦亲本材料。在将黑麦、偃麦草、大赖草等植物的优良基因导入普通小麦并进行无数次试验以后,他成功地将小麦的亩产量提高到七八百公斤,被誉为"北方的袁隆平"。在天民种业公司,我们看到了满满当当的荣誉:国务院颁发的国家科技进步二等奖、国家外专局命名的"超级小麦育种示范推广基地"、科技部命名的"国家超级小麦育种国际科技合作基地"……

年满七旬,沈天民在小麦育种这件事上却并未停下自己的脚步。他依然不时下田,察看试验田里小麦的长势。也许正是由于经常劳作,我们采访时,他除了头发有些花白,看起来皮肤锃亮,神采奕奕。早晨6点半上班的他,可以和我们聊一整天却一点也不困。

采访过程中,沈天民带领我们来到了位于兰考郊区、彼时正在建设中的天民农科院。这里的楼房已盖了七八层高,但外墙尚未装修,钢筋裸露,显得有些简陋。尽管如此,一层的地上铺满了一捆捆小麦,十来位当地农民正在分拣麦穗。沈天民告诉我们,每一捆小麦是一个杂交的品种,要把它们的麦穗长短、颗粒大小和多少等数据计量下来,以便发现好的配种。"这项工作很费时,也并不赚钱,但一个好品种的发现和培育是很有意义的。你不能只看着眼下,得想着50年后。"

与沈天民的交流让我获益良多。沈老对研究的赤诚、对育种的热爱让我敬佩。7年后再次审视这段经历,我想他的身上既折射了中国人民族气概里的家国情怀,也有共产党员坚守理想、践行初心、担当使命的精神力量。

如今,学生时代的日子已不再,曾经的感悟却一直延续。无论是新闻专业学子还是新闻人,只有到一线去听、去看,才能真正感受这个国家的脉搏,才能找寻更多方案让这个国家变得更好,也才能遇见像焦裕禄、沈天民这样饱含赤子之心的人,而无数这样的人和事汇聚,不正是我们想要展现的可信、可爱、可敬的中国形象吗?

没有调查研究，就没有好新闻

◎ 袁月明[*]

2016年6月，我与中国传媒大学2015级国际新闻传播硕士班的全体同学，在多位指导老师的带领下，前往河南省兰考县开展了为期一周的"两学一做"主题国情实践调研活动。这段并不算长的、回想起来颇为生涩的调研经历，却足以令当时还身处象牙塔中的我获益匪浅。或许正是因为那次调研的"启蒙"，毕业时，我选择回到家乡河南，成为一名扎根一线分社的新华社记者。

时光倏忽而过。如今7年过去，由于工作原因，现在的我比起当时，对兰考县有了更深入的了解、更全面的认识、更丰富多元的报道，也总会在每次踏上兰考土地的时候，想起2016年那个夏天的国情实践调研经历。

党的十八大以来，以习近平同志为核心的党中央高度重视调查研究工作。习近平总书记指出："调查研究是谋事之基、成事之道，没有调查就没有发言权，没有调查就没有决策权。""要了解实际，就要掌握调查研究这个基本功。"作为新闻记者，更是如此。没有扎实的调查研究，高质量的精品报道便是无本之木、无源之水。

---

[*] 袁月明，中国传媒大学2015级国际新闻传播硕士班毕业生，现就职于新华社河南分社，曾参与习近平总书记视察河南相关报道、两会报道、郑州7·20特大暴雨灾害报道、庆祝中华人民共和国成立70周年大阅兵直播报道等，作为主创人员策划推出了《真人版〈帝后礼佛图〉》《夏文化考古地图H5》等创意融媒体报道，稿件多次获评新华社社级好稿、清新文风佳作、总编室表扬稿、总编室外文好稿。多次被评为新华社河南分社先进工作者。2021年7月，获评新华社优秀共产党员。

一、坚持调查研究的时代价值

日前,中共中央办公厅印发《关于在全党大兴调查研究的工作方案》强调,必须坚持问题导向,这为新形势下在全党大兴调查研究指明了方向、提供了遵循。党员干部要扑下身子,沉到一线,用心选题、用力找题、用功解题,夯实基层基础,以高质量调研成果指导工作、推动发展。

调查研究作为马克思主义的基本原则和方法,一头连着最基础的社会实践,一头连着最深刻的哲学理论,是马克思主义哲学理论不断与社会实践相契合的中间环节,体现着马克思主义辩证法、唯物论、唯物史观的哲学内涵。

当前,世界百年未有之大变局加速演进,不确定、难预料因素增多,国内改革发展稳定面临不少深层次矛盾躲不开、绕不过,各种风险挑战和困难问题比以往更加严峻复杂,迫切需要通过调查研究把握事物的本质和规律,找到破解难题的办法和路径。

调查研究是把"金钥匙"。重视调查研究、提升调查研究能力是应对新时代错综复杂形势、破解现代化发展难题的重要抓手,是我们应对内外形势之"变"的现实需要、理论指导行动之"用"的必然要求、破解风险考验之"源"的有效方法,对新的历史时期夺取新的伟大胜利具有重要意义。

二、锤炼"四力",做好调查研究

聚焦到新闻工作,"不断增强脚力、眼力、脑力、笔力"的要求,与大兴调查研究的要求可谓异曲同工。

从进入新华社工作的第一天起,尤其是在以"调研""监督"闻名的河南分社,《县委书记的榜样——焦裕禄》等一篇篇影响力巨大的稿件,无不出自深入的调查研究。而前辈们津津乐道的调研经历,总会引发一众年轻记者的惊叹和向往。

只有做好调查研究,新闻工作者才能"上接天线、下接地气",写出"沾泥土、带露珠、冒热气""有思想、有温度、有品质"的作品。

1. 新闻线索不会自己跑出来

虽然我是土生土长的河南人,但说实话,在2016年学院组织开展"两学一做"主题国情实践调研活动之前,我对兰考的了解匮乏到只能用两个词来概括对兰考的认知:一是"焦裕禄",二是"贫困"。而经过为期一周的同吃同住同劳动之后,面对兰考随处可见的"精准扶贫不落一人"的标语,我深刻感受到,焦裕禄精神并不是只在嘴上说说的大话、空话、口号,而是真正深深根植于兰考人心中的精神力量;同时,为了摆脱贫困的帽子,让全县人民都过上好日子,兰考开展了许许多多的扶贫活动,政府和民众齐心协力,取得了丰硕的扶贫成果。

近年来,我专注于河南文化领域的报道,一有空就会前往河南省各级文博单位、各处考古遗址、各个考古工地采访调研,并与相关考古负责人、专家建立了互信、融洽的良好合作关系。

2022年2月,我和同事偶然获悉,郑州商城遗址考古工地发现贵族墓葬这一线索。作为"考古中国"重大项目之一,我们敏锐地意识到,郑州商城遗址将有重要进展!于是,我与同事一直持续关注跟进该事件进展,随着考古发掘进程,先后6次前往考古工地、文物库房等处采访拍摄。一直到2022年9月,我主笔的《河南郑州商城发现首个商文化金覆面》一系列融合报道稿件全网独家发布,引起多方关注,各大媒体纷纷跟进报道。我也是全国所有媒体中,唯一一个拍摄到金覆面实物及整个考古过程的记者。

新闻线索大多不会自己跑出来,需要有一双发现问题、发现新闻的眼睛。只有扑下身子、沉到一线,持续跟进、开展调研,才能练就一双"慧眼",取得一份"硕果"。

2. 讲好故事离不开深入调研

2016年暑假,我和同组的小伙伴经过调研,在兰考发现了一位培育了超级小麦的农民科学家沈天民先生,并对其进行了采访拍摄。

当时,沈天民已经70岁了,是河南天民种业有限公司的董事长、曾获国家科技进步二等奖。虽然他已经有众多相当辉煌的成就,但沈天民仍旧非常低调、谦逊、质朴,衣着看起来和河南田间地头的众多农民几无二致,每天就骑着一辆已经锈迹斑驳的自行车出行,平常一有空就蹲在他的试验田里继续研究超级小麦育种。

在采访中,沈天民告诉我们,他每年365天中有200天以上都在田间地头,年复一年地研究杂交小麦。而他在自己富起来之后,也不忘自己兰考的乡亲们,主动对贫困群众进行集中帮扶,给乡亲们提供种子、化肥包括技术指导,并且用高于市场价20%的价格收购,帮助乡亲们增收。2016年,我和同组伙伴用了一周时间,用影像记录下沈天民的感人事迹。

2022年,在焦裕禄同志诞辰100周年之际,我和同事用一个月时间,完成了一份对焦裕禄的深切追忆报道。1966年,新华社播发的由穆青、冯健、周原采写的长篇通讯《县委书记的榜样——焦裕禄》,在全国引起强烈反响。这一重磅新闻作品的成稿,就离不开深入的调研。1965年秋,穆青三人历时一个月,走遍了兰考县的各个乡镇、村庄,采访了数百名干部群众,收集了大量的第一手资料,这才完成了新闻史上里程碑一样的名篇。

焦裕禄的事迹,感动了一代又一代青年;焦裕禄精神,引领了一位又一位干部。于是,我和同事走访了河南省不同地市的5位分别来自不同年龄段并分别在县乡村担任不同岗位的"焦裕禄式"的干部,让他们讲述《县委书记的榜样——焦裕禄》读后感,分享自己心目中的焦裕禄、什么样的干部才是"焦裕禄式的好干部"、自己如何在工作中践行焦裕禄精神等,他们集体诵读《念奴娇·追思焦裕禄》,充分展现了新时代广大党员干部持续从焦裕禄精神中汲取为党为人民干事创业的决心。

3. 做好调查研究,才能掷地有声

习近平总书记曾经指出:"当县委书记一定要跑遍所有的村,当市委书记一定要跑遍所有的乡镇,当省委书记一定要跑遍所有的县市区。"

作为新华社记者,作为时代变迁的观察者、时代风云的记录者,更应做到"跑遍"。说来惭愧,截至目前,我也只是跑遍了河南几乎所有的县市区,对于乡镇、村的走访还远远不够。

工作以来,让我自己记忆深刻的、形成一定社会影响力的稿件,无不来自调查研究。获评新华社社级好稿的《河南平顶山:绿化苗圃"疯长"背后的巨额"骗补"黑洞》监督报道,是一次两去两回、充满波折和艰辛的调研,也是我入职新华社河南分社后经历的第一次调研报道。2018年9月,我和同事接到内部知情人士关于苗圃骗补现象的举报线索,立刻赶往事发地,实地查看了多处抢栽的苗圃、捕捉到大量事实性画面和苗圃骗补的硬证据,随后又进入周边村庄暗访,与村民广泛交流,获知当地存在苗木转圈骗补的怪事,并摸清了整个苗圃骗补现象背后的产业链条。一个月后,2018年10月,我与同事再次前往平顶山,对可能涉及的政府部门工作人员进行了逐一采访。面对预料之中的拖延、推诿和不配合,我们用暗访设备全程录音录像留取证据,并在采访结束后立刻将稿件传回分社签发。这次报道有力揪出了地方保护伞下的苗圃骗补乱象和黑恶势力团伙,不仅获得中央领导批示,国家部委派出调查组实地调查,也推动地方政府出台新规定,堵住苗圃骗补漏洞。

2019年10月1日,新华社记者袁月明(右)在庆祝中华人民共和国成立70周年大阅兵直播报道中担任出镜记者

调查研究不是"盲人摸象",更不是"闭着眼睛捉麻雀",只有找准切入点,才能有的放矢,为中央提供行之有效的决策建议,也只有在深入基层的调查中摸清问题与实情,在结合实际的研究中找准方法与路径,才能让报道真正掷地有声,切实担负起党中央赋予新华社记者的"喉舌、耳目、智库"的重要职责使命,不负时代,不负人民。

2021年7月24日,新华社记者袁月明(右)在郑州7·20特大暴雨灾害受灾现场采访

2016年6月25日,袁月明(右二)与小组同学一起,在"精准扶贫 不落一人"宣传墙前合影

铁肩担道义 初心永不灭

◎ 陈相如[*]

2018年至今,我在人民日报社工作已满5年。这5年来,我几乎放弃所有的休假,一心一意扑在党的新闻传播一线工作上,将人民日报抖音号做到了平台第一。从"铁肩担道义,妙笔著文章"的国新班毕业,转而深耕短视频领域,其中面对的困难与压力属实不少,我常常会辗转反侧、夜不能寐。仔细想来,我能够最终坚持下来,大抵离不开在国新班3年时间所汲取的精神力量,将个人理想与国家的前途命运相结合的那一份初心。7年前在国新班的那一次国情教育实践活动——兰考之行,或许就是我扣好的"第一粒扣子"。

初赴兰考,影响我最深的,毋庸置疑就是"焦裕禄精神"。我们参观了焦裕禄同志纪念馆。以前在书本上、报道上听过这么一个名字,但是并不了解他。直到这次,亲眼看到他曾穿过的破旧的衣服、顶住肝疼戳破的藤椅,才深刻感受到眼前这一名党的战士,是多么伟大!

兰考大多是盐碱地,要在这样一块土地上脱贫致富,难于登天。但是他却说:"感谢党把我派到最困难的地方,越是困难的地方,越能锻炼人。请组织上放心,不改变兰考的面貌,我决不离开这里。"与一些嘴上功夫了得的官僚不同,他绝不是说说而已。他首先做的,就是大兴调研。他住在农民的草庵子里,蹲在牛棚里,跟群众一起吃饭、一起劳动,了解他们的生活与想法,

---

[*] 陈相如,中国传媒大学2015级国际新闻传播硕士班毕业生,现就职于人民日报社新媒体中心,参与人民日报抖音号的创办与运营,2022年被评为人民日报社优秀共青团员。

并且从群众中学习治沙、治碱的办法,总结经验。他说:"兰考的贫下中农是革命的,他们有改变家乡面貌、由穷变富的强烈要求,就像在一千零八十平方公里的土地上布满干柴一样,只要崩出一个火星,就可以引起熊熊烈火。"

后面的故事,大家也都知道了。我们走上这一片土地,也亲眼看到了脱贫的成果。他的理想,就是一心一意带领乡亲们脱贫致富,哪怕付出的是自己的生命。

"百姓谁不爱好官?把泪焦桐成雨。"人的这一生应该如何度过?为自己,繁华一生终成虚无;为他人,奉献一生万古流芳。如今我在工作岗位上遇到的困难,相比焦裕禄简直是相形见绌。还有什么理由抱怨?唯有不负韶华,一步一步向前进。

那次兰考之行,我们与乡亲们同吃同住同劳动,学习如何将淤泥翻出,又如何倾倒淤泥,并亲身感受如何除三害。回忆起来,劳动还是最令人快乐的,而与乡亲们一起劳动,快乐加倍。

如今在人民日报社做一名编辑,出差的机会不多。但是只要

陈相如和同学们一起在河南兰考调研

出差,我都会选择到最苦最累的地方去。在守岛英雄王继才去世后,我主动去了开山岛,在王继才坚守了32年的小岛上采访报道。乘坐高铁、汽车、轮渡才最终抵达,日出而起,日落也不息,白天吃野菜,晚上睡桌子,拍摄时还被"海狗子"咬得全身红肿,我都浑然不觉,一心想着完成好报道任务。采访王继才的妻子王仕花时,我和她的家国情怀产生共鸣而数次落泪。最终一分耕耘一分收获,我制作的短视频成为人民日报抖音号第一个获得百万赞的作品,也获得了当年的报社精品奖。庹震社长常说,作为记者要有四力:脚力、眼力、脑力、笔力。而我的脚力,或许就是那时与乡亲们一起劳动开始的。

当时,我们还对兰考的扶贫项目进行了深入的调查研究。作为小组长,我选定的调查方向是保险扶贫项目——政府与银行合作,用1000万对广大贫困户免费投保。我们走访了两种典型的扶贫投保方式。一个是人身意外险。一名34岁的年轻人,在外打工不慎坠亡,作为贫困家庭唯一的顶梁柱,令人扼腕。银行立刻理赔10万元,虽然不多,但这10万元没有任何投保要求,也在一定程度上帮助了这个家。另一个是种植险。我们来到兰考的香菇种植基地,因为暴雨的袭击,多处大棚遭到损坏。同样也是在没有投保的前提下,银行以最快时间进行理赔。数万元的资金,对于刚刚遇损的种植基地来说,如同及时雨一般。

婚假第一天,陈相如在新疆克拉玛依用 Mac mini 和 iPad 组装成的电脑远程工作

2021年,习近平总书记庄严宣告,我国脱贫攻坚战取得全面胜利,实现了第一个百年奋斗目标。这一成果正是这群伟大的人、这些真正为民的好政策带来的!只有在亲眼看到、亲身体会后,才会感叹,我们生在这样一个国家,这样一个新时代,何其有幸!而作为党的舆论阵地上的一名战士,我更应该把党的这些好政策、感人故事,讲给更多的人听。而我也正在受众广泛的抖音平台上,努力实现着我的家国理想。

兰考之行,让我坚定了我的初心与理想。而在国新班的3年时光,可以说是改变了我的一生。我更感激我的导师胡芳,是她对我的认可与激励,让我不断相信前方的道路之光明,未来的无限之可能。

如果说"铁肩担道义,妙笔著文章"是国新班的班训,那么"铁肩担道义,初心永不灭"就是我对自己的鞭策与提醒。

无论将来我走到何处,永远不会忘,我从国新班而来。

陈相如用多台电脑协同办公

讲好中国故事,一直在路上
——从河南兰考到阿联酋阿布扎比

◎ 沈御风*

2016年6月,骄阳似火、泡桐成荫、蝉鸣阵阵,那时刚刚踏入研究生大门的我们,喜迎第一次全班的集体活动,大家纷纷成群结队,怀揣着炽热的心奔赴河南兰考,开始了为期7天的国情教育实践。虽然时间不长,但我们同学之间的友谊在团队协作中不断成长,学习和工作的能力在基层调研中不断升华,"兰考精神"已然伴随着我走到了今天。

兰考是焦裕禄书记工作的地方,亲民爱民、艰苦奋斗、科学求实、迎难而上、无私奉献的焦裕禄精神跨越时空,历久弥新,正如当时我们的指导老师之一——中国记协的叶飞老师所说,这一次国情教育实践是一堂生动的焦裕禄精神和马克思主义新闻观的现场教学课。在"除三害"的实践活动中,我们体会到了兰考小地变大地、荒地变良田的不易,看到了当地民众撸起袖子加油干,为家乡谋发展做出的努力。在深入基层拍摄新闻的过程中,我们并没有把它当成一次简单的实践,而是始终以一个新闻工作者的标准要求自己,要"以人为本"讲好兰考故事,讲好基层故事,讲好中国故事,我们制作的新闻要尽力展现"民之所忧",回应"民之所切",从策划、采编到播出,我们鼓足干劲、不舍昼夜,就是希望用我们"国新人"的方式为兰考的发展尽一份力。

现在回想起来依然感触很深,我和我的小组选择的是拍摄当地坤盛牧

---

* 沈御风,中国传媒大学2015级国际新闻传播硕士班毕业生,曾于外交部新闻司工作,现就职于中国驻阿联酋大使馆。

业有限公司的发展和运作情况。长期生活在城市的我们都是第一次深入牧民家,更是第一次看到羊圈、羊粪、饲料等景象,部分组员还没进入养殖场就开始出现了难受、呕吐等现象,我们的心中不免都打起了"退堂鼓"。带教老师和当地的民众非常细心和热心,并没有因为我们出现畏难情绪而感到不悦,倒是非常热心地让我们先休息,或者先拍摄外景。就是在这期间,在攀谈的过程中,兰考人民不怕输、不服输、积极进取的精神给我们留下了深刻印象,我们受到了很大的启发。彭缘就是其中一位,她考上了一本,可惜因为家里贫困只能选择留在农村,想尽一切办法让自己脱贫致富,她说:"人活一辈子嘛,总要为梦想奋斗,我不甘心只是做一个普通的村妇,我想致富。"然而致富的路子并不简单,一开始养羊因为没有经验,羊接二连三地死去,这对于家庭并不富裕的彭缘来说是一个毁灭性的打击,然而她并没有放弃:"我既然选择这条路,就没有什么可以后悔的,就要能承担这条路上的风险,我要坚持,我要做大、做强。"兰考精神是什么?回归到民众当中,就是像彭缘这样,一个个永不放弃、一个个敢于奋进。当时我作为一名研究生,听到彭缘的话语后十分惭愧,在物质生活远比过去富裕的今天,如果很多生活当中的小困难都能把我打倒,我的外交梦恐怕无从谈起。眼前这位村民不就是我们要学习的吗?偶像不需要多么伟大,可能就是身边的人,他就在交谈中,就在潜移默化中影响了自己。后来我们组的女生放下了自己平时爱美、爱干净的习惯,大家一起卷起裤腿、挽起袖子,拿掉了堵住鼻子的纸团,同甘共苦,一起劳作,毅然决然地与摄制组一起深入羊圈之中,成功完成了新闻的拍摄。大家还一起抱起小羊合影,早已把"难闻的气味"抛诸脑后。当晚大家又马不停蹄地聚到了一起,讨论今天的拍摄和选题,研究稿件的写作。从社区服务到围炉谈话,从摘野果到走羊圈,在学校时大家也没能如此这般亲密,既是"同学"又是"战友",这样的情谊是我们不曾收获的,也是我们不曾经历的。

习近平总书记指出,中国共产党团结带领全国各族人民,经过长期艰辛探索找到了符合中国国情的发展道路,正在以中国式现代化全面推进强国建设、民族复兴。7年过去了,我不知道当时的彭缘是否实现了自己的理想,过上了富足的生活,但我很高兴看到兰考已经成功摘除了"贫困"的帽子,迈入高质量发展阶段,一棵棵泡桐树如今也被制作成一件件美妙的乐器、精美的家具,走向了全中国和全世界。我自己也成功实现了外交梦,成为中国"文装解放军"的一员。回过头来看,"焦裕禄精神"让我今天对"忠诚、使命、奉献"的外交人员核心价值观有了更深层次的理解,兰考的发展也正是"精准扶贫"和"中国式现代化"的一个缩影,是"中国故事"的一个生动题材。现在我虽然没有直接从事新闻工作,但令我开心的是我依然还和当年一起在"羊圈"拍摄的"战友"通过各自的方式一起向世界展现真实、立体、全面的中国,努力塑造可信、可爱、可敬的中国形象,而组成这一切的就是奋斗在各行各业的像彭缘一样怀揣着"中国梦"的讲述人。

有人说不到阿联酋就不知道世界之富,我想说不到兰考就不能深刻理解中国人的精神之核。在阿布扎比工作的这段时间里,常常有人问我,为什么中国人民的幸福感这么高,发展这么快?究其根本,我想就是我国始终坚持以人民为中心的发展道路。我们和西方国家最大的不同,就是我们党始终坚持人民至上的价值追求,中国外交始终保持人民外交本色。当前世界动荡与变革交织,团结与分裂碰撞,机遇与挑战并存,中华民族伟大复兴进入了不可逆转的历史进程。随着我国综合国力和国际地位不断提升,国际社会对我国的关注前所未有,但一些西方政客和媒体热衷于在各种场合抹黑中国体制,渲染"中国威胁",干涉中国内政,攻击中国内外政策,试图纠集内部和国际上的"共识"来对华进行全面遏制打压,阻止中国发展。可以看到我国"软实力"和"硬实力"之间还存在"落差",然而,越是形势复杂、任务艰巨,越要走上坡路、开顶风船。在这样的情形下,讲好中国故事、让世界读懂中国显得尤为重要,这不仅是增强中华文明传播力、影响力的必然要求,是推动构建人类命运共同体的迫切需要,更是时代赋予我们义不容辞的责任和使命。

我们青年一代,我们国际新闻传播后备人才班培养的学生,要把兰考的实践经历和"焦裕禄精神"融会贯通到学习和工作当中,要以习近平新时代中国特色社会主义思想为指引,心怀国之大者,脚踏实地、锐意进取、担当作为、久久为功,深入国际传播一线,用自己的眼睛观察世界,用自己的话语解说中国。在"带毒""有菌"的环境下,充分发扬斗争精神,筑牢底线思维,时时刻刻维护国家利益,站在人民的立场上发声。中国外交已经按下"加速键",吹响"集结号",我也希望能有更多的师弟师妹与我们一起用脚步丈量世界,踏上这充满光荣梦想的远征,开启这穿越惊涛骇浪的远航。

兰考情结永不散去,讲好中国故事,一直在路上。

5年，从闽南到藏南
——我的扶贫记录

◎ 孙伟健*

> 2018年2月—6月在波兰华沙大学交换期间，我常与外国友人聊起中国。每当提起中国5年内脱贫人数超过6800万，相当于一个欧洲大国的总人口（到2020年年末，9899万农村贫困人口实现全部脱贫），他们总会感到匪夷所思。但亲历了脱贫成果后才知道，那时的我不过是在一知半解地炫耀几组数字罢了。
>
> ——题记

从波兰回国后，我立刻加入国新班组织的"重走习近平总书记福建宁德路"的暑期国情实践，这也让我第一次有机会走到脱贫攻坚第一线，真实触摸脱贫脉搏。

夏天的福建闷热难耐，脸上和背上的汗水湿了又干，干了又湿，在衣服上留下雪白的盐霜。7天的时间，从经济发达、文化氛围浓厚的福州市区，到位置偏僻、深居大山的村庄，我目睹了富裕的横向层次；在"全国扶贫第一村"赤溪，从30多年前"婆媳同穿一条裤"到如今"全村共奔致富路"，我见证了脱贫的纵向历程；在宁德市委党校聆听《〈摆脱贫困〉的理论价值和思

---

* 孙伟健，中国传媒大学2016级国际新闻传播硕士班毕业生，现就职于凤凰卫视北京站，担任出镜记者。曾参与中共二十大、全国两会、中国与洪都拉斯建交等重大新闻报道；也参与了两名中国教师被苏丹反政府武装挟持4小时、长峰医院火灾和银川烧烤店爆炸事故等突发事件的报道。此外，还专访过法国、芬兰、南非等国驻华大使；参与的疫后经济复苏、淄博烧烤、西藏行等系列报道也引发了社会各界较高关注。

想贡献》的讲座后,我意识到9800多万人口成功脱贫绝非一日之功,数字背后是过去30多年党和政府持之以恒的投入和扶持,是贫困地区干部群众的艰苦奋斗、顽强拼搏。

在踏入赤溪村的第一晚,我和组员们就在寻找:怎样的选题才能体现出赤溪村这些年来的变化。在与老乡的闲谈中,我们得知第二天会有3个霞浦(距离赤溪村约50公里)的媳妇嫁进村来。而在30多年前,"贫穷"是赤溪村的代名词,最穷的家庭只能"婆媳同穿一条裤"。外来媳妇闻"赤溪"色变,婚嫁问题只能靠"内部解决"。于是我们组决定以赤溪村当天结婚的新人为切入点,以第一批嫁进赤溪村的外来媳妇,后来成为村妇女主任的钟丽眉为核心人物,试图通过两代媳妇的对比呈现出赤溪村的脱贫实效。

为了拍到最生动的镜头,我们4名组员全程无休地跟拍迎亲过程,并意外受到村民邀请同吃婚宴,借着这个零距离交流的机会,我们完成了部分采访,获得了极具体验感的丰富素材。但面对如此多的内容,脑子极容易混乱。晚上回来,整理素材时,组员们激烈讨论甚至是争吵:画面叙事为主还是解说词叙事为主?哪一段的采访更精彩?只讲一对新人还是3对新人都应涉及?一直到凌晨4点半,才终于理出一版思路并形成剪辑脚本。

第二天一早我们与老师交流时,老师建议,应该以村妇女主任钟丽眉嫁进赤溪村的经历为轴,串联起新媳妇的故事。按照新思路,我们还需要补拍很多空镜:钟丽眉现在的生活是什么样?她嫁进赤溪村的时候走得是哪条路?那条路现在发生了什么变化?而留给我们的时间仅剩一个半小时。二话不说,我们快速决策,分头行动,总算在有限的时间内完成了所有拍摄。下午的行程非常满,为了不影响后期制作,我们利用每一次在车上的短暂时间推进脚本写作,并与指导老师多次沟通修改,终于在到达宾馆前完成定稿。高效有序的合作和攻坚克难的毅力让我们组整体进度神速,最终按时交片。

"开头用了一段较长的完整迎亲现场将观众带入情景。"在集体评片时,央视驻福建站记者陈子淳老师说这让她印象深刻。而我们别具一格的叙事视角、极具体验感的画面,得到了其他老师和同学的认可。

5年后,我成了一名国际新闻记者。当年的争论和点评,现在依然使我受益匪浅。

机缘巧合,我再一次与扶贫的选题相遇。2023年6月中旬,我代表凤凰卫视参与到国新办组织的为期7天的"中外媒体西藏行"报道活动。为了让中外记者尽可能多地看到西藏的发展变化,每天的行程从早上8点开始,有时到晚上11点才能结束。强烈的紫外线、密集的行程、数十人的采访团,看起来和5年前很相似,只是没有指导老师,没有众多组员,只有我和一位摄像,每个采访点位只停留一个多小时,记者在现场要迅速作出决策,并告知摄像拍摄重点。

我们第一天去到了拉萨市尼木县参观国家级非遗——藏纸。从生长在海拔4500米以上的狼毒草变成一张藏纸要经历十几道工序。因狼毒草有一定毒性,藏纸不仅耐磨耐折,还可以做到防虫不腐,很多保存了千年的经书就是写在藏纸之上。当其他媒体团团围住国家级非遗传承人次仁多杰时,我将目光转向了正在室外认真剥树皮的拉琼。在交谈中,我才得知他是一位残疾人,从事藏纸工作已经14年了。

2018年开始,国家出台相关政策,在10个省市设立首批非遗扶贫重点县,尼木县就位列其中。拉琼所在的雪拉藏纸厂获得100万元的政府资助,该厂成立了非遗就业工坊,并吸纳了12人就业,其中有5位曾是贫困户,59岁的拉琼就是其中一位。有了稳定的收入,拉琼和几位同事在2021年成功脱贫。"不停歇的话,一年的收入是4万到5万,除非中间临时有事,或遇到农忙时节,一年收入在3万左右。"拉琼如是说。

现在藏纸厂每年能盈利20多万元。藏纸厂的主理人——国家级非遗传承人次仁多杰说,疫情之后,打开市场是关键。藏纸厂不仅会与当地的寺庙、图书馆合作,也会通过新媒体渠道拓展销路。效益好起来,年轻人才愿意留下来。现在,次仁多杰的两个儿子也成了雪拉藏纸非遗传承人。

在山南市的乃东区,我们看到了另一家更大规模的非遗就业工坊——泽帖尔纺织技艺国家级非遗传承人巴桑的手工编织合作社。截至目前,这里已累计享受到国家投资2000多万元,吸纳127人就业,包括79名异地搬迁民众和32名残疾人。巴桑说:"贫困户和残疾人到企业来了以后,包吃包住。在此基础上,最低月工资2800元,有些技术工最高一个月可以拿到7000—8000元,人均年收入32000元左右。"

56岁的次仁央金和儿子相依为命,2018年她们从高海拔地区异地搬迁到山南市乃东区。她们现在住的房子有86平方米,是当时花了1万元买下的,差价由政府补贴。通过两个月的培训,她和另外几位同乡还在巴桑的编织厂找到了工作。次仁央金说:"以前靠着种田、养几口牲畜为生,几乎没有现金收入,最开始买房子的一万块钱都是借的。"异地搬迁后,她和儿子都有了工作,欠的账也都还完了。

一周的时间,我看到了西藏宁可牺牲部分经济发展的机遇,也要坚持"生态优先"政策的坚定;也看到一批批的援藏干部、援藏企业远赴千里、不辞辛劳的奉献。但说到底,扶贫不仅要靠"输血",更要靠"造血",而非遗扶贫工坊就是"先输血再造血"的典型。目前,西藏类似的非遗工坊有150多家,带动了6000多人就业,拉琼和次仁央金都是这项政策的受益者。

20多年前,习近平总书记在福建工作时就提出"艰苦奋斗、顽强拼搏、滴水穿石、久久为功"的扶贫思想。从闽南到藏南,发展条件不同,但中国人对于共同富裕的渴望和努力从未停止。从事国际传播,我们常能看到西方以人权为幌子,恶意中伤中国。而当和我一起探访的外媒记者真的亲身经历了中国大地上发生的故事,也就能理解为什么中国人总说:保障人权最重要的是生存权、健康权,是人人都能安居乐业,发展成果都能共享。

其实,不论是扶贫还是疫后经济发展,所有好的对外传播,说到底都是要讲人的故事,讲一个普通人的喜怒哀乐、家长里短,再以小见大,反映大局。

2018年暑期,国新班国情实践团队来到中国扶贫第一村——赤溪村,孙伟健抓拍到组员们与村妇女主任、赤溪村第一批外来媳妇钟丽眉的合影。该张照片被选为中国记协《新闻记者三项学习教育》专刊封面照片

"在天安门城楼上想问题,在田间地头找感觉",这是在国新班国情教育课上常听到的话,它像是一粒种子播撒在每一名准记者的心中;而国情实践则像是泥土,为种子发芽、成长提供着必要的养分。瞧,一粒粒种子正长成一棵棵参天大树,构筑起一片国际传播的护卫林。前者言后生长势可畏,后者借高枝远瞻探路,前赴后继,久久为功。

孙伟健在本组国情实践作品《致富路上的新媳妇》中的出镜截图

孙伟健在凤凰卫视 2023 年两会报道中做直播连线

从兰考出发
——漫谈我的国情调研经历

◎ 翁旭东*

每当听到、看到关于河南省兰考县的消息,关于这座城市的记忆总会把我拉回 2017 年的那个夏天。2017 年 7 月 9 日,在中国记协、中央电视台与母校中国传媒大学电视学院 4 位老师的带领与指导下,我所在的 2016 级国际新闻传播硕士班一行 21 名同学走出校园,来到兰考,在这里开始了为期一周的基层国情实践调研。这次调研之行让我和我的同学们对中国农村脱贫攻坚的一线情况有了具体可感的认识,更使我深深认识到扎根基层大地、大兴调查研究之于谋事与成事的重要意义。

一、满载汗水与收获的国情实践

2017 年 3 月 27 日,在河南省政府新闻发布厅正在举行的一场新闻发布会上,时任兰考县县委书记的蔡松涛激动且郑重地宣布,河南省兰考县正式退出贫困县,成为整个河南首个脱贫"摘帽"的贫困县。要知道,在国民记忆中,兰考这片土地长期与"贫瘠""艰苦"等词汇紧紧勾连在一起。在相当

---

* 翁旭东,中国传媒大学 2016 级国际新闻传播硕士班毕业生,现为中国传媒大学师资博士后,国际媒介与传播研究学会(IAMCR)中国博士生大使,从事视听传播、数字媒体、话语理论分析研究,发表相关学术论文多篇。参与国家社科基金重点项目、教育部人文社科重点研究基地重大项目、校级党建与思想政治教育研究重点项目等多项研究课题。曾为国际新闻传播硕士班兼职辅导员,电视学院研究生会主席,获评全国首批"百名研究生党员标兵",荣获第六届范敬宜新闻学子奖,两次获国家留学基金资助公派出国学习实践,多次获研究生国家奖学金。

长的一段时间中,无论是本地人还是外地人,谈及兰考,总会下意识地撇撇嘴。而如今,从昔日的贫困县,到脱贫攻坚战中的领头羊,兰考翻天覆地的变化正是中国式现代化的一个生动缩影。正如习近平总书记所说,调查研究是谋事之基、成事之道。作为新时代的国际新闻传播学子,要想真正对外讲好中国故事,生动展现中国式现代化的独特智慧与伟大成就,就必须走进基层,深入人民群众火热的社会实践中做细致观察与全面调研。很幸运,这一年夏天的国情实践活动便给了我们一个宝贵的机会。

2017年7月9日到15日,国情调研实践团踏上了这片土地。尽管正值暑伏天气,烈日炎炎,同学们却依旧兴趣盎然,劲头十足,充满求索的好奇与调研的热情。本次国情实践活动主要围绕两个主题展开,一个是学习和传承焦裕禄精神,另一个则是探索兰考快速有效脱贫的特色经验与模式。

到达兰考当天,来自中共兰考县委宣传部的同志便为我们做了一场题为《从焦裕禄事迹宣传看新闻记者的党性观念》的专题讲座。让同学们对兰考县情与焦裕禄同志的先进事迹有了基本的了解。第二天,我们一起到焦裕禄纪念馆进行参观学习,认真观看展厅的展品和图片,仔细听取讲解员对焦裕禄同志生平事迹的介绍。在焦裕禄同志的雕像前,我们怀着无比崇敬的心情向这位全体党员的榜样敬献了花篮。作为2016级国新班党支部书记,我有幸在焦裕禄同志的雕像前,带领党员同学们再次重温入党誓词。高大肃穆的焦裕禄同志雕像、鲜红的党旗、每个同学严肃认真的眼神与坚定铿锵的声音……这个场景我至今记忆犹新。

可能对于很多同龄人来说,以前主要都是在课本中学习到焦裕禄同志的事迹。而当我们真正行走在兰考,才真正领会到焦裕禄精神是活的精神财富。焦裕禄亲手栽种的"焦桐"、曾经和焦裕禄有联系的人,都向人们生动述说着这位人民的好书记、党的先进工作者生前的感人事迹。而当我们沿着黄河大堤,看到一片又一片泡桐树林和田间地头用焦裕禄创造的方法种下的一棵棵树苗时,我们更感受到"贴膏药"(翻淤压沙)、"扎针"(种草植树固沙)这些治沙良方所蕴含的智慧。也正是当年焦裕禄带领兰考人民治住了内涝、风沙、盐碱这"兰考三害",才让昔日的"第一风沙口"变成今天的绿色大粮仓,让兰考在摆脱贫困的道路上迈出了不可或缺的关键一步。

这次国情实践最让人难忘的当数我们在东坝头乡张庄村与村民"同吃、同住、同劳动"的经历。通过在村子里的走访与调研,我们发现,这里建立了很多农业合作社。各种水果大棚、农禽养殖发展良好,农民们不再单纯地种地或者外出务工,经济上有了更多的收入来源。农村的基础设施也日臻完善,便民服务点、老年活动中心一应俱全。政府的扶贫政策也发生了转变,由原来的直接把钱送到困难农户手里改为帮助农民发展新型农业,让农民通过自己的双手发家致富,由"输血"变"造血"。

在村中寻找采访报道选题的过程中,不少同学还和老乡学习了当地的问候语,挨家挨户寻找合适的采访对象。在一番调研与寻找过后,我与孟伟、晓通、梦笆组成的小组终于锁定了我们的报道人物——村里的养鸡大户闫春光。当跟随闫春光进入他的鸡棚时,面对一排又一排密密麻麻的鸡笼,久居城市的我们不免打起了退堂鼓。7月的午后烈日当空,再加上成百上千只鸡所散发出的热量,整个鸡棚像一座蒸笼一样,闷热难耐,压得人喘不过气来。与此同时,笼中的禽鸟更是叽喳叫个不停,它们的声音共同汇聚起来,就像一台不停歇的机器,嗡嗡地发出巨大的轰鸣声。再加上当人身处一排排鸡笼之间,你会本能地感受到无数双眼睛正从四面八方凝视着自己,当然还有刺鼻的鸡粪味,在这种压力下,只觉得棚内更热,更聒噪。为了拍好一段记者在鸡棚中边移动边报道的出镜,我们在鸡棚中反复演练,不断拍摄,高温下在鸡棚内连续工作近4个小时。等我们拍完走出鸡棚时,才意识到身上的衣服早已被汗水浸湿。经过连夜紧张的剪辑,我们最终完成了融视频新闻报道《养鸡大户闫春光》,通过中传国新班微信公众号推出,以我们的视角与体验,讲述一段关于兰考张庄的脱贫致富故事。

二、我与兰考的奇妙缘分

2017年的暑期国情实践并不是我在兰考基层调研故事的全部。确切地讲,我与兰考结缘至今已8年有余。2015年,中共中央、国务院颁布《关于打赢脱贫攻坚战的决定》,在全国范围内吹响了推进精准脱贫、全面建设小康社会的号角。同年,正读大三的我有幸加入纪录片《消灭贫困》摄制团队中。在叶明睿老师的带领与指导下,我以主创的身份来到兰考,一边进行基层蹲点调研采访,一边进行纪录片的拍摄。

为了深入理解兰考贫困状况,真实展现在精准扶贫政策的支持下与焦裕禄精神的指引下,兰考县干部群众为实现脱贫致富而进行的尝试和摸索,叶老师带着我、朱顿、黄宇钊三位同学,走遍了兰考县八镇五乡。每到一地,我们首先到村委拜访村支书、村主任与扶贫干部了解基本情况,之后到村里的贫困户家中走访。有的贫困户家庭在确定拍摄之前要去好几次来了解情况,进行沟通。在不断的努力与调研下,我所在的摄制组最终提炼出七条不同的故事线索。为进行长期的跟踪记录,仅前期的调研拍摄阶段,我们在兰考乡村一线驻扎的时间累计就超过了一年。在摄像机镜头下,我们记录下东邵二村村支书张顺平带领村民创办蛋鸭养殖项目,见证了兜底扶贫下王玉堂村失去劳动力的赵银玲一家生活重现希望,记录下李三阳村贫困户李玉建靠种山药成了村里的带头干部……每个村都有不同的为实现脱贫致富而奋斗的故事,不少贫困户的生活条件发生了翻天覆地的变化。

这次难忘的拍摄经历是我第一次长时间接触、深入乡村,让我深刻认识到什么是贫困,也让我以一个亲历者的身份参与到全面消除贫困这一历史性事件的宏大叙事当中。这种沉浸式的调研体验让我对脚下这片祖国大地产生了更为深厚的兴趣与情感,更使我为镜头下平凡的中国人努力摆脱贫困、不懈奋斗追求自己的中国梦的热忱所打动。

2018年,我成为母校中国传媒大学首批硕博连读研究生中的一员。这一年,我有幸作为志愿者参加到由国务院新闻办公室主办、中国传媒大学承办的中国媒体优秀海外雇员短期访学项目中,同在我国对外传播一线工作的外籍同事走进中国基层,了解一个真实、立体、全面的中国。这次基层调研的最后一站,我再一次来到了兰考县张庄村。每次到张庄村,都能明显地感受到新的变化。此时的张庄村已全部完成道路硬化,许多民宅院落做了专门的设计与改造,村中还建起了民族文化馆和多种特色农产品展览体验馆。从进入村子的一刻起,干净、整洁、美丽的乡村景观便牢牢抓住了外籍雇员们的注意力,他们在村中穿梭游览,不时地拿起手机、相机拍照。在随团志愿者的帮助下,不少外籍雇员主动和村民攀谈起来,了解他们的日常生活与特色产业。我也再一次遇到了我曾经的采访对象闫春光,除了家禽养殖,他又开了一间榨油作坊,制售芝麻香油。在众人的围观与拍摄下,他熟练地操作着机器,演示榨油的流程。原先在镜头与话筒前不善言辞、稍显羞怯的他,变得更加自信、健谈。从他洪亮、坚定的声音中,我感受到了生活水平得到切实改善与提升给他带来的底气,眼神中的光亮更让我看到了他对未来更加美好生活的信心与憧憬。

三、从兰考出发

求真务实、锐意进取是中国共产党人的宝贵品质,调查研究更是党在革命、建设、改革各个历史时期做好领导工作的传家宝。调查研究是对客观实际情况的调查了解与分析研究,其主要目的在于摸清事情全貌与真相,把握问题本质与规律,从而真正找到解决问题的正确思路与恰当对策。数次兰考之行,让我深深认识到这一工作方法的突出效果与重要价值。对国新学子以及新闻人来说,调查研究是保证新闻真实、有效发挥报道影响力与引导力的必要手段,是践行马克思主义新闻观、密切联系群众的必要途径,更是个人自我锻炼、学习提升的重要过程。兰考这片土地早已成为我精神家园的一部分。从兰考出发,国情实践的经历让我在以后的个人成长历程中受益匪浅,更鼓舞着我时刻坚持问题导向,将调查研究落实到日常学习与工作的方方面面。

2018年,经过层层遴选,我有幸受国家留学基金委员会资助,被派往位于肯尼亚内罗毕的央视非洲分台进行专业实习。在那段驻站岁月中,我也积极地尝试走上肯尼亚街头,走进当地人的日常生活中进行采访报道,以客观、全面的视角还原一个真实的东非国度,用最鲜活的故事讲述"一带一路"对当地经济发展与人民生活改善带来的重要意义。3个月的驻外实习报道中，我走遍肯尼亚主要中心城市以及自然保护区，大量实地走访当地人家，并以调查、采访等形式对当地政治、经济、文化等各方面进行调研报道，完成2万余字记者手记——《新闻学子在非洲：肯尼亚社会观察报告》，从地缘政治、社会现象、贫困问题等多个方面进行深入报道。英语电视新闻 *KENYA ART：Young artist combines paint and kitenge cloth* 在中国国际电视台播出，并被肯尼亚国家电视台转播。

与此同时，我也积极将调查研究的精神与方法运用到新闻传播学领域的相关研究中，注重数据采集与经验调查，力争基于翔实的数据与资料支撑进行更加深入的分析与阐释。以攻读博士学位期间围绕中华优秀传统文化视听传播创新与发展所开展的研究为例，为深入获取并理解主流媒体在推动传统文化视听内容产品的破圈传播的行动逻辑，我历时半年，通过各种方式联系到《人民日报》、中央广播电视总台、河南卫视、北京卫视等多家媒体相关节目与视听产品的主创人员并进行深度访谈，最终形成基于北京（6人）、石家庄（1人）、杭州（1人）、郑州（1人）、太原（1人）共10人次的访谈记录收集，文字记录共计12余万字。对这些资料的深入挖掘与分析，使分析结果展现出较强的经验强度与解释力，让研究的实证品格得到有效提升。

从2016级国新班30人大家庭中的一分子，到国新项目兼职辅导员，再到成为一名师资博士后，目前我已经参加了四次国新班暑期国情调研实践活动。在兰考调研之后，作为带队老师，我又参加了2018年福州、宁德两地，2019年西安、汉中两地，以及2023年长春、四平与延吉三地的调研实践。这篇文稿也正是在2023年的国情调研实践中完成的，可以说是边调研、边回忆、边思考、边写作的结晶。作为一名"过来人"，在国情调研期间，我总会鼓励引导同学们要不怕麻烦、不怕困难，尽最大可能接近当地人民群众的生活，才能真正了解社情民意，创作出经得起检验的新闻报道作品。我的成长历程与同班同学的职业经验告诉我，唯有知行合一，锤炼"四力"，才能为未来的职业发展打下坚实基础。

就像一颗生命力旺盛的种子，在兰考学习调研的宝贵经历让调查研究的学习工作作风深植在我的心中，并不断开花结果。立足祖国大地，放眼全球传播舆论场,一次次从兰考出发,都是我个人对调查研究这座取之不尽、用之不竭的"富矿"的一次探索和挖掘。新时代新征程,立足中华民族伟大复兴的战略全局和世界百年未有之大变局,我们更要时刻提醒自己传承好、运用好这项"传家宝",不忘初心,不负韶华,脚踏实地,笃行不怠,努力创造不负自己,更不负时代与人民的新成绩。

兰考国情实践期间调研小组在高铁上进行采访报道

翁旭东驻央视非洲分台(肯尼亚内罗毕)实习期间采访联合国前副秘书长兼环境规划署执行主任埃里克·索尔海姆并合影留念

2019年翁旭东带领国新班同学赴陕西省汉中市略阳县国情实践,向社区工厂留守儿童赠书

夯实调研本领 勇立时代潮头
——在工作中回首国情教育实践之路

◎ 宋　晨*

2019年的盛夏，我从国新班毕业进入了新华社国内部工作，至今已4年有余。在这不长的时间里，我幸运地在许多岗位工作学习，包括"管理"新华社微博，参加各类重大战役性报道，在云南分社调研锻炼，在央采中心负责科技与公共卫生领域……无论做什么工作，我都有信心能胜任之，这种底气正是源于国新班这3年为我打下过硬的新闻传播理论基础，以及通过各类国内外实践获得的调研本领。

重温2018年在福建写下的《报道英烈事迹 践行马克思主义新闻观》，回首来时路，国情教育实践的点点滴滴犹在眼前，这是我第一次真正践行群众路线、深入学习调研的"启蒙之旅"，自此之后，调查研究也成了指导我新闻报道工作"高质量发展"的看家本领。

一路爱国主义教育 不断坚定新闻理想

在研究生阶段选择国际新闻学这门专业的学子，大多数都是想未来从

---

* 宋晨，中国传媒大学2016级国际新闻传播硕士班毕业生，现就职于新华社国内编辑部中央采访中心。入职至今，参与了2019年庆祝中华人民共和国成立70周年大会系列报道、新华社《我们的新时代·字述2019》、抗击新冠疫情系列重大报道、《民法典》新媒体报道、庆祝中国共产党成立100周年系列报道、"燃灯校长"张桂梅重点报道、中国空间站全面建造系列报道等项目。数十篇作品分别获评第30届中国人大新闻奖网络作品新媒体一等奖，新华社社级好稿、部级好稿，新华社影响力好稿等奖项。

事新闻行业,或将新闻当作毕生追求的,这点我也不例外,但在学习成长的过程中,有时也会思考其他相关职业的规划。然而正是这次由我们2016级国新班部分成员和2017级国新班全体成员共同组成的大集体的福建之行,让我更加坚定了心中的新闻理想。

行程以福州市作为起点,到赤溪村,再到宁德市……一路所过皆是英雄的事迹。"一个三坊七巷,半部中国近代史",参观三坊七巷,深入学习中国近代英雄烈士事迹,是我们走出课堂,感受英雄文化的最好方式。习近平总书记也曾说过,民族英雄是中华民族的脊梁。来到福州的第一天下午,我们一行人在老师的带领下踏入了三坊七巷历史文化街区。

郁郁葱葱的街道和古香古色的巷子颇有人杰地灵之感,在入口映入眼帘的便是民族英雄林则徐的纪念馆。苍劲有力的书法篆刻下还有两个横额,分别为"中兴宗衮"及"左海伟人",是对林则徐一生的高度赞扬。跨入林文忠公祠的大门,映入眼帘的便是一株郁郁葱葱的大榕树,仿佛诉说着英雄的家国情怀万古长青。有同学感慨道:"看到这些石碑和照片,从救灾赈灾、兴修水利到虎门销烟,小时候课本中读到的林则徐,一下子从一个形象转变成了一段深刻的历史和高尚的精神,这里保护下来的东西好多都值得我们在当下反复思考和学习。"

"吾至爱汝,即此爱汝一念,使吾勇于就死也。吾自遇汝以来,常愿天下有情人都成眷属;然遍地腥云,满街狼犬,称心快意,几家能彀?"林觉民的《与妻书》无人不知,无人不晓,无人读罢不垂泪。我们继续向前参观林觉民故居,感受着这封"舍小家,为国家"的世纪情书。故居不是很大,坐西朝东,有三进。第一进与第二进之间有长廊,廊两旁种有翠竹。第三进大厅两旁各有前后厢房,厅与房前有小天井,小天井南端的卧房窗外有花台,如此清幽高雅的环境让人很难想象它的主人是个刚毅的革命者。

小小一块手帕上,写满了对妻子的不舍与为国家奉献全部的果决。学习这些英雄烈士的事迹,极大地鼓舞了我们的民族自尊心,自信心。

习近平总书记说:"今天中国正在发生日新月异的变化,我们比历史上任何时期都更加接近实现中华民族伟大复兴的目标。实现我们的目标,需要英雄,需要英雄精神。"当时的我心中种下了一颗种子——一定要坚定四个自信,把我们英雄报道宣传好。而今回首,从脱贫攻坚到乡村振兴,从抗击新冠疫情的初始到最终胜利,从中国空间站建造的揭幕之战到全面建成投入使用……在每一次重大报道中我都在践行着那年夏天"国小新"的理想。

夯实理论是行动的先导 筑牢新闻观是实践的指南

国新班授课中贯穿始终的专业理论知识和新闻业务实践能力,正是福建之行我们能在短时间内拿出优质新闻作品的基础。

在福建国情实践的工作中,我在组内主要负责的任务是福州三坊七巷爱国主义教育新闻特稿的撰写和赤溪村精准扶贫新闻片的构思剪辑工作,无论是新闻文字消息写作,还是新闻片的创作,都是国新班日常课程中培养"全媒体新闻人才"课程所打下的良好基础。

什么是值得报道的好新闻?一条好新闻要具备什么要素?怎么样的新闻素材排布符合当下的新媒体传播规律?……这一系列问题是老师们在课堂上经常让我们思考研讨的题目,也在我们进入赤溪村与村民"同吃、同住、同劳动"后,我对此有了更深刻的认识。

"太姥山下赤溪山,七星落洋好地盘,竹排漂流几十里……",通往赤溪村的路上林木掩映,鸟鸣萦绕,层峦叠翠间宛如"人间桃源"。地处福建省福鼎市磻溪镇东南部的赤溪村,被誉为"中国扶贫第一村"。但同行的指导老师告诉我们,"家家竹木屋、顿顿揭锅难"是人们以前对这里的印象。一些问题迅速出现在我的脑海中,原来的赤溪村究竟是什么样?30多年来,这里经过了怎样的发展过程?现在的赤溪村因地制宜、精准发力的突破点有哪些?带着这些问题,我们"国小新"在村中开始了走访和学习。

环绕着现在的赤溪村走一圈,不难发现整个村子有着山陡、坡险、溪弯、地狭的显著特点,其耕地面积被山与山挤压到了最低限度。当地村民告诉我们,曾几何时,村民们住的是破烂不堪的木瓦房和茅草房,有些村民穷得连衣服都轮流穿,甚至还有距离乡镇较远的自然村,村民的看病问题很难解决。田地资源的稀缺与山海资源的极大丰富,形成了耐人寻味的对比,也是昔日赤溪村之所以贫困的根源所在。与村干部座谈时我们得知,赤溪村的"蝶变"出现在1988年,时任宁德地委书记的习近平在当地深入调研后,提出在农业上"靠山吃山唱山歌,靠海吃海念海经",稳住粮食,山海田一起抓,发展乡镇企业,农、林、牧、副、渔全面发展。

确定因地制宜思路后,赤溪村打开了脱贫视野。1994年,当地创造性提出"整体搬迁",进行"换血"式扶贫。1995年,下山溪22户畲族群众成为福建全省第一批整村搬迁的农户搬到新居。此后的20余年间,当地12个自然村的350户群众全部迁到了赤溪行政村所在地。

让我们尤为震惊的是,赤溪的脱贫工作并不是止步不前的,有大学生返乡创业,将赤溪的白茶推上网购平台,从而丰富产业链,带领乡亲们致富。我们当即决定以长篇记者手记的形式,将在赤溪的所见所闻、观察思考进行梳理总结。为此,我们和指导老师进行了深入交流,新闻素材的快速捕捉与整理对于我们来讲已经是在课堂上解决了的问题,但是如何写出一篇被大众喜爱的新闻稿则是我们此次实践活动中需要学习的重中之重。

"新闻事实是稿件的肉体,而科学的新闻观才是稿件的灵魂所在,这就要求我们必须深刻领会并坚决贯彻习近平总书记系列重要讲话精神,只有这样的稿件,才能有效发挥引领社会、凝聚人心、推动发展的作用。"指导老师告诉我们。

深入开展调查研究 写好新时代"实新闻"

"新闻学是一门实践的学问,调查研究是其实践的本质。""翻开党的历史,许多熠熠生辉的理论创新,许多影响深远的重大决策,无不源于深入扎实的调查研究。"……从进入国新班的一刻起,老师就告诉我们要树立起扎实的调查研究本领。

何以做好新闻宣传工作?在福建的国情实践活动中,"国小新"一直在思考这个问题。当我们拿着自己的新闻作品对比于前辈"大咖"们的作品时，我们意识到好的新闻作品一定要立足于认认真真的一手调研，也只有坚持调查研究，才能把自己锻炼成思想端正、作风扎实、业务过硬的新闻工作者。纵观中国新闻史上那些熠熠生辉的名篇佳作，灿若明星的优秀新闻工作者，无一不是深入调查研究、密切联系群众的优秀典型。

在赤溪村的采访中，我们发现在村民口述的情况中，相互之间有一定的出入，比如有具体时间上的，有参与人身份上的，也发现有不同受访人对一件事只了解其中一部分的。这些只有通过梳理查阅资料，多方走访核实才能证实或补全。这个过程也是我们"践行四力"的开始。

回首在赤溪的山间奔走的日子，让我明白采访报道离不开铁脚板、强眼力、活头脑、好笔头。只有勤练脚力，俯下身子、迈开步子，下到田间地头、走进生产一线，采集鲜活素材，捕捉生动细节，才能让采访报道"沾泥土、带露珠、冒热气"。

在前不久中宣部组织的"高质量发展调研行"宣传活动中，我们深入采访了河北省各县市的经济发展、科技创新与民生保障情况。以调研当地创新型科技企业为例，有的记者去之前发出了"河北能有什么高科技企业"的疑问，但真正到了石家庄的制药企业、张家口的风电机厂，才了解到当地如何锚定区位优势，找准突破口，大力发展科技创新的情况。这让我更加清楚地意识到，调查研究是洞察大势的"望远镜"，是破解难题的"金钥匙"，是科学决策的"地基桩"，是改进作风的"磨刀石"，更是马克思主义基本原理同我国国情实际和中华优秀传统文化相结合的桥梁和纽带。

在这些年一线新闻工作中，我逐渐对调查研究的方法有了新的认识，除了多走多看来锻炼脚力，还要强化眼力，在调研中要全面看、辩证看，对纷繁复杂的现象去粗取精、去伪存真，进行由表及里、由此及彼的分析，真正看清问题、摸透实情。也要提升脑力，在调查研究中归纳总结，得出规律性认识，拿出可行性对策。更要淬炼笔力，多撰写深入浅出、分析透彻、精练平实的文章，提出富有创见的思路办法，以实招、实策、实功解决实际问题。

深入调查研究是为了写出"好新闻""实新闻""推动发展的新闻",从奋进新时代新征程、更好地服务党和国家工作大局的高度巩固、壮大主流思想舆论,真正成为党中央信得过、靠得住、用得上的新闻宣传尖兵,讲好中国故事、传播好中国声音,展现可信、可爱、可敬的中国形象。

作者在从北京出发到福建的高铁上(一排左二)

神舟十四号载人飞船发射前夜,作者(左一)专访中国载人航天工程航天员系统总设计师黄伟芬

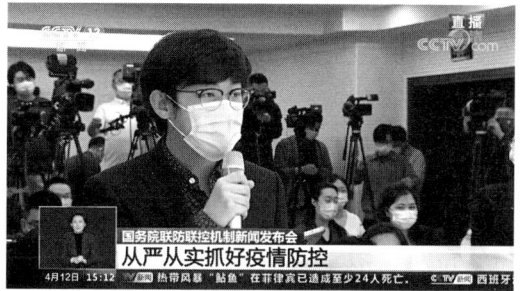

在抗击新冠疫情关键时期,作者于国务院联防联控机制新闻发布会上进行采访提问

这辆开往平原的列车

◎ 毕 莹[*]

在远离案头文字类工作4年以后,我再次感受到文字携过往回忆席卷而来的力量。看到《中传新闻学子兰考行——非遗文化传承保护正当时》后,沉寂6年的记忆滚滚而来。有关于那时候"恰同学少年"、意气风发的身影,有关于美好的师生情谊,也有关于那趟开往中原大地的列车、国新班的红色旗帜,更有关于我们一起留下的深深脚印与汗水。

新闻价值重在真实、客观。近日,中共中央提倡大兴调查研究之风,更是印证了中国特色新闻理论与实践从《反对本本主义》开始就坚持的"黄金准则"。

"没有调查研究,就没有发言权"似乎也是我们一行人在2017年反复实践的新闻准则。

一、初到兰考

2000年左右是纸媒作为媒介主流的年代,但其覆盖地域非常有限,比如在乡下的我家就订不到报纸,刚刚考上大学的小姨留了一堆高中课本和《沙龙》《读者》《电脑之友》在家。正上小学的我往往苦恼于写不完作业的体罚、极其严厉的老师,于是小姨的一堆书变成了我的课外避难所,《沙龙》

---

[*] 毕莹,中国传媒大学2016级国际新闻传播硕士班毕业生,现就职于大悦城控股集团股份有限公司,普通职员。

《读者》最早打开了我对千禧年时尚潮流的一切认知,而那时候的高中语文课本则带我向前追溯,进入新中国的主流精神世界。

在小姨的语文书上,我读到了后来才知道是"长篇通讯"的文章。因为没有更多的课外读物,我一遍遍看语文书,所以此后很长一段时间里,这些文章的主角在我脑子里被符号化,每个符号对应一些场景或事情。比如,"焦裕禄"对应的是"摁住肝的地方"和"椅子破了窟窿","阶级兄弟们"对应的是横渡黄河、空旷的王府井上悠悠然然的雪花,种棉花的吴姓大爷似乎把一些宝贵的东西藏在了墙根下面。当先前所知的想象图景,穿过一个人的成长轨迹,变成现实的物品、景色来到眼前时,会碰撞出沉默而宏大的"时光休克",这就是我在焦裕禄纪念馆看到那把破洞的椅子、跑过宽阔的黄河沙地时的真实感受,眼前的景色就像多年前看书时"射出的那颗子弹",带来澎湃辽阔却不足为外人道的心潮。

在去兰考的高铁上,我们的第一个新闻小组已经开始采访了,在模糊正式与非正式的列车公共场合,大家聊起对兰考的感觉。在我讲出小时候的阅读经历后,同学叶源昊对我说:"你应该把这些写下来诶。"于是一种先验的、带有对远方生活与上一代精神想象的印象落笔了。

《县委书记的榜样——焦裕禄》描写了很多"苦"场景:洪水、治沙、栽树。但穿越在日落时分的兰考,趿拖鞋出门去买西瓜的人,电动车、自行车在身边丁零穿行,夏天的燕子在纵横交错的电线上叽叽喳喳,这是一个普通整洁的北方县城,让人忘了曾经那么多苦。后面几天,我们去了好几个有关焦裕禄的地方,还去了被正午太阳烤得炽热的黄河滩挖土推车,反反复复体验几十年以前的贫瘠与倔强。更多的故事发生在体验现代化生活的几天,我们采访的村子叫张庄,虽然名字"泯然众村",但能容纳多个产业——养鸡场、蘑菇厂、民宿等,我们组选了蘑菇厂进行采访。村子的第一书记被 4 个小组同时约采访,忙碌地在村里转来转去。

这些已经是 6 年前的事情了,大部分细节已经记不起来,只记得那一脚迈入河南,确实是从象牙塔扎入了田间地头。

二、刀版纸墨印年画，一针一线绣汴梁

开封，古称汴梁，见证过中国美学史的高峰和熙熙攘攘的古代商业文明。我们组4个人都擅长软新闻，恰好拿到了开封的非遗选题，于是所有的采访、文字、镜头、剪辑都很顺利。

木版年画是有万般变种，但又能以泼辣大胆、光怪陆离的颜色和想象满足全国大众审美的艺术。它看起来有浓浓古风，却与生活渐渐远离，在开封我们第一次见到朱仙镇木版年画。

开封像大部分北方古都一样，城市中心保留着核心古建，于是我们基本在鼓楼、大相国寺、清明上河园一带活动，虽然仿古的建筑与强烈的人造商业氛围混杂，我们依然能在这样的一条仿古街道中开辟出采访的精神路径。开封市木版年画博物馆就在这条街道中，这座小小的博物馆拥有非常清晰的布展思路和动线，动线旁有一个二进的房间，这就是馆长任鹤林先生和他徒弟的创作场所。

车开进城市边缘紧凑密集但又不够发达的村子，看到很多紧闭着的红色铁门外挂着"汴绣、刺绣出售"等招牌灯箱。我们走入了此行另一个非遗选题——汴绣的中心，这也是汴绣传承人王素花的家。这个院落按照北方农村风格排列，进门后经过三四间厢屋来到客厅和卧室，厢屋用来当作作品展示厅，硬朗矍铄的王素花奶奶在这里向我们展示了她绣的《清明上河图》；二楼用来当厂房和工具间，挺多人正在绣花，我们用工人正在绣《韩熙载夜宴图》的场景当了几帧拍摄素材。

走遍全国，能看到很多和朱仙镇木版年画、汴绣一样的雕版印刷画和绣品，但在那时那刻，我们只关注开封。去采访之前，我们做了一点功课，各级媒体对木版年画、汴绣甚至是这两位传承人都做过足量报道，也都提到了传承人坦白的传承焦虑与产业链焦虑；站在媒体人的角度，我们当然希望能做与众不同的新闻，我个人在很长一段时间内看到非遗保护主题的新闻都觉

得是老生常谈,甚至在提笔筹备《非遗文化传承保护正当时》前,内心就已经预设了破题角度。大概因为我们还是学生的原因,采访对象对我们非常包容,任鹤林馆长讲到动情之处,会举起他的画详细介绍,王素花奶奶弯着腰指着她的《清明上河图》从头到尾带我们仔细看;当我问起"这门手艺现在遇到什么障碍"时,他们的回答和我原本的预设很接近。

于是基于调研本身的新闻就产生了,现在回看这篇新闻时,又有"一颗六年前射出的子弹击中了现在的我"的感觉,因为调研后的理性思考与人文关怀太少了。

三、回归之路

面对不同的提问者,为什么他们反复吐露传承的焦虑?时代大浪淘沙,为什么依旧需要传承?传承什么?怎么传承?

我很努力地去拨开 6 年前的这颗子弹。记得任鹤林馆长在博物馆里的创作室很小,线稿、木版、雕刻工具、颜料密密麻麻地放着,一个女孩坐在里面那间屋子里刻雕版,"这是我徒弟",任馆长介绍她。她留着挺厚的刘海,低着头专心刻版,用握笔的姿势拿着小刻刀,刻几下就吹开木屑,无论我们在房间里怎么叽叽喳喳都没抬头。我们有一个镜头拍了她刻版的特写,所以只记得年轻的她有一双粗糙的手。相比之下,汴绣院子的二楼愉快很多,我们扛着机器走到二楼,绣花的女工们依然叽叽喳喳,一双手正在绣新的《清明上河图》,镜头拉近时,手的主人依然自信地上下穿针;我们抓拍《韩熙载夜宴图》时,绣花的人让出光亮请我们拍个够;这个二楼更像是一个要盈利的绣坊,召集会绣花的大姐们来上班。

关于刻版的女孩,她有什么故事?汴绣的工场怎么运作,大姐们怎么看待这份工作?那时如果再扎得深一些,探索更多的人,调研之后有更多思考,我们会做得更好。

无论文字还是影像,那时候我们都蛮善于讲故事的。没有调查研究,就没有发言权,言倒是发了,听上去也觉得不错,但我们因为没有更深入、更透彻、更具有关怀地调研采访,内心觉得还是有些惭愧。我们还需要再沉淀一番,去讲述普遍的、世俗的被困在古今冲突中的人和事。开封对我来说是一个以北宋为原点展开的历史符号,是人生中停驻几日的驿站,但对生活在其中的人而言,这是日夜穿行甚至一生所在的鲜活城市,在这里要上学、工作、买菜做饭、成家立业。

"非遗"对有的人来说是郑重的毕生事业,对有的人来说只是一份工作。"进入非遗行业是偶然的选择,还是因为传承等原因的必然选择","生存和生活,应该怎么选","你怎么来理解非遗这件事对你的意义",都可能是调研后更有广泛启示性的问题。

毕业以后,我进入商业地产行业,这个行业更像是当代消费主义下的造梦机器,致力于营造理想生活。"造梦"是我最后要呈现的工作,在这之前,我自己要先经历一遍遍残酷的质问和思考:为什么品牌会选择在你这里开店?为什么消费者愿意选择你?你怎么去促成合作?其实这条冗长复杂的协作链条和新闻行业全无关系,但它改掉了我习惯预设、喜欢站在高处看人看物的坏毛病。毕业以前,我在新闻行业浸泡了7年,为采访跑过全国很多地方,还借助国新班的平台去过澳大利亚实习。在这些经历中,我争取到过很高级别的采访机会,也坐在乡间地头和采访对象一起笑过聊过,直到和新行业的工作痛苦磨合后,才发现以前站得太高了,太高,不接地气。

作者在兰考张庄采访蘑菇厂,左到右依次为第一书记、毕莹、欧立坤、刘爽

作者在开封市朱仙镇景区出镜报道木版年画,左到右依次为李奕言、欧立坤、毕莹

所以，如果还能回到我最爱的导师的课堂，我会把"故事性的脸""刻在课桌上"，以体会它翔实所见背后的思考与关怀。如果还有这样脚沾泥土的机会，我会抛掉所有的傲慢与预设，关注事实真相，触摸每个人心灵细长的触角，拨开一颗颗充满成见与本本主义的子弹，去伪存真，与真实记录、客观调研的新闻年代再相会。

小暑时节,泡桐树下成荫好

◎ 叶源昊*

"如果你拍得不够好,是因为你离得不够近。"这是战地摄影大师罗伯特·卡帕的名言,也是他在枪林弹雨中的拍摄准则。毕业多年后,课堂上的一句话,回想起来依然记忆犹新:"只要你采访了100个人,你的心里就能装下整个世界。"这两句话时刻提醒着我,作为一名新闻工作者,要勇于担当、勇于作为,奔赴基层一线,真正以实际行动大兴调查研究之风,持续强化调查研究基本功。

"人生万事须自为,跬步江山即寥廓。"6年时光飞逝,我们难免会感慨于世事变迁,自己身体的变化、心智的成长,时间的长度足以让我们身体里的细胞全部更新一遍。但是,并未随岁月流逝而褪色的,是我们选择国际新闻学这个专业,选择记者这份职业时的初心和理想,是我们到达中原大地、进入兰考村庄时的悸动,以及在小暑时节去触碰田野、村庄、百姓时那颗怦然跳动的真心。

调查研究是谋事之基、成事之道。2017年的兰考之行,对于还身为中国传媒大学国际新闻传播硕士班学生的我们来说,便是一次难得的走出象牙塔的机会,以一位即将在国内外新闻舞台上传播中国声音的媒体人的视

---

* 叶源昊,中国传媒大学2016级国际新闻传播硕士班毕业生,现就职于中央纪委国家监委新闻传播中心视频运营部,参与了党的二十大、中纪委全会、北京冬奥会等重大事件的报道,参与主持、创作的视频作品《一廉四季·漠河丨在中国夜最长的地方,寻找光和热》获得由中宣部、中国记协组织评选的2020年"新春走基层"中央新闻单位优秀作品奖,系列专题片《党史中的纪律》获得由中组部评选的第十六届全国党员教育电视片观摩交流活动三等奖。

角,深入基层、实地学习,实事求是地实践焦裕禄精神。

一、感悟焦裕禄精神:"死了也要看着兰考人民把沙丘治好。"

焦裕禄常说:"吃别人嚼过的馍没味道。"虽然直白朴实,却蕴含着很深刻的道理,体现了凡事探求就里的求实作风和尊重客观规律的科学态度。

抵达兰考的第二天,在参观焦裕禄纪念园的过程中,令我印象最为深刻的是焦裕禄刚到兰考县时的一段往事。那时的兰考,饱受风沙和黄河泛滥的侵害,粮食产量不佳,百姓生活在饥寒的水深火热之中。内涝、风沙、盐碱,困住了往来当地的官员和居民。当时的县委书记,来了一批又走了一批,兰考的问题一直没有得到实际的解决,也成为国家的一个心结。1962年,对于兰考,甚至对于现在的中国,注定是不平凡的一年。焦裕禄于当年被调到河南省兰考县担任县委书记。他到了兰考后,一开始的3个月里深入群众,当时并没有多少人知道他是县委书记。随着工作的深入,他了解到百姓所困、百姓所急和百姓所想。通过走"从群众中来,到群众中去"的群众路线,他带领兰考人民逐渐走出了困境。

"莫看江面平如镜,要看水底万丈深。"当时的恶劣环境下,焦裕禄书记选择了深入人民群众之中的路线,切实地去体会兰考人民生活的不易。从群众的家长里短、衣食住行、生活环境的细微之处,发现问题、了解实情,把事情的真相和全貌调查清楚,把问题的本质和规律把握准确,把解决问题的思路和对策研究透彻,设身处地为他们思考,提出更为切合实际的解决问题思路和方法。

在没有十足把握的时候,需要进行预演以摸清楚状况。运筹帷幄之中,决胜千里之外。对于一位人文社科的学者来说,需要进行文献综述和田野调查;对于一位地质勘探员来说,需要地貌分析、水文勘探和历史资料收集;对于一位纪录片导演来说,需要对时代背景进行分析以确定具有现实价值的选题和拍摄对象。历经3个月的努力,焦书记听到的是来自基层的声音,前期的考察使焦书记在治理兰考三害"内涝、风沙、盐碱"的时候能够对症下药,同时能游刃有余。

回看我手头的工作,不同于焦书记所在的年代,现代信息社会的通信技术很发达,通过打电话、发短信、发微信、发邮件、看材料也能了解相关情况,但毕竟和现实有距离,没有现场看、当场听、当面问来得真实鲜活。

当下世界发展瞬息万变,新闻线索多如牛毛,传播手段日新月异。在面对重要的选题时,我们应该秉持"眼睛向下、脚步向下,走出院子、迈开步子"的理念,先进行资料的搜集和实地的探访,对已公开的、相关的新闻报道进行整理,时刻保持一颗敬畏之心,对本职工作充满热爱,怀揣一颗"为人民服务"的真心,才能更好地把实情摸透,把问题看透,确保新闻报道精准有力。

二、体验劳动和实践:"只要在群众中扎下根来,根深才能叶茂。"

泡桐树属于落叶乔木,高大且具有韧性,生长迅速,既能绿化造林,又具有较大的经济价值。泡桐的坚韧、朴实,像极了焦裕禄书记的踏实勤勉和"接地气",泡桐花的朴实和纯洁,又仿佛兰考人民的朴素和坚强。时至今日,泡桐花仍蓬勃地盛开在春季的兰考街头,让来往的兰考人民,如沐春风。

在兰考的第二天下午,我们前往焦裕禄精神体验基地,在下午3点的烈日下,分为两组,在基地向导的带领下,齐声朗读起习近平总书记的《念奴娇·追思焦裕禄》。这是习近平总书记1990年创作的一首词,"为官一任,造福一方,遂了平生意。绿我涓滴,会它千顷澄碧"。如今读来,慷慨激昂,两位伟人执政为民、恩泽万众的赤子之心跃然纸上,如此的奉献精神和爱民心切,令人感慨万千。

1963年3月,焦裕禄在查风源的过程中来到了兰考县北部的秦寨村,从当地居民那里得知了以沙地下面的淤泥盖在沙地上来治沙的方法。焦书记汲取了群众的智慧,并身体力行地在兰考全县进行推广,合力解决治沙的难题。

在"张庄治沙体验"处，我们两两一组，通过自己的双手感受兰考这片土地的温度，体验焦书记当年治沙的心境。一锄头下去，我们发现松软的沙如同稀疏的雪霰，不能承载植物扎根。一下、两下、三下……不知道已经挖了多久，仍然是一样的土质，看不到枣红色的淤泥，一种失望的心情油然而生。但是，一想起焦裕禄书记当年坚毅的决心，我们便充满了信心。当我们的锄头触碰到湿软的泥土时，我们激动地抓起了沙地下的泥，将枣红色的泥土在手中揉捏，喜悦之情难以言表。

随后，我们使用了当地的农具——扁担和手推车，将铲出来的沙子往土坡上运，运到坡顶后倒成一个小小的沙丘。在土坡上下来回的过程中，盛夏的烈日逐渐变得柔和，而汗流浃背的我们，挂着劳动后满足的笑脸，也成为这个夏天里最美丽的印记。

三、锻炼专业技术能力："干工作，要走上步，看下步，心里想着第三步。"

调查研究是转变工作作风、密切联系群众、提高履职本领、强化责任担当的具体抓手，需要我们深入基层、深入一线走访，了解和掌握第一手材料。

调研的第三天，我们入住了兰考县东坝头乡张庄村的乡亲家，零距离地感受这一个顺利"脱贫摘帽"的小村庄。天色刚亮，我们便在乡村的鸡鸣鸟叫中苏醒过来。早6点的张庄村头，已经有些热闹了。来来往往的乡亲和环卫工人，拿着扫帚打扫着进村的小路。我们今天的任务，便是选择张庄村的典型人物进行采访报道，完成纪实视频的制作。

"为什么张庄村能够顺利脱贫呢？""张庄村百姓的生活又有什么样的变化呢？""生活在这里的人幸福吗？"带着这些疑问，我们现学现卖地掌握了河南口音的"老乡""有人吗"这两句问候语，挨家挨户地寻找我们的采访对象。

我们的采访对象范围很广，90岁的老奶奶到仍未上小学的孩童，从儿子刚考上西安高校研究生的小学教师，到街坊间口口相传的养鸡、种蒜大户……在他们的讲述中,我们逐渐明白了在政府的扶持和张庄人的勤劳奋斗下,当地的人们因地制宜,走出了一条张庄人民自己的幸福之路。不同职业、不同年龄的张庄人从他们自身出发,从不同的角度解答了张庄近年来发生的变化,话题从政策到教育,再从农业到经济,他们的叙述当中,透露着浓浓的幸福感。

一位带着浓重地方口音的老奶奶和我们道别的时候说:"现在日子好了,每天就是吃了玩儿,玩儿了吃,吃了玩儿,哪里不幸福,怎么能不幸福!"看着像绕口令的一段话,使我们感到了真切的幸福和快乐。

作为全媒体时代的一名宣传思想的干部,要不断增强脚力、眼力、脑力、笔力。其中强脚力,要求新闻工作者走出办公室,走向祖国大地,自觉践行群众路线、深入基层、深入生活。走在基层才有群众,行在路上才有底气,才能为人民发声,写出有思想、有深度、有品质的文章。脚力是基础,新闻工作者只有勇于迈出脚步,才能走进群众,走进基层,直面现实生活,深入调查研究与采访。

工作4年,走过15个省,我的镜头和采访笔记里记录了漠河林场被称为"青山卫士"的护林员,他们在零下40多度的环境中,逆风雪而行,护一山平安;记录了嫦娥五号返回舱穿越大气层回到航天五院时,航天五院科研人员脸上洋溢着喜悦,展现出他们"可上九天揽月,可下五洋捉鳖"的豪情壮志;也记录了2023年春节期间,第一时间前往土耳其叙利亚现场抗震救灾、平安归来的救援队员们,从他们充满自豪和大爱的言语中,切身感受到"哪有什么岁月静好,不过是有人替你负重前行";记录了重庆、西藏、宁夏等地乡村振兴的生动案例;记录了各地纪检监察干部奋战一线,纪检监察机关反腐脚步不停、力度不减,为营造风清气正的良好政治生态贡献力量的鲜活事迹。

一幅幅画面、一张张笑脸、一段段故事,历历在目。这不禁让我想到了焦书记说的:"农村工作干部要做到:抬腿就能跑,张嘴就能说,提笔就能写,见饭就能吃,躺倒就能睡。"这提醒我们,要在基层一线淬火锤炼、在烦琐的日常事务中摔打磨砺,充分发扬老黄牛精神。

"行之力则知愈进,知之深则行愈达。"开展调查研究工作,既要"身入"基层,更要"心到"基层,听真话、察真情,真研究问题、研究真问题,不搞作秀式调研、盆景式调研、蜻蜓点水式调研,三天打鱼两天晒网是不行的。开展调查研究不是一句口号,我们要用好调查研究这个传家宝,"铁肩担道义,妙手著文章",真正把使命放在心上、把责任扛在肩上。

2016级国新班学子采访张庄村村民

2020年12月叶源昊在长征八号运载火箭首飞前于海南文昌发射场采访调研

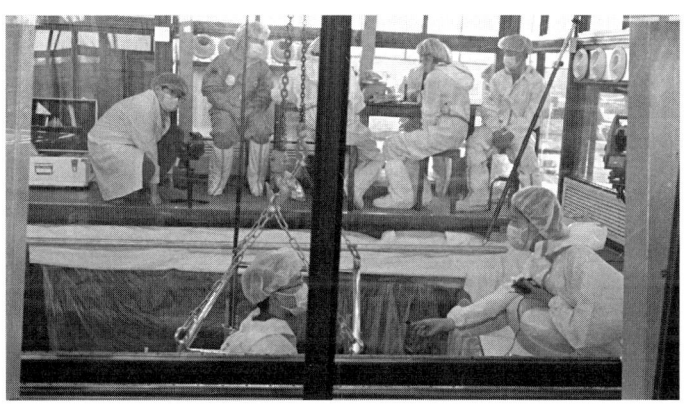

2021年3月叶源昊在四川三星堆发掘现场的祭祀坑发掘舱内实地拍摄采访

走得近一些 想得远一点

◎ 蔡 雨*

2018年6月29日至7月5日,作为中国传媒大学2017级国际新闻传播硕士班的一员,我有幸与同学们一起赴福建省福州市及宁德市福鼎市赤溪村参加了为期一周的国情实践活动。其间,我们参观了林则徐纪念馆、福州海上丝绸之路展馆、林觉民故居、冰心故居、福建省博物馆海上丝绸之路展厅、宁德市规划馆;赴福州文林山革命陵园重温了入党誓词。这其中令我印象最深刻、对我影响最大的,当数前往宁德市福鼎市赤溪村调研采访的两天。短短两天的时光,让我对"新闻工作者"这个神圣的名字有了更加深刻的认识和全面的了解。

在赤溪村的两天,中央广播电视总台央视福建记者站记者陈子淳老师担任了国新班专业指导老师,陪我们一同走进赤溪村,讲述了她和赤溪的故事,也和我们分享了作为记者应当具备的思维、能力与素质。

除了经验分享和理论学习,当时的我们还拥有深入赤溪村内走访交流、调查研究的宝贵机会。当时的要求是五六位同学为一组,利用在赤溪的两天制作完成一条视频报道。班里很多同学本科学习的是外国语、社会学、传播学等专业,对拍片子、做片子比较陌生,这是很多同学研究生期间的第一次新闻采编专业实操。大家跃跃欲试,争相结成小组,找选题找角度,准备"大展身手"。我们小组共6位同学,包括代雨君、王中旭、潘九鸣、魏弘毅、

---

* 蔡雨,中国传媒大学2017级国际新闻传播硕士班毕业生,现为中国传媒大学电视学院广播电视学专业博士研究生。

王梓霖和我。我们几经讨论,最终将目光锁定在赤溪村第一位返乡大学生——杜赢身上。

调研采访过程中,我们去到了村里的茶山,实地参观了他的制茶厂,和他及他的家人一起聊了很久的天。大学毕业后,杜赢回到家乡,做起了茶叶生意,利用当时刚刚兴起的"互联网+",带动家乡经济,助力村民脱贫致富。在谈到怎么想到返乡创业的时候,杜赢告诉我们,他在大学就想自己创业,并从大二开始就做起准备,得到了女朋友的支持,其间自己参加了很多创业讲座,也和创业比较成功的学长学姐们取过经。后来,他也了解了一下家乡的政策,赤溪村决定发展旅游业,同时可以带动很多产业,拉来一些客商。于是他决定回来试一试自己创业致富。而选择白茶,也是杜赢反复调研探索之后的决定。"那时候发现村里都没有加工厂,周边也没有。即使有也都是红茶或绿茶。没有做白茶的。"他利用寒暑假回乡了解茶叶资源和行情,发现2013年前后,福鼎白茶正处于起步的阶段,有一定的发展空间,相比已经成熟的产业再介入更有优势。"白茶行业的整体发展速度很快。2013年厂房面积才100多平方米,现在已经有700多平方米了。当年一年的营业额才十几万,2017年就能有300万了,今年(2018年)预计会更多,因为目前已经做了200万了。"采访过程中,我们还了解到,虽然杜赢嘴上说"自己返乡得到了家里人的支持",但其实光说服父亲,他就花了半年多的时间。村里其他人更不理解了,都说:"好不容易走出去,干吗还要回来?"杜赢却说,赤溪的贫困正是他创业的动力。"我们的成绩鼓动了更多大学生返乡来做这个。那个时候年轻人都不回来,更别说大学生。但是我们回来了,而且还做得挺好。这样就吸引了更多的年轻人回来创业。"杜赢如此说。

在最后的成果汇报会上,陈子淳老师点评了我们小组的新闻作品《赤溪白茶——"第一扶贫村"的新名片》。在6分钟的新闻小专题中,一段杜赢的采访引起了子淳老师的注意。在被问到"为什么现在工厂不开工"时,杜赢回答:"现在茶的品质不是很好,他们只做春茶和秋茶,等到茶叶品质好一些,才会做。"这个当时被我们一带而过的信息点,被子淳老师敏锐地捕捉到。在她看来,记者应该具有更高的新闻敏感度,学会多问一句为什么。如果从这个小点继续切入,我们的新闻将从对杜赢制茶厂的常规介绍,提升到对赤溪人精神品格的关注,我们的新闻报道将更有深度,立意更高。

当时的我们还只是研究生一年级的学生,虽怀揣着讲述中国故事、传播中国声音的职业理想,但对杜赢口中的脱贫致富的认识还浅浅停留在他改变自己的人生,改变村里人的生活上。如今回望,我们所遇到的杜赢何尝不是千千万万青年人的缩影。摆脱贫困,是他们念兹在兹的梦想。原来我们早在还未了悟的时刻,就已经参与到脱贫攻坚的奋斗历程中。

著名战地摄影师罗伯特·卡帕曾说:"如果你拍得不够好,那是因为你离得还不够近。"我想,新闻工作者完成新闻报道也是如此。只有离得更近一些,才能看到真实的故事;只有想得更远一点,才能讲出有温度的故事。只有深入基层,用心感受,才能捕捉金子般的细节,才能拥有发现问题的眼睛,才能保持对新闻的敏感。

如今,作为一名广播电视学的博士研究生,我主要的研究方向是无障碍视听传播。无障碍议题是面向国际的、面向未来的、面向现代化的。在以高质量发展全面推进中国式现代化的历史进程中,残疾人事业同样迈向了共同富裕的新征程。身为人类大家庭中的平等成员,视盲视障人士同样可以成为新时代的见证者、开创者、建设者,成为中国式现代化的参与者、共享者、贡献者。

2017年年底,为了构筑一条直抵心灵的文化盲道,中国传媒大学发起"光明影院"无障碍电影制作与传播公益项目,通过在电影音响和对白的间隙插入对画面及画面背后的解说,把电影讲给视障朋友们听,让更多视障人士走近五彩斑斓的影视世界,共享新时代的文化成果。

5年多来,"光明影院"积极响应党和国家关于增强促进残疾人事业发展的责任感和使命感的号召,坚持每年制作104部无障碍电影,这样,视障人士每周可以欣赏2部无障碍电影。目前,团队制作完成500余部无障碍电影、2部无障碍电视剧《老酒馆》《大山的女儿》,并将制作的无障碍视听产品推广至全国31个省(自治区、直辖市)及澳门特别行政区,实现全国2244

所特殊教育学校全覆盖、对国务院划定的14个集中连片特困地区点对点覆盖,将无障碍文化服务的覆盖面从北、上、广、深等一线城市拓展到新疆、西藏、青海、宁夏等边疆少数民族地区,以文化扶贫助力脱贫攻坚。师生志愿者的足迹遍布全国,累计组织了300多场公益放映,受众超过500万人次。

2018年年初,我有幸成为项目团队的第一批志愿者中的一员,直到今天,"光明影院"已经陪伴我走过了5个年头。从一名讲述稿的撰稿人,到整个学生志愿团队的负责人,我们互相见证了彼此的成长。

当年赤溪村的茶山飘香依旧,国情实践教会我的道理仍让我受益匪浅。在和视障朋友们沟通交流的过程中,我一直谨记"调查研究是谋事之基、成事之道",要离得近一些、想得远一点,用脚丈量、用眼观察、用耳倾听、用心感受。当我们走进山区、走进盲校、走进图书馆,当我们把无障碍作品送到视障朋友们手中、送到国际电影节上,当我们和视障人士成为朋友、家人,我渐渐发现,自己不再刻意去关注他们的视力,而是想去了解他们的梦想,想要走进他们的世界。

鲁迅先生曾这样形容青年人:"你们所多的是生力,遇见深林,可以辟成平地的,遇见旷野,可以栽种树木的,遇见沙漠,可以开掘井泉的。"我们想,总还有遇见黑暗,可以传递光明的。随着调研的不断深入,和视障人士交流的不断加深,我开始和视障朋友互道问候、相互关心,我们约定一同去感受生命的美好,去探寻人生的价值,并一起为了更加美好的生活而不懈奋斗。记得之前北京市盲人学校的一位视障小朋友送给"光明影院"一句话:"每个人都是某个人的光明,你们就是我们的光明。"这句话也在很长一段时间内成了志愿者们的座右铭。随着项目发展的不断深入,我们青年志愿者也有了更多不一样的感受。在我们为他们提供服务的同时,他们也在不断激励、鼓舞着我们。如果爱是一道光,我们每个人都是追光者。

党的二十大报告指出,加快构建中国话语和中国叙事体系,讲好中国故事、传播好中国声音,展现可信、可爱、可敬的中国形象。讲好中国故事是国际传播能力建设的重要抓手,是提升国家文化软实力的有效途径。无论是5年前我所参与的国情实践调研,还是5年后我正在进行的无障碍公益服务,

创作现场(左起:蔡雨 王宛艺 王中旭)

我想,要想真正讲好中国故事,都应当首先从贴近百姓生活的角度出发,从反映真实情感的方向入手。深入实际、了解实际,在深、实、细、准、效上下功夫。走得更近一些,想得再远一点。

"光明影院"青海行学生志愿者与当地院校志愿者合影

北京放映活动现场蔡雨与盲童一起看电影

回望、感悟、奋进
——八闽大地跋涉洗礼记

◎ 魏弘毅*

盛夏,我们踏上八闽大地福建,在烈日下感受这片热土的蓬勃脉动。

一次国情实践,是一次缅怀、一次探索,更是一次洗礼。于烽火岁月的追忆里,于英烈长眠的土地上,于乡村振兴的叙事中,我们走访、问询,探究那些历经时间洗练而愈加清晰的大义。

一、钩沉中回望,那些未曾迟疑的慨然前行

骄阳下,文林山革命烈士陵园,那些先烈的故事在脑海中渐渐勾勒清晰。

林祥谦,福建闽侯人,中国共产党成立后有史可查的第一位烈士。1923年2月4日,京汉铁路江岸分工会委员长林祥谦下达罢工令,江岸分工会闻令而动,汇入京汉铁路工人大罢工的滚滚洪流中。工人的愤怒,引来了反动军阀的屠刀。面对屠刀,林祥谦坚定地喊道:"头可断,血可流,工不可复!"2月7日,在武汉江岸车站,林祥谦壮烈牺牲。二七惨案,罢工失败,却唤醒了年幼的中国共产党——工人阶级孤军奋战行不通,必须发动广大的农民阶级,联合一切可以联合的力量。

---

* 魏弘毅,中国传媒大学2017级国际新闻传播硕士班毕业生,现就职于新华社国内部,在中央新闻采访中心经济采访室从事经济相关报道,所写新闻稿曾获评新华社总编室表扬稿、部级好稿等。

渡江战役前，中共地下党员、国民党中将吴石密令手下，把298箱国军绝密档案全部转移到福建省研究院书库匿藏，以伺日后率部起义，将档案全部献给中国共产党。1949年7月，国民党行将败退台湾。在赴台卧底和转赴解放区之间，吴石毅然选择了前者，成为我党安插在台湾的"密使一号"。1950年6月，吴石因叛徒出卖暴露身份，在台湾牺牲。"凭将一掬丹心在，泉下嗟堪对我翁。"行刑前，吴石慨然挥笔，以飨信仰。

于我献身后，换得神州重抖擞。从黄花岗起义中力尽被俘、从容就义的林觉民，到抗日战争时期为掩护地方干部和机关人员撤退战死沙场的廖海涛，再到抗美援朝中接任黄继光任六班班长而壮烈牺牲的吕慕祥……八闽儿女无畏前行，写就一页又一页永垂不朽的史册篇章。

翻开2022年新版《八闽英名录》，福建全省有名有姓、登记在册的烈士人数为49000余人。更多的，则是那些永远无法知晓姓名与身份的烈士。"想想吧，这些只存在于照片里和名册上的英雄当年经历了多大的考验、付出了多大的牺牲，才有了我们现在的繁荣与平安。"文林山革命烈士陵园讲解员感慨道，"这是他们的故事，更应该激励我们在今天书写新的故事。"

在众多烈士陵园中，文林山革命烈士陵园算不得特殊。拾级而上、碑前伫立、展区缅怀……我们的行路，也与瞻仰烈士陵园的一般流程并无不同。走这一遭，除了完成既定的报道任务，余下意义何在？意义在于发现平凡中的不凡。一如那些以凡人之躯献祭未来的英雄。他们在牺牲前，大多数也曾是土里刨食的农民、受尽欺压的工人。而平凡的他们，做出了不平凡的选择，在沉沉黑夜中点燃炬火，驱散黑暗。仰望英烈们的纪念碑，我默默地问自己，到底是什么，让他们一念之间，将平凡化作伟大？我又是否有勇气，在关键时刻做出正确抉择？在今天，我们又该如何书写新的故事？

凛凛一躯膏育土，唯愿神州万里安。他们的名字将永远镌刻在丰碑上，与日同辉。

二、踏访中感悟，那些九死无改的赤诚初心

凭吊八闽英烈，是我们国情实践的第二站。问题的答案，还要在接下来

的行程中继续寻找。完成关于文林山革命烈士陵园的报道后,我们来到了宁德市赤溪村——中国扶贫第一村。1984年,《人民日报》头版刊登读者来信,反映当时赤溪村下山溪畲族自然村的贫困状况,引起党中央的高度关注,从而引发全国脱贫攻坚行动。"第一村"由此得名。

赤溪村,位于太姥山西南麓,辖1个中心村2个自然村,截至2022年11月底,共有418户1886人,其中畲族群众156户806人。30多年脱贫攻坚,赤溪村从"婆媳一条裤"到旧貌换新颜。赤溪村做对了什么?

旅游富村,依托良好生态环境,发展蝴蝶园、竹筏漂流等旅游项目;农业强村,精耕本地福鼎白茶种植产业,提升产品附加值,促就业,增收入;文化立村,树立贫困群众信心,激发干劲,依托茶产业,弘扬茶文化;生态美村,整修村容村貌,创造性提出"整体搬迁"思路,将多个自然村陆续迁至赤溪行政村所在地,改善人居环境。精准发力,久久为功;弱鸟先飞,至贫先富。村"两委"与村民的笃行,被提炼成一串数字:2022年,赤溪村白茶收入2680万元,旅游产业相关收入1946万元,集体收入近260万元,村民人均可支配收入34815元。

从赤贫,到脱贫摘帽,再到乡村振兴。赤溪的故事,同广袤中国千千万万个华丽转身的贫困村一起,汇聚成脱贫攻坚的伟大洪流,冲破将近一亿人的贫困枷锁,创造了彪炳史册的人间奇迹。

人间奇迹的创造者,是人。是赤溪的人,是福建的人,是中国的人。杜赢,赤溪村走出的第一个大学生,毕业后贷款回乡经营白茶,年入百万,带动一批又一批村民脱贫致富。黄文秀,广西壮族自治区百色市乐业县百坭村原驻村第一书记,返程中遭遇山洪因公殉职,年仅30岁。黄诗燕,中共炎陵县原县委书记。他带领群众,将全县贫困发生率从19.45%降至0.45%,却积劳成疾,半倚在床头停止了工作,也停止了呼吸……

到底是什么,让他们义无反顾?

由此上溯,我想起了县委书记的榜样——焦裕禄。风沙肆虐,别人往屋里躲,焦书记二话不说往外冲;瓢泼大雨中,焦书记追出一片树叶很远,只为测定洪水流向;走访开会,夜以继日,焦书记经常说的一句话是:"吃别人嚼过的馍没味道。"

为了别人,就是为了自己。

3年前,在中国西部边陲喀喇昆仑高原加勒万河谷边境冲突中,福建省宁德市屏南县人陈祥榕牺牲了。"清澈的爱,只为中国。"生前,陈祥榕的口号遭到了班长的质疑:"才18岁,口气这么大?""班长,这跟年龄没关系,我就是这么想的,也会这么做的。"陈祥榕解释道。守住那神圣的国门,就守住了身后的祖国大地。那是对人民最深沉的爱,那是对国家最真挚的情。

且听那八闽大地风过榕树的沙沙声吧,它在不紧不慢地诉说那些不泯初心。

三、感怀中奋进,那些终将到来的美好明天

逝者已矣,生者奋发。

距离那次国情实践结束已经5年了。汲取着那段经历的养分,今天,包括我在内,参与过历次国情实践的很多同学都成了真正意义上的新闻工作者。

现在的自己,工作还不满3年:轮岗一年半,分社锻炼一年,定岗不到半年,还是一个不断求索、经常迷茫、渴求答案的新人。于我而言,当年在纪念碑前提出的疑问,答卷上还有长长的空白需要填满。

记起在新华社黑龙江分社实习锻炼的时候,克服新冠疫情影响,我行走在黑龙江大地,在炎夏酷暑中爬过火车,在天寒地冻中徒步荒野,见到了形形色色的人,经历了各种各样的事。于是,在实习总结的倒数第二段,我写下这样一段话:

"最后,感谢黑龙江大地上亲切可爱的、平凡却绝不平庸的劳动者们。他们的成就与磨难,他们的勤奋、淳朴与无私,是推动国家发展与民生进步的不竭动力,更提醒我要时刻牢记'勿忘人民'四个字。"

我终于意识到,驱动我写下这些文字的力量,与驱动我们感怀先烈、走南闯北、记录时代的力量并无不同,这力量就是人民,只有人民,才是创造世

界历史的动力。"江山就是人民,人民就是江山。全党同志都要坚持人民立场、人民至上,坚持不懈为群众办实事做好事,始终保持同人民群众的血肉联系。"建党百年之际,"七一勋章"颁授仪式上,习近平总书记道出人民江山的真谛。

所以,在感怀之后,年轻记者应有怎样的担当?

坚守马克思主义新闻观,坚持正确的政治方向,坚定与人民站在一起,敢于为人民说话。这,当是当代记者在关键时刻做出的选择。

在新时代,年轻记者又该有怎样的作为?

迈开腿跑、张开嘴问,在人民中学习,从实践中要真知。这是记者践行四力、提升业务水平的必然要求,也是我们的新闻事业长盛不衰的保证。

1992年,《摆脱贫困》一书即将付梓。在书后的"跋"中,习近平总书记写道:"在这本书中,我只提供一份我在闽东实践、思考的记录,这对于闽东脱贫事业和其他事业之宏伟大厦或成为一石一木,对于后来者或许也有些微意义——若留下探索,后人总结;若留下经验,后人咀嚼;若留下教训,后人借鉴;若留下失误,后人避免。"

历史,已然在时间中凝固。从更广阔的人生中俯瞰,我们的国情实践,不过是星河一点。

一如以无数个八闽烈士献出生命而缔造起共和国大厦,一如以无数个赤溪村的接续奋斗而汇聚成伟大的脱贫攻坚成果,这一趟已然"凝进时间"的福建之行,若能成为构筑起人生大厦的一石一木,有经验借鉴,有教训避免,便不辜负我们在炎炎烈日下流的汗、在夜深人静时赶的稿。

文林山革命烈士陵园,作者(右一)在采访

而这凝固进历史的时间,也必将化为我们每个人宝贵的记忆,推动我们的人生、我们的事业向前,向前,再向前。

"赤溪村返乡创业第一人"的回归

◎ 潘九鸣*

至今还记得初次见到杜赢的时候,他穿着深色衬衫、短裤,理着寸头、戴着眼镜,而且我们在赤溪村停留的那几天,他始终是这样的打扮。未见其人,先闻其事,已闻其事,再见其人。这位当时被赤溪村村干部、央视福建站记者反复提及的"传奇人物",以这么平凡的面貌出现在我们面前,就好像城市中任何一位大学生一样。

国新班赴福建的实践,我们4组分到的任务,就是采访杜赢——赤溪村返乡创业的第一个大学生。任务本身很顺利,杜赢也是90后,和我们年岁相差不大,能看出他已经被采访过不少次,回答起我们准备的问题来基本是驾轻就熟,但并不夸夸其谈。接受我采访时的杜赢,是沉稳、平实、干练的,就像他惯常穿的深色衬衫和短裤那样。

他身上确实有很多值得关注的点,比如,从玉林师范学院毕业的他,本来有机会在城里做一名教师,但是因为不想从事这一职业,他选择了回乡创业。要知道,福建省福鼎市磻溪镇赤溪村在40年前是集"老、少、边、穷"于一身的贫困村,那之后,虽然经过10年就地扶贫的"输血"、9年搬迁扶贫的"换血",2013年的赤溪村依旧是以"能否走出村"作为衡量一个年轻人"有

---

* 潘九鸣,中国传媒大学2017级国际新闻传播硕士班毕业生,现就职于中央美术学院附属实验学校高中部,在工作中发挥自身传媒专业特色,将新闻传播思维运用到高中语文教学设计中,带领学生以广阔的视野认识学习、认识语文,致力于提升学生的思维水平与逻辑能力,增强综合素质。

没有出息"的标准的。对于杜赢这样在村外读了大学的年轻人来说，距离老一辈人眼中的"有出息"似乎只有一步之遥，可他重回起点，回归了赤溪村，开启创业之旅。

杜赢这一在当时让很多村民不解、父亲差点儿不同意的举动，我却很理解。我认为，这恰恰是我们这一代年轻人的一种自我回归。在城里做教师是父辈的向往，可年轻人心中有燃烧的火焰，这种火焰不会因为外界嘈杂的声音和多变的价值观而改换，在杜赢眼中，回乡拥有一份自己的事业，而且还是建立在自己感兴趣的经商和茶叶上，就是当时最好的选择。

但是杜赢绝不是头脑一热，据他所说，他早在大二时就萌生了创业的念头。学校的创业讲座上，总有他的身影，同自主创业小有成就的学长学姐交流，让他开阔了眼界。历史专业自由的课程安排则给了他充足的时间去关注自己感兴趣的领域。听着他叙述自己的大学生活，我也想到我在中传国新班的学习，正是因为中传这片沃土给了我足够的空间成长，我才能往复合型人才的方向发展，有机会跨专业实现自己的教育梦想。可见，一份志向的实现背后必定有所支撑。

党的十八大召开以来，脱贫攻坚全面开展，赤溪村10年"造血"的崭新扶贫征程得以酝酿。而"绿水青山就是金山银山"这一理念，给了那些自然资源丰厚却还没充分开发的乡村多少动能！至今想起总书记的这句话，我依然能体会到一种务实的浪漫，眼前仿佛鲜活地出现了一座座青山、一条条清澈的河流，因为能为当地创造商机而装点着幸福的人们，绿水青山本身也变得更加鲜活、可爱。

杜赢的"白茶梦"从一份兴趣发展为事业，自然也离不开当地的特色，白茶产业在当时的福鼎刚刚起步，还不算成熟，并且经过他的调研和分析，当地缺乏白茶加工厂，茶农只能低价贩卖原料，赚取并不高的费用……于是他的思路越来越清晰——做白茶，而且要回赤溪做，实现村里白茶的自产自销。

回归本土，振兴本村的计划有了，剩下的就是如何去实施了。2018年完成这篇采访稿时，我写了这样一句话，现在读来算是对杜赢创业成功秘诀的精准概括:"5年前,杜赢的眼光为他赢来了机遇,5年中,他的努力和野心为他赢来了成功与财富。"的确,摆在2013年的杜赢面前的,是一道道难题。为了建加工厂,他一毕业就到老茶厂拜师学艺。刚开始,没有师傅愿意教他。"六顾茅庐"后,杜赢终于如愿以偿,甚至慢慢和师傅成为朋友,得到师傅的指导。为了保证茶的品质,他日日坚持在生产一线摸索,时刻关注茶叶转化的过程,不愿错过生产过程中的任何微小变化。手工工艺、自然晾晒……杜赢总有自己的坚持。这种对制作工艺的重视、对茶叶细节的把握到了什么程度呢?杜赢接受采访时讲过这样一个细节:"2010年到2018年这些年份的茶叶,我基本上通过品尝、观察就能够知道它大概属于哪个年份。"此外,他还直接跳过低级和中级评茶员资格考试,以高分直接考下高级评茶员资格。

虽然杜赢在采访中很少表现出感性的一面,但是他的"回归"处处流露着要回馈赤溪村的深情。他坚持聘当地人为员工,他说他最自豪的事情是当地茶农的收入翻了一番,而不是自己生活的改善。从2016年开始,杜赢的福建省福鼎市赤溪茶业有限公司的收购范围已经覆盖了村里100%的茶园,这意味着不会再有低价被收购走的原料了,赤溪村真正留住了自然资源,真正在内部建成了初具规模的茶叶产业链。这一切,都得益于杜赢的"回归"。

作为一个童年因为贫穷吃过地瓜米、一年只有一件新衣的留守儿童,杜赢幸运地拥有一个重视教育的父亲,坚持送他上大学;幸运地毕业于2013年,享有旅游产业发展下的创业空间;幸运地生长在"扶贫第一村"赤溪,能够在村里的资助下争取到展销活动的宝贵名额……但似乎"生得逢时"并不能完全解释他的百万级年收入以及赤溪村党支部统计的2018年"白茶收入占赤溪村村民人均可支配收入30%"的成绩单。

我想,在采访中给我留下最深刻印象的杜赢的话,或许对于他的成功能给出更多解释:"大家都劝我们出去。但是我们回来了,我们把这件事做好了,让父老乡亲们知道,年轻人也可以做很多事情。"我想,杜赢的逆流而行背后,不仅有国家政策给的底气,也有不依靠别人、自助扶贫的骨气,可能还有一定要证明自己的"傲气"。正是在这种胆魄下,杜赢所用的最初的创业资金是家里存给他结婚用的 10 万元。可以说,杜赢正是乡村振兴最需要的那类年轻人。他把我们这一代对自我价值的尊重,和歌里唱的"爱拼才会赢"的传统拼搏精神,结合得很完美。

杜赢向 2017 级国新班记者介绍赤溪村白茶生产情况

而后者,也是杜赢在被问及自己身上是否有一些特别的烙印时,唯一承认的一点。爱拼搏的杜赢,在赤溪村引起了连锁反应,吸引了不少年轻人也回归当地,以农家乐、农业种植园、采摘园、农业合作社等形式创业。更有茶叶相关企业和若干位村民嗅到商机,纷纷以入驻或自营的方式,成为赤溪村白茶产业链中的一员。

即便已经被无数媒体采访、曾被选为宁德市人大代表、市优秀党员,有自己的党员工作室,杜赢似乎依旧是个低调的年轻人,没有自我夸耀,不会神乎其神。除了 2023 年 3 月为自己"回乡创业满 10 年"感谢了一次大家的支持之外,他几乎只是数年如一日地向潜在的顾客展示和推荐新茶、好茶。早在 2014 年,杜赢就开始通过淘宝、京东等电商平台和微商来售茶,也在 2016 年前后,通过展销

2017 级国新班第 4 组在赤溪村合影

会、商务洽谈等方式一点点推广赤溪白茶,打造专属于赤溪村白茶的"品牌护城河"。知识和文化让杜赢得以不断"武装"自己的事业,也让"赤溪白茶"厂房从100多平方米扩展到700多平方米(截至2018年7月)。"世界白茶在中国,中国白茶在福鼎"他把福鼎白茶响当当的名号打了出去,顺带拓宽了白茶的市场。

这恐怕还不是杜赢的全部野心,他琢磨着跨界、体验、发扬以白茶文化为代表的赤溪村民俗文化、"白茶一条街"等面向全国茶商的体系化产业,而这样野心勃勃的杜赢,我不知道其兴趣爱好是否一直如5年前接受采访时那样,就是和家人散散步;我只知道,他依旧很纯粹,忠于自己、忠于白茶、忠于赤溪村的山水,好像这一切对他而言就足够了。

永葆赤子之心

◎ 唐诗凝*

一转眼我已经从电视学院毕业两年了,非常想念在校园的时光,时常想起学院门口盛开的玉兰花、干货满满的专业课和导师课,以及思绪还是会时常飞回2019年那个坐着秦岭小慢车翻山越岭、在绿油油的田野间寻找野生朱鹮的夏天……可以说,国情实践是我在整个硕士阶段最难忘的一段经历,虽然只有短短一周的时间,但和小伙伴们一起到陕西汉中调研,一起创作拍片,不仅增长见识、增强本领,还结下了深厚的友谊。

当时我所在的第四小组重点探访了略阳乌鸡养殖基地,采访合作社的订单扶贫模式和生态养殖系统。为了更深入地了解乌鸡产业如何帮助农户脱贫增收、农户的生活在政策前后有哪些改善,我们决定以典型农户为线索,生动讲述略阳乌鸡产业发展的故事。

记得那天下午,我们坐着车子往山里走,沿着颠簸的土路盘旋向上,最后又徒步走了好一会儿才终于到了一处半山腰的人家——一个不大的土房子,房前屋后铺满了正在晾晒的小麦,另一边的墙根下是搭起的窝棚,养着几十只乌鸡。

写这篇文章时,我还找出了当时本组的实践总结翻看,在记录这段进村经历时里面写道:"7月1日下午,小组赶赴与公司有合作关系的李家坪村,与55岁的农户张芳深入交流。1964年出生的她与我们父母的年纪差不多,

---

* 唐诗凝,中国传媒大学2018级国际新闻传播硕士班毕业生,现就职于新华社国内部。

黝黑的皮肤和发红的脸庞既透露出生活的艰辛，也有一种自足的快乐。她说，七八十年代的时候生活比较困难，经常三顿饭并两顿吃，家里的收入不稳定，一遇上事就得问别人借钱，勒紧裤腰带在生活。但谈及具体困难细节，张芳总是不愿多提，用爽朗的笑声带过：'反正现在政策好嘛，扶贫致富，双手干就是了。'"

特别纯朴的张芳阿姨，面对我们的提问总是给出很实在的回答，从她身上我看到了一个不怕吃苦、懂得珍惜、永远乐观、对美好生活抱有极大向往的老百姓形象。当时还给我留下特别深刻印象的是她口中所说的"好日子就靠双手来挣嘛"，这其实就是报道中总会提到的"幸福是奋斗出来的"，老百姓没有华丽铿锵的表述，但总能找到与主流舆论的契合之处，正是这些细节让报道打动人心，也正是这些鲜活自然的情感流露才使新闻报道温暖人心。

因为有国新班的平台、国情实践的项目，我在学生时代就收获了深入基层、感受国情的宝贵机会，让我比较早地意识到了深入调研的重要意义。人们提起新时代的新闻人，时常会提到增强"四力"，即脚力、眼力、脑力、笔力，在锤炼"四力"中真正成为党和人民信赖的新闻工作者。而这当中，"脚力"是排在第一位的，可见其重要意义，它起着基础性的支撑作用。"纸上得来终觉浅，绝知此事要躬行。"只有大兴调查研究，走进火热的社会生活，带着问题深入一线、深入人民群众，不断增强脚力，才能切实把握新时代的新特征、新要求，破解前进道路上一个又一个难题。

我的导师曾祥敏老师在我们毕业时叮嘱我们要永葆赤子之心，这是我们学生时代的生动注脚。工作之后，随着经历的不断增加，我对这句话也有了更深刻的体会。永葆赤子之心，是在那些艰难时刻能够拥有迎难而上、不断奋斗的勇气，更是在无数平凡时刻也可以拥有不忘责任使命、坚定探索的信心。

毕业后我进入新华社工作，按照社里的培养惯例，新入职的应届毕业生都会被安排到国内分社工作一年，深入基层锻炼，这和电视学院的国情实践也有着共通之处。2023 年 2 月底，我刚来到山西分社的时候，宿舍窗外的泡桐树还光秃秃的,几乎是转瞬之间,淡紫色的泡桐花被春雨抖落了满地。而这也已经是几个月前的事情了,时间过得真快。

来时的高铁上,穿越太行山的隧道好长好长,黑暗中猛地钻出去,沟壑纵横的黄土高原一下子映入眼帘。当时我就在想,表里山河啊,这一年的时间一定要深度游一下。"千里黄河一壶收"的壶口瀑布,原来早已不是印象中那般"浊浪翻滚",水流明显清澈了许多;洪洞大槐树下寻根问祖,我也找到了自己的家谱;原来剔尖、揪片、河捞等都统称山西的面,但通通只拌西红柿鸡蛋和肉臊两种卤……当然,我也一直在采访写稿,每一次出差都给我留下深刻的印象。

目前我被分配在农村采访室工作锻炼,参与到春耕备耕与三夏的节点报道中,让我真正有机会走到田间地头,也终于体会到最朴实的土地和粮食对于农民的意义。有一个瞬间至今时常浮现在我脑海中:去晋北了解大豆玉米复合种植情况时,我们结束采访,一行人从刚下过雨的农田往外走,夕阳照在半人高的玉米苗上,一粒粒盈盈闪闪的光散落着,向远山无限延伸。走在我身旁的村支书随口说了一句:"这真是希望的田野啊!"在那一刻,农民对于丰收的期盼在我心里有了无比具象的画面。

很多人提到山西最先想到的就是煤炭,下分社之前我就给自己定了一个小目标,一定得去矿里看看。终于在6月底,我借着能源保供的选题把煤矿、铁路、电网全都走了一遍,收获颇丰。在半山腰俯瞰露天矿的时候,坑内层层叠叠、穿梭不停的百吨级重型设备都像玩具车一样小,到了坑底才感受到每一台都是货真价实的"钢铁巨兽",我的身高连卡车的半个轱辘都够不到,这种近距离走入现场的感觉实在是太震撼了。而每一台重型设备都仅由一名煤矿工人独立操作,一位电铲司机和我说:"生活就是两点一线,家和设备,设备也算是家。"一台昼夜运转的机器连着几名工人的生活日常,也连着大江南北的千家万户。这只是能源保供大命题里一个很小的细节,也许写不到新闻稿里,但我想每个吹着空调的夏天,我都会想起这次在矿坑的感受。

走在基层、抵达现场,这不仅帮助我塑造着对世界全新的认知,一次又一次的采访也不断突破着我对世界的认知。举例来说,2023年麦收遇上"烂场雨","烘干"一下子成了全社会关注的热点话题。在分社领导和老记者的带领下,我们一同去山西的小麦主产区——运城采访。基于对特定时间背景下烘干问题的全面把握,采访任务很明确、调研逻辑很清晰,但是采访中也遇到了一些新情况。比如烘干技术细节导致的小麦品质差异,不同采访对象提供了不同观点和信息。跟随前辈记者们的深入追问,我们对情况有了更加全面和立体的认知,这些突破认知的信息往往更有价值。

"调查研究是新华社的优良传统,是新华社记者的看家本领。"这是我工作以来反复听到前辈们叮嘱的一句话。新华社老社长穆青七访兰考、八下扶沟、四赴宁陵、十进辉县、两上红旗渠……他说:"人民群众的实践是我们记者赖以成长的沃土,要做一个有成就的记者,必须熟悉我们的国情和民情,必须熟悉我们的历史、我们的人民、我们的政策,必须懂得基层社会、基层工作是怎么回事。"

我个人开始学习运用调查研究的方法很大程度上就是从国新班的国情实践开始的,现在回头看,陕西汉中的实践经历为我埋下了一颗扎根基层、扎根人民的种子。在调查研究中,不仅可以寻找到发现问题、认识问题、解决问题的方法和途径,也可以得到普通老百姓最淳朴和真诚的反馈。陕西汉中李家坪村的张芳阿姨,她笑起来的样子我至今都记得,有机会真想再去她家拜访一下,聊一聊她的新生活。

国情实践小组合影

作者在一线采访迎峰度夏能源保供

保持新鲜，保持在场

◎ 周佳昕[*]

2019年夏天，我和国新班的同学们一起参加国情实践，那段并肩作战的经历为我日后从事电视新闻工作打下了坚实的基础。5天的陕西汉中之行时间虽短，回忆却倍感绵长，其中与"秦岭小慢车"的邂逅是我印象中最为深刻的。

一、国情实践

1. 不打无准备之仗

为期一周的国情实践行程安排比较紧凑，很多任务刚一拿到手，就马上要进入状态去完成，8人小组短时间内要完成文字稿件、新媒体视频以及电视端视频新闻，对于第一次深入基层报道的我们来说是不小的挑战。从宝鸡发车的6063次列车穿越秦岭，连着陕西、甘肃、四川，全程350多公里。因为这趟列车站站停、票价低，所以为沿线的老乡赶集、采购和出行提供了便利。这趟列车就是这次国情实践的主角之一。在拿到选题后，我们联系了车队党总支书记和列车长，经过短暂沟通后，我们决定"兵分两路"。小

---

[*] 周佳昕，中国传媒大学2018级国际新闻传播硕士班毕业生，现就职于凤凰卫视北京记者站，曾专访中央外办主任王毅、阿富汗临时政府代理外长穆塔基、神舟飞船首任总设计师戚发轫等，并参与报道东盟峰会、阿富汗邻国外长会、中国—中亚五国外长会、中共二十大、2022北京冬奥会等重大事件。

组中的4名同学作为"先遣部队"提前到终点站四川广元,剩下4个人第二天和全班大部队从略阳站出发,这也让我们有更充分的时间选择采访对象和拍摄内容。正式拍摄的前一天傍晚,组内4名同学组成的"先遣部队"坐上了从略阳开往广元的小慢车,在车上偶遇了一位老奶奶,她常年坐这趟车去广元的夜市买菜,晚上就住在候车室里,第二天一早再搭乘小慢车回略阳。为了更好地讲述老奶奶和小慢车的故事,"先遣部队"从广元下车就一路跟随奶奶到夜市,打算多拍一些有烟火气的画面。

2. 起个大早拍空镜

正式拍摄当天的早上,"半个"小分队起了个大早,踏着晨曦出发了。早早出发去略阳站,就是为了能捕捉到城市街景、赶车的老乡,以及火车进站等必要画面。跑了60多年的小慢车其实早已不是新闻,如何能把这个有点纪录片式的新闻做得好看是我们小组要思考的。毕竟电视新闻是用画面讲故事,没拍到好的画面,故事自然也讲不好。在镜头拍摄上,我们有一定创作空间,能做的就是尽可能让每一个镜头都有信息量。对于初来乍到的我们来说,最好的方法就是在每一个拍摄环节都打出提前量,尽可能做充分的准备工作。在列车进站之前,我们就在站台上提前找好角度、架好机位,确保在列车驶入时,在老乡们拎着满当当的蔬菜上车时,拍下最生动的画面。

3. 新闻是聊出来的

列车开到终点站广元,停靠站台。提前一晚就到广元的"先遣部队"终于上车,小分队会合后第一件事,就是复盘已经拍到的画面和采访同期声,抓紧利用回程再补充拍摄一些细节。8个人来回穿梭在这趟时速不到70公里的"小慢车"上,来不及看沿途的风景,但却足够充实!我们遇到了背着90斤农贸产品的阿姨、带孩子坐车回老家的母亲、宝成铁路的线路工人,还有专门来体验绿皮火车的背包客。在聊天过程中,我们又不断获取到新的信息。因此,除了完成一条电视新闻,我们利用车上拍摄到的素材编辑了一条Vlog新媒体视频,用更生动、活泼的方式讲了讲小慢车的故事。这次实践也让我们对制作不同类型的新闻产品有了更深入的理解。

第一次深入一线，真听、真看、真感受，用实际行动践行"四力"，实地体验记者的工作日常，虽然忙碌，但收获满满。国情实践期间，每天拍摄结束后，我们都会一起整理素材、剪辑短片到深夜，有时甚至会熬通宵，为第二天新的拍摄任务做准备。我们组员间的相互支持、加油鼓劲，也让我更加明白团队合作的重要性。同时，我也在每一次田间地头的实践中发现自身的不足。

二、工作经历

毕业后，我在凤凰卫视北京记者站做出镜记者，平时要负责从选题策划到写稿出镜等全流程的工作，也要和摄像同事配合完成拍摄、编片。工作两年时间，我最大的感受就是在国新班积累的一些专业技能和经验都能派上用场，这也让我能够在很短的时间里就适应工作节奏，并独立完成各种类型的采访。

1. 应对突发事件的反应力

电视台和平面媒体最大的不同就是一定要"看图说话"，画面和新闻稿互为补充。如果没有画面，稿子写得再花里胡哨也是空谈。因此，外出采访时编导思维至关重要。我会在每次采访之前大致构思出整个新闻片的结构，预设出几种可能性，以不变应万变，这样就不会在现场手忙脚乱，导致忘记拍关键的画面。

即使是常规新闻发布会，也要做好随时应对突发事件的准备，有时候新闻点就发生在不经意的瞬间。

作为出镜记者，平时除了制作新闻片，很重要的一部分工作就是在一些新闻现场做直播连线，意料之外的突发状况更是无可避免。我还记得工作后第一次做直播连线，就是2022年冬奥会的火种从雅典运到北京后举行的火种欢迎仪式。活动前一天晚上，我们才得知我们没有得到进入仪式现场拍摄的许可。不能看到现场的情况，却还要实时完成一档连线。我只好先搜索历届奥运会的火种欢迎仪式报道,试图总结出大致的流程,再去了解北京冬奥会的关注焦点。火种灯、火种台有哪些特色？有没有火炬接力活动？民众能否参观火种？这些问题都被提前预设在稿件里。第二天仪式从早上10点开始,大约中午结束。我和摄像同事提前在场馆外围为午间12点整的连线做准备。在仪式举行的过程中,场内只要有新的消息,各大新闻App都会第一时间推送,我就在提前准备好的文字稿基础上进一步补充,前置的准备工作为现场写稿节省了不少时间,我也有更充足的时间顺稿并记忆,最后顺利完成了首次直播连线。

2. 未卜先知的预测力

在我的工作经历中,采访的路途中奔跑是最常见的情形之一。和我一起搭档的摄像同事,更要扛着沉甸甸的摄像机和三脚架奋不顾身地跑。一种情况是为了抢到记者会的核心位置,而另一种就是为了"堵"到想采访的关键人物。

每一次报道,除了关注新闻事件本身,如果还能结合近期的某个热点做出独家的内容,相当于是锦上添花。我在乌兹别克斯坦报道第四次阿富汗邻国外长会期间,主要的任务就是要报道各国外长的双边、多边会谈。完成这些工作之余,我更希望就当下一些热点话题找机会采访各国外长。那几天,阿富汗当局禁止妇女在本国为联合国工作是外界的一个关注焦点,于是我在外长会结束后,抓住时机直接和阿富汗代表团沟通,最后争取到了机会专访阿富汗临时政府代理外长穆塔基,他本人对这件事也作出了回应。

我在日常工作中经常会碰到类似这样的"突击式"采访,这也让我养成了习惯,每逢大型活动之前,都会提前做功课,关注可能出席的人员和现场的各种信息,说不定就遇着有价值的新闻点了呢？如果准备不足,就只能在现场干瞪眼,白白错过机会。这也是我认为记者职业非常神奇的一点,每天都会存在未知数。永远不知道现场会发生什么,提前做好功课,到了真正采访的时候往往就能事半功倍。

3. 捕捉热点的感知力

采访中还有一件事让我很有感触。7月河南出现了历史上罕见的极端强降雨天气,媒体报道基本都使用了"千年一遇"来形容这次降水。在一次中央气象台组织的集体采访中,包括我在内的大部分记者关注的焦点,都是强降雨形成的原因、特点,未来天气的变化走势等。现场只有一位记者提问,"千年一遇"的说法到底是否准确?气象专家也给出答案,是否定的。当天,这个视频片段成了互联网上的爆款。

通过这次采访,我也不断提醒自己,要在每一次出发前做充足的功课,多问几个为什么,找到多元化的角度,而不是人云亦云,要让每一次提问都有价值。新闻敏感对于任何一名记者来说都至关重要,从选题到拍摄,再到最后制作成片,目光都不应局限于某个事件本身,而是要透过一个社会热点看到多种分析的角度,多做组合报道、系列报道和融媒体报道,并力求在报道形式上有所突破和创新。

阿根廷男足中国行期间,周佳昕专访阿根廷驻华大使牛望道

周佳昕在秦岭小慢车上采访乘客

周佳昕和小组同学们在小慢车前合照

牢记青春誓言 扎根基层工作

◎ 曾林浩*

大兴调查研究需要从细节做起,于基层感悟。就读国新班期间,我与班级同学们一道经历了为期一周的国情实践。我们在乡土中国里感受人间烟火,在乡间小道旁许下青春誓言。时隔多年,回顾往昔,是以为记。

长期以来,在国新班的教学实践中,国情实践是本专业最为特色的暑期实践活动,也是全班同学一年一度的基层考察之行。国情实践为国新班的同学提供了深入基层、开展调研的机会。每位同学通过亲身实践来总结经验,并创作出文字报道作品和视频新闻作品。2019年6月28日至7月4日,在电视学院的统一组织下,2018级国新班的全体同学奔赴陕西省汉中市略阳县进行调研,计划通过7天的学习实践调研去了解汉中的风土人情,记录脱贫攻坚战中的基层经验。

一、前期策划汉中之行

我作为班级党支部书记在前期的调研中与老师一道,全程参与设计了此次的调查行程。在资料收集中,我们发现汉中作为欠发达地区和传统农业市,自脱贫攻坚战开展以来,扶贫工作牢固树立"大产业、大扶贫、大带动"理念,以加快贫困地区特色产业培育为主线,以发展产业助农增收为目

---

* 曾林浩,中国传媒大学2019级国际新闻传播硕士班毕业生,曾任2019级国新班党支部书记,现就读于中国人民大学新闻学院2021级博士生班。

标,扭住"产业覆盖、精准帮扶、利益联结"三个关键,着力推广八大产业扶贫模式,取得良好成效。基于此,我们将汉中的国情教育实践主题定为"陕西省秦巴山区精准扶贫政策实地调研学习",计划前往汉中市以及汉中市下属的洋县和略阳县,进行精准扶贫政策实地调研学习。

28日下午5时许,在经过了近7个小时的漫长旅途后,我们乘坐高铁准时抵达汉中。次日上午9点,此次国情教育实践活动的启动仪式在中共汉中市委宣传部召开。根据我们与汉中市委宣传部负责同志的沟通,我们确定在汉中市下辖的洋县、略阳县深入地体验与了解当地社会的真实情况,同时还将重点关注略阳县的精准扶贫模式,并进行基层调研,发掘、拍摄这里的故事。在实践调研期间同学们将定期完成视频新闻制作、新闻稿件写作、微信公众号推送、心得日志等。践行"两学一做"精神,用马克思主义新闻观讲好属于汉中的故事。

二、赴山妹子社区工厂参观

6月30日上午9点,国新班全体同学前往汉中市略阳县。我们首先在略阳县烈士纪念广场举行了重温入党誓词活动。下午,第一小组和第二小组的同学到山妹子社区工厂进行参观体验并采访。进入工厂,略阳县政协副主席亲切地向大家介绍了略阳县的产业扶贫情况。第三、第四小组来到了接官亭社区工厂进行走访调研。

其中,我负责带领第三小组,在调研女工工厂情况后决定采访一名女工叶林,围绕其制作一期提供给CGTN的专题片。据了解,叶林是接官亭镇接官亭社区工厂的一名普通女工,工厂位于略阳县接官亭镇苗圃隔壁,以生产毛绒玩具为主。工厂开创的社区工厂扶贫模式,有效地解决了当地的移民搬迁问题,并且带动了当地留守妇女再就业。

叶林今年26岁,她3岁的儿子正在厂房旁边的妇女儿童之家与其他职工子女一起学习和玩耍,妇儿之家是当地妇联捐助开办的,以解决她们工作时不能照顾孩子的后顾之忧。自2018年11月开始,叶林便在这家玩具厂工作，经过了两个月左右的培训，她掌握了玩具制作的方法，并且仅用3天就熟练了起来。叶林的家是当地的贫困户，这份玩具厂的工作给她的生活带来了实实在在的改变。在采访、拍摄过程中我们进一步了解到，过去，当地留守妇女需要花大量时间在照顾小孩、老人身上，难以离开家走向工作岗位。为了解决这个问题，让妇女们节省接送、照顾孩子的时间，社区工厂专门设立了儿童学习区和玩耍区，让员工的孩子们放学后来工厂学习，这样一来妇女们就可以安心地工作了。在当天的调研中，我与组员尝试用新闻纪录片的形式去发掘新闻点，找到有价值的新闻线索、联系采访对象、完成采访拍摄，这一天我们有很大的收获。

三、体验别样的"小慢车"

7月2日上午9点半左右，我们集体步行前往略阳火车站，乘坐6064次列车前往徽县。在近3小时的旅途中，我带领第三组的同学们走进"小慢车"车厢，对工作人员和乘客进行了采访。

上午10点半，列车进站，我们踏进第九车厢，开始了今天的行程。10点48分，"小慢车"准时出发。列车长向我们介绍了本次列车的有关情况。据了解，列车从广元驶向宝鸡，全程350公里，运行时间约11小时35分钟。这辆"小慢车"一直以来见车必让，逢站必停，所以几乎要在路上耗一整天。乘车的人很多，大多是当地沿线的居民，其中也不乏背着多个蛇皮袋的菜农、果农，他们乘车去别的县城售卖农产品。小慢车票价十分亲民，起步价1元，我们这次从略阳前往徽县，仅需4元。目前小慢车上有10个车厢，共13位乘务人员。6064次列车还单独为乘车上下学的孩子们设有一个特别车厢，在这个车厢里，每一张桌子都被加长加宽，铺上了桌布，方便孩子们在列车上看书学习，桌上还摆有小书架，里面放着若干本课外书供孩子们阅读。列车员介绍说，现在大多数孩子都住校，周五和周日才会来乘车。

在走访调研后，我们组决定采访一名叫刘菲的列车广播员。在她的细心讲述下，我们不断丰富了对于小慢车的认识。习近平总书记曾经说过，新闻记者要做党的政策主张的传播者、时代风云的记录者、社会进步的推动者、公平正义的守望者,而我们通过本次小慢车之旅感受到了奋斗在一线的普通人的品质。

四、三年后的基层再感悟

2021年9月,我升学至中国人民大学新闻学院继续攻读新闻学博士学位。次年7月,中国人民大学正式开展"治国理政"计划,选派10名研究生奔赴赣鄱大地开展实岗锻炼,其中9人担任乡镇党委书记助理,1人担任经开区主任助理。作为该计划的第一批先锋队中的成员,我随实践团来到江西省进贤县。在接下来的两个月时间里,我投入基层党建、乡村振兴等工作中。

来到进贤,我们实践团团员和政府工作人员就是以同志相称的准乡镇干部。每当我在镇政府大楼开始一天的工作时,就有了使命在肩的意识。因为在这里,我们就是联系基层老百姓的关键一环,他们的家长里短、喜怒哀乐都成了我们的心头大事。我曾与所在镇的全体干部一道参加了"两整治一提升"大比武。这是我来到进贤后始终参与其中的一项工作。在与镇党委副书记吴结文的跟班结对学习中,我经历了李溪村旧貌换新颜转变的最后关头。每当我与吴书记走在村里,检查施工建设情况的时候,总是不断会有村民找到我们,提出各种想法。印象最深刻的是有一位村民因为入户路改造找到我。她希望工人砌水泥的时候能在她家门前的入户路上多砌一些坡面,因为她家中有两辆三轮车,每次开上坡都不方便。我与书记一同找到施工负责人,对方很爽快地答应了下来。回想起来,这个细节最触动我的地方是,当村民有问题想解决时,他们会把心里最朴素的想法说给你听。随着工作的深入,我越发认识到乡镇干部是直面群众的公务员群体,是联系群众的桥梁和纽带,是基层治理的"服务员""调解员""联络员"。

在乡村工作,风吹日晒是家常便饭。无论是高速路口岗亭值守、入村入户开展防溺水工作宣传、走访企业开展党建宣传、摸着月亮的边开始全民核酸，一顶草帽、一件简单的白衣，外加一颗真挚热情的心，就是一名乡镇干部的底色。习近平总书记指出，奋斗是青春最亮丽的底色，行动是青年最有效的磨砺。

　　来到基层锻炼对我而言，不仅仅是了解基层公务员的所思、所想、所行，更应当身体力行去体验基层生活、感悟乡村变化，了解昨天与今天的中国。不论是2019年的汉中之行，还是2022年的乡镇实岗锻炼，对我而言都是宝贵的基层实践经历。在大兴调查研究之风的指导下，我们只有心怀"国之大者"，锤炼"舍我其谁勇担当"的政治品格，练就"逢山开路、遇水架桥"的过硬本领，自觉把个人理想与国家需要紧密结合，才能更好地服务于中国的未来，贡献自己的青春力量。

在国情实践中走近"三农"报道

◎ 张晓洁*

2019年6月底,我和国新班其他同学一道踏上赴陕西省汉中市的高铁,开启那一年的暑期国情实践。其间,我和小组同学合作完成了中英文不同形式的报道,并在汉中市略阳县独立完成人物通讯《从断指轻生到脱贫楷模:略阳乌鸡养殖者的奋斗路》。这篇稿件的采写,让当时还处于校园中的我提前体验"三农"报道,感受农业的重要、农村的广袤、农民的淳朴。此时,在新华通讯社浙江分社锻炼的我,每每走进田间地头,还时常想起那段经历,忆起当年的所学、所思、所感。

一、学习寻找选题的高度与角度

工作中我们常说,要学会站在党中央的高度、角度思考问题。切实把思想和行动统一到党中央决策部署上来,就不怕选题没有思路、报道没有方向。当年撰写人物通讯时,我便提前感受到了这一点。

---

* 张晓洁,中国传媒大学2018级国际新闻传播硕士班毕业生,现就职于新华社国内部,参与策划、编辑的稿件获评总编室每周评稿"正面报道"、县级融媒体专线优秀新闻作品"最佳创意策划",荣获国内部"我的代表作"优秀编辑策划奖、最佳融合报道奖等。2023年3月起在新华社浙江分社锻炼一年,作为记者奔赴之江大地各区县(市)采写稿件,其中包括"三农"报道。

1. 心系国之大者

2019 年,脱贫攻坚战进入决胜的关键阶段,乡村振兴战略也已提出两年,"脱贫攻坚"与"乡村振兴"是当年暑期国情实践的关键词。

赴陕西汉中前,我们曾上过一堂国情教育讲座课,主题是"以习近平扶贫工作重要论述为指导坚决打赢脱贫攻坚战"。课堂上,我们从 7 个方面学习了习近平扶贫工作重要论述,也了解了党的十八大以来我国脱贫攻坚的成就和经验以及当年脱贫攻坚的工作重点和要求。可以说,这为我在略阳撰写人物通讯提供了宏观指导。其中有一方面令我印象很深,主要是讲坚持群众主体,激发内生动力,也就是既要扶贫,又要扶志、扶智。稿件中,我便紧紧围绕此方面来写,将主人公略阳县黑咯咯乌鸡养殖农民专业合作社负责人翟必兴在脱贫攻坚道路上昂扬斗志、勤学技术的奋斗过程展现出来。

工作中,我也常常提醒自己心系国之大者,用理论学习武装头脑,旗帜鲜明讲政治。浙江是习近平新时代中国特色社会主义思想形成的重要之地,2023 年又恰是"八八战略"提出 20 年。下分社之前,我便做了一些功课,仔细研读《习近平在浙江》,学习总书记在浙江考察、调研时的讲话,重读《中共中央国务院关于支持浙江高质量发展建设共同富裕示范区的意见》。针对"三农"问题,我认真学习了中央农村工作会议精神和中央一号文件。我在浙江分社锻炼寻找选题时常常与这些书籍、文件对标对表。

2. 保持新闻敏感

初到略阳乌鸡养殖场的场景我还记忆犹新。一下大巴车,一排略阳乌鸡养殖产业模式宣传展板整齐摆放。烈日下,陕西秦脉农业发展有限公司创始人郑小翠在展板前为同学们介绍整体情况。由于对乌鸡养殖助力脱贫攻坚很感兴趣,介绍结束后,我便单独找到郑小翠,向她了解详细情况,想从中挖掘报道亮点。刚开始,采访还只停留在公司概况表面。为了挖掘鲜活故事,我便问了一句:"公司里有没有让您印象最深刻的人?"她便谈起了翟必兴。"陕西省脱贫致富先进个人""养殖的乌鸡品质好""他的经历很励志"……听到这些,我便意识到,这便是我要进一步采访的人。恰好,翟必兴当时就在工厂里工作,我的采访水到渠成。

保持新闻敏感考验着新闻工作者的能力。幸运的是,这种能力在国情实践中就能得到锻炼。现今的工作中,有时也会碰到现场挖掘报道亮点的情形。例如,在台州温岭五岙村采访民宿管家,已约定的采访对象还未上班前,我先行与民宿住客聊天,挖掘出他们与另一名民宿管家的互动故事,这样,采访对象便更加多元,报道素材也更加丰富。

二、锤炼调查研究的能力与活力

调查研究是新闻工作者的基本功。国情实践为我们提供了走进基层、了解国情的机会,给予我们锤炼调查研究能力与活力的广阔舞台。

1. 深入基层一线

采写人物通讯过程中,只有走进工厂、乌鸡养殖场、养殖户家中,接触乌鸡养殖产业涉及的不同主体、不同场景,才能对该产业有更加直接的认识,对于"公司+合作社+农户"抱团发展模式、"千户百只"订单扶贫模式究竟如何运行,才能有更加清晰的解读。

工作中也是如此。不隔着玻璃看庄稼,也不围着饭桌话桑麻,而是真正走出去、走下去、走进去,深入田间地头、工厂车间,践行"四力"要求,倾听人民心声,反映人民意愿,拜人民为师,采写沾泥土、带露珠、冒热气的报道。

从东海之滨到浙西山麓,从杭嘉湖平原到瓯江两岸,我期盼着在浙江分社锻炼期间能多走一些地方,从不同角度接触乡村不同的发展模式,既接触基层干部,也走家入户。与此同时,锻炼突破现场的能力、解决困难的能力、与人打交道的能力。

中共中央办公厅印发的《关于在全党大兴调查研究的工作方案》将全面推进乡村振兴中的主要情况和重点问题作为调研内容的 12 个主要方面

之一。"三农"报道大有可为。

2. 永葆采访热忱

作为新闻工作者，调查研究需要锲而不舍，孜孜以求，在追问中获得更多新闻素材。

国情实践的时间安排较为紧凑，如何在有限时间内尽可能多地从主人公那里获取更多信息，考验着采访者的能力。于是，我利用起其他同学在屋檐下休息的时间，利用起吃饭的时间，利用起在大巴车上赶路的时间，全程同采访对象在一起，与他们聊天，挖掘人物故事。现在回想起来，我觉得当时的确有那么一股冲劲儿，有用不尽的兴奋，有聊不完的话题。

这种采访热忱源于热爱，在"三农"报道中必不可少，国情实践让我确定了这份热爱，珍藏起这份热忱。在宁波宁海调研水产种业时，我也带着这种热忱深入采访。研究院、研究所的科研人员，水产养殖户、农业部门相关负责人、水产种业领域专家……一天半时间里，我尽可能多地与不同采访对象聊天，突破专业认知限制，了解水产种业产学研的不同方面，走进这一此前完全不熟悉的领域。采访热忱为我的调查研究注入源源不断的活力。

三、涵养讲述故事的温度与深度

采访中的所见、所闻、所感，最终会凝于镜头、落于笔端。国情实践中的练笔，是一次探索讲故事的温度与深度结合的尝试，也为我此后工作中写稿积累经验、打下基础。

1. 呈现生动细节

感人心者，莫先乎情。人的力量在心上，心的力量在情上。走进人的内心，拨动人的心弦，入脑入心，同频共振。少一些结论和概念，多一些事实和分析；少一些空泛说教，多一些真情实感；少一些抽象道理，多一些鲜活事例。贴近实际、贴近生活、贴近群众，才能写出让群众喜闻乐见的报道。

人物通讯中,我一方面收集主人公的金句,如"不管怎样,生活还要继续""可骨子里还是想坚持下去""与其抱怨命运不公,不如亲手点亮明灯"等;另一方面,利用数据、动作、场景描写来展现细节,如"他在黑河坝镇配了800只鸡苗,开始尝试养殖,结果没想到,成活率高达80%""他每天蹲在鸡舍里观察乌鸡的生活习性,包括饮食、发病等,一待就是两三个小时"等。

工作中,我也会有意识地在稿件中呈现生动细节。例如,采写"文化助力乡村振兴"国际对话会及文化行活动时,外国嘉宾观看旗袍秀时的专注与品尝当地美食时的欣喜让我印象深刻,我便描摹了当时的场景,从侧面表现外国嘉宾对文化助力乡村振兴的认可。

2. 展示全局视野

采访报道中,既要通过展现细节增强沉浸感,也应当从故事中抽离出来展示全局视野,也就是回归报道主题,在宏观层面呈现报道意义。

我在人物通讯中写道:"近两年,为了助推乌鸡产业加快发展,政府开始通过抓典型示范促进扩规增效,其中一项就是挖掘贫困户典型进行广泛宣传,提振贫困户养殖乌鸡的信心。"翟必兴就是该政策下的一个具体例子。通过一个人物事例,反映一个政策,通过一个贫困户的奋斗路,反映脱贫致富过程中整体精神面貌,便是采写这篇稿件的初心。

"强国必先强农,农强方能国强。"从党的二十大报告首次提出加快建设农业强国,到2023年中央一号文件部署全面推进乡村振兴重点工作,"三农"报道也有了新的报道方向,工作也将围绕这些展开。

新华通讯社老社长穆青曾说,人生和瀑布一样,要有高度,有落差,才会有激情和力量,事业才能辉煌。在中国传媒大学学习的日

国情实践期间,张晓洁在乌鸡养殖场采访翟必兴

子,让我有机会认识高度,也让我有勇气面对落差。我将积蓄这份力量,在新闻工作中一路向前。

国情实践期间,张晓洁与同学们在陕西略阳采访农户　　张晓洁在浙江嘉兴采访回乡创业的民宿老板

山重水复"绿"为径

——用脚步丈量秦岭地区乡村振兴之路

◎ 王鹏宇*

青山碧峰,千仞涌浪,这份独有的秀美与粗粝属于秦岭。从广义上说,秦岭西起昆仑,中经陇南,东至大别山,是长江和黄河流域的分水岭。

2023年,我有幸获得机会,在位于秦岭南麓的甘肃省陇南市调研乡村振兴和特色产业发展情况。当看到风雨过后,山岭露出一抹青黛之色时,思绪迎风交错。

4年前的6月28日,2018级国新班开启了寻找秦岭地区绿色密码的行程。在陕西汉中,行走在盘旋的公路上,时间显得黏稠而缓慢。透过车窗,一眼望去,山大谷多沟深,发展大规模的工业、农业都不具备优势。如何实现突围?曾经的困境导致发展滞后,让这片土地的人们强烈地意识到,只有守住生态红线,才能打通前往"金山银山"的大道。

一、下好生态一枚子 盘活发展整盘棋

东方既白,心驰神往。在国情实践的第一天,我们所至之处便是"东方宝石"朱鹮的栖息地。

朱鹮是鸿运之鸟。2019年6月28日至29日,二十国集团领导人第十

---

* 王鹏宇,中国传媒大学2018级国际新闻传播硕士班毕业生,现就职于新华社参考新闻编辑部,参与策划采写的多篇重点调研稿件获得中央领导同志批示,并且被评为新华社社级好稿。第八届范敬宜新闻教育奖获得者,《联合国气候变化框架公约》第二十五次缔约方大会(COP25)青年代表。在校期间曾多次获得国家奖学金、京东新闻奖学金等奖项。

四次峰会于大阪举行,恰好与国情实践时间重合。以"友好之轮、和美世界"为主题的朱鹮专题展,展出了来自中、日、韩三个国家的关于朱鹮的档案文献、实物资料、珍贵影像等展品,成为那次峰会连接中外人文交流的纽带,翩翩朱鹮成为见证民心相通的吉祥物。

千里迢迢看朱鹮,算是国情实践的一项"福利"。当我们来到世界朱鹮栖息地洋县时,眼前是北依秦岭、南屏巴山的宜人环境,难怪如此挑剔的朱鹮选择在此地栖息。而在朱鹮保护区,白鹭、苍鹭、啄木鸟也和朱鹮共息共生,添丁加口。将视野拉宽,大熊猫、金丝猴、羚牛这些珍稀动物都奔赴这片物种多样的和谐之地。

朱鹮从 1981 年仅存 7 只到现在繁育 9000 多只,离不开村民生态意识的提高。在洋县,人们对朱鹮十分大气,每 10 亩水田中,就有 1 亩供朱鹮活动。辛勤耕作的村民在地里不使用农药、不狩猎砍伐、不开荒放炮,守护着蔚蓝星球的生命记忆。

"夕阳度西岭,群壑倏已暝。"参观完朱鹮人工繁育基地,已然夕阳西下。缓慢移动镜头,朱鹮立于水田之中,森林湿地素波千里,沉寂的山岭因朱鹮轻摇的身影热闹开来。保护朱鹮是洋县向绿色进发的第一步。如何把绿色资源转化为生产力,在保护朱鹮中实现绿色发展?这里的人们想了很多办法:深挖朱鹮生态和文化内涵,成立全球朱鹮保护联盟,做强朱鹮文化 IP;依托农业绿色发展先行区,加快特色产业培育,注册"朱鹮"牌商标 50 余种;借力全域旅游的发展红利,打造民宿集群,将"绿色存量"释放为"经济增量"。

洋县把拯救濒危物种融入乡村振兴的篇章,绿色生态崛起之路越走越宽广。留在我记忆中的,既有秦岭的浓烈刚健与朱鹮的柔美清新,也有乡村振兴路上的热烈奔放与农村人文环境的含蓄隽永。作为时代风云的观察者,国新班的同学有幸在学生阶段就看到一幕幕新时代农村热气腾腾、生生不息的生活图景,更多了一份追叙乡村浪漫的信心。

二、为产业振兴注入绿色动力

甘肃省陇南市两当县地处陕甘川交界的秦岭山区。2023 年,我在两当县看到当地大力发展生态放养鸡产业,为当地村民解决就近就业难题,不由得联想起国情实践的一段经历。

2019年国新班国情实践的第二站是探访陕西汉中的特色产业。走进略阳县黑河镇李家坪村秦脉农业发展有限公司的乌鸡养殖基地,随手撒出一把苞米,栖于树枝上的乌鸡便扑扇着翅膀成群结队飞来觅食,瞬间打破小山村清晨的宁静。

公司负责人郑小翠是从湖北来汉中创业的"新农人",在辞去家乡的教师工作后只身到外地闯荡,结识了她的爱人,一个地地道道的略阳人。经过反复思虑,2008年4月,郑小翠下决心来到略阳县,办起了乌鸡养生汤锅店。不料,1个月后,夫妻俩就迎来当头一棒。2008年5月12日,汶川大地震让距震中仅几百公里的山城略阳遭受重创。郑小翠迅速开展生产自救,直到一年后,经营才逐渐步入正轨。经过多年市场打磨和产品更新,郑小翠的事业蒸蒸日上,略阳乌鸡口碑逐渐积累。

餐饮经营走上正轨,难题却也随之渐显。随着略阳乌鸡市场需求上涨,餐饮对于乌鸡数量的需求越来越多,对它们品质的要求也在提升,而当时农户养殖的乌鸡大多在春季孵化、秋季出栏,到了空档期乌鸡供应不上。而由于缺资无技,农户养殖的乌鸡出栏率低、卖不上价,很多农户不愿意持续养殖,餐饮经营恐怕无以为继。

"我做了个重大决定,必须实现标准化养殖。"2013年,郑小翠成立了秦脉农业发展有限公司,开始规模化养殖乌鸡。但第一次养殖却让她体会到了挫败——5000只出壳鸡苗不到45天全军覆没。郑小翠急得寝食难安,她找到专家把鸡苗死亡的可能性列出清单,搜集方法一一突破。不枉一个月的反复尝试,乌鸡存活率提高到了92%。

在我们去的那一年,郑小翠搞起了"公司+合作社+农户"的养殖模式,减少了养殖对环境的破坏,同时带动了家庭剩余劳动力参与产业发展。

在郑小翠和无数扎根在秦岭的农人这里,乡村巨变不是以一种戏剧性的方式发生,而是包含在无数件小事里、夹杂在家长里短中,孕育在秦岭的日出日落、春去秋来、茶米油盐的日常生活里。这次调研经历也让我清楚地知道,各行各业的人如果想试图改变一些东西,首先必须理解许多东西。而对每个新闻人来说,还有一条:理解社会并不能依靠想象,而需用脚步丈量。

三、将绿色亮度融入文旅厚度

秦岭和合南北、泽被天下,是中华民族的祖脉和中华文化的重要象征。位于陕西和甘肃两省西秦岭南坡区域的三处汉代摩崖石刻(简称"汉三颂"),不仅是祖国古代书法艺术的瑰宝,也是秦岭文化的代表。

巧合的是,在陕西汉中和甘肃陇南,两次秦岭地区调研之旅,我有幸目睹了汉三颂的容颜。这三处汉代摩崖石刻清幽绮丽,所在之处青山对峙、涧流清澈,亭廊桥榭相映成趣。在景区内,绿水含金、青山有价,绿色生态擦亮了文化旅游的招牌。

近年来,汉中和陇南把文化振兴作为转方式、调结构的重要着力点,除了发掘秦岭文化的价值内涵,还通过建设文化乡村,将文化资源与旅游发展有效融合,促进乡村文化全面振兴。

陇南市两当县杨店镇陈家沟村曾是村民想"逃离"的地方,如今当地挖掘本地特色农耕文化、地方习俗,还打造民宿客栈、乡村文化展览馆、陶艺馆……不断完善村内基础设施,乡村人气渐渐旺了起来,花香满径、古宅新生、业态重建。

山麓间,村民生活在寻常中起变化,引发"变"的契机是乡村振兴战略的有序推进。陈家沟村作为建设美丽乡村的缩影,受基层重视、获政策扶持、有资源倾斜。从更深层看,这"变"仍然是被村民的拼搏驱动的。村民经营各自的"农家乐"是自发的。正如一名村民所言,反正在自家门口,不管多少,能落下几个是几个。

乡村旅游业在发展,乡村文明也在提高。村民在开办"农家乐"后,也逐渐知晓如何处理生活垃圾,如何定价,如何悬挂民宿招牌,如何与游客打交道,如何应对不良游客对自然资源的任意掠取,如何开发新的产品吸引游客,如何向更"美丽"的目标迈进、追求可持续发展……每逢蓝天白云、阳光明媚的日子,不少村民的微信朋友圈就会掀起一场"摄影大赛",唯美的语句层出不穷,表达各自幸福和惬意的心情。

"绿色"是秦岭地区发展的密码。在从事新闻工作后,我看到许许多多农村发展过程中容易遇到的问题,其中很重要的一个是资源"沉睡":土地分散、劳动力闲散、文化资源闲置。但走入秦岭深处后,我也看到了那么多基层工作者和村民想办法让沉睡的资源活起来,让分散的资源聚起来,让出去务工的劳动力返回来。

2023年5月,王鹏宇在甘南藏族自治州调研脱贫攻坚与乡村振兴有效衔接的情况

记者的文字永远无法离开发展所唤与人民所盼。每隔一段时间,当意识到自己的表达趋于结构化时,我总期待着下一次农村调研,因为农村可以给我答案,告诉我发展何来、改革何谓、经济何以兴、未来何以期许。

2019年7月,王鹏宇和老师同学们在陕西汉中开展国情实践调研

2019年7月,王鹏宇在陕西汉中国情实践调研现场

接官亭社区工厂点亮略阳新希望

◎ 朱荧坷　张泓宁*

2019年的夏天，中国传媒大学2018级国际新闻传播硕士班的同学们一起来到了陕西省略阳县接官亭镇进行国情实践，这段宝贵的经历，4年以后回想起来依然难忘。在国情实践之前，我只是听说过"脱贫攻坚"的说法，这对我来说只是一个概念。由于一直在城市生活，我并不了解脱贫攻坚工作，也不知道脱贫攻坚到底给贫困地区带来了哪些改变。通过国情实践，我们真正深入走进基层，切实感受到只有走进田间地头，才能以行动提升一名新闻工作者的"脚力、眼力、脑力、笔力"，以行动践行一名新闻工作者的初心与使命。

那个夏天，我们来到了接官亭镇接官亭社区工厂，这是一家玩具工厂，它让接官亭镇焕然一新。曾经的贫困户，如今钱袋子鼓起来了，遇到困难的时候不用再向亲朋好友借钱，生活水平有了很大的改善。在玩具工厂采访的过程中，我们遇见的都是女性员工，她们中的大部分曾是当地的留守妇女，没有工作的她们只能在家带孩子，收入来源都依靠丈夫或者其他家庭成员。玩具工厂极大地改善了她们的生活，她们拥有了稳定的工作和收入，能够通过自己的双手创造财富，用行动实现了"妇女能顶半边天"。妇联捐助

---

* 朱荧坷，中国传媒大学2018级国际新闻传播硕士班毕业生，曾在国情实践活动中参与过CGTN关于略阳乌鸡扶贫产业的报道，曾获得国家奖学金，获评北京市优秀毕业生。

张泓宁，中国传媒大学2018级国际新闻传播硕士班毕业生，现就职于中国教育电视台新闻中心，所参与的重要报道包括《穿梭教育这十年》《云观校》。

开办的妇女儿童之家为她们解决了孩子无人照看的后顾之忧。看到这些变化,我们深刻认识到了脱贫攻坚的重要意义,内心也深受触动。

农村留守的妇女儿童需要我们更多的关心与关爱。在全面乡村振兴的过程中,我们期待农村女性能拥有稳定工作的机会,实现在家门口工作,越来越多的农村女性能在工作中实现个人价值,权益能得到保障。我们希望每一位农村儿童都能够享受更好的教育,拥有更优质的教育资源,妇女儿童之家能够关照更多孩子的成长。希望接官亭镇的发展模式,能够在全国更多地方得到推广。

在那次调研中,我们一起走进玩具工厂,了解当地妇女儿童之家;一起走进乌鸡厂,和养鸡员工一起喂乌鸡;一起乘坐小慢车,第一次体验小慢车上的集市;一起爬山,采访脱贫致富的村民,聆听他们讲述生活的变化。我们一起走过了许多地方,有了许多的回忆。我们用镜头、用文字记录下了国情实践的点点滴滴。回头看当时的记录,感觉青涩,但是又那么真诚。我发现,只有亲身经历,才能够写下最真挚的文字。这段经历将永远陪伴着我们,时刻提醒我们唯有实践才能出真知。

"纸上得来终觉浅,绝知此事要躬行。"作为一名新闻从业者,如果每天只是待在办公室,面对电脑,以为通过收集资料就可以了解基层实际情况,那必然会产生许多"蒙蔽"。要写出好的新闻报道,了解基层实际情况,离不开充分的调研。读万卷书,不如行万里路。只有"走进去"才能"写出来"。打破"蒙蔽"唯一的办法便是走出办公室,唯有走到田间地头,坐到群众炕头,才能够想到群众心头,写出最真实、最接地气的文字。

2019年,我们采访了玩具工厂的一名普通女员工,她的故事至今让我印象深刻。她的名字叫叶林,采访她时,她正在埋头缝制一些用作玩具配件的彩带。玩具工厂位于略阳县接官亭镇苗圃隔壁,以生产毛绒玩具为主。玩具工厂开创的社区工厂扶贫模式,有效地解决了当地的移民搬迁问题,并且带动了当地留守妇女再就业。那天是周日,在工厂工作的女工并不多,大家都在有条不紊地专注于手头的工作,干练、娴熟。

那时,她3岁的儿子正在厂房旁边的妇女儿童之家里与其他职工的子女一起学习和玩耍。妇儿之家是当地妇联捐助开办的,以解决女工们工作时不能照顾孩子的后顾之忧。我们一起参观了妇女儿童之家,内部的装修明亮而温馨,有许多孩子喜欢的书籍和玩具,女工的孩子们在这里安静地玩着玩具、看着图书,等着母亲下班接自己回家。妇女儿童之家紧挨着玩具工厂,女工们可以安心工作,因为她们知道自己的孩子就在旁边,可以得到非常好的照顾,因此工作起来也更加专注。

叶林时年26岁,2018年11月开始在这家玩具厂工作,经过了两个月左右的培训,她掌握了玩具制作的方法,并且仅用3天就熟练了起来。"这份工作让我感到快乐,这是比挣钱多少更重要的。"叶林如是说道,"以前我一直在家里带孩子,大部分时间都待在家里,比较无聊。现在我忙起来了,能够靠自己的双手挣钱,不仅能缓解家里的经济压力,而且我感到非常快乐、充实。"叶林非常年轻,刚刚工作两个月就已经对工作得心应手。这份工作不仅改善了她的生活,而且也让她的生活更加充实,让她通过劳动创造了个人价值。在谈到自己的家庭和现状时,她的眼睛中闪着幸福的光。现在回看这一张采访照片,她的神情温柔而坚定,令人欣慰。

叶林的儿子程程接受国新班同学采访

"我们家的房子是土房,一共有7口人,爷爷已经80岁了,小叔子今年刚高考完,我的儿子才3岁,我是上有老下有小。"叶林说。叶林的家是当地的贫困户,这份玩具厂的工作给她的生活带来了实实在在的改变。叶林说:"找到这份工作之前,我在家里带孩子,还要种地,公公和丈夫二人的收入是全家的经济来源,公公在外开三轮打零工,丈夫在附近的矿上工作,挣的钱总是不够花。遇到费钱的大事,我们总是要四处借钱。现在我工作一天能挣80块钱左右,家里开始有了一定积蓄,房租、水电费、孩子的学费都有了着落,遇到大事也不用到处借钱了。"

接官亭镇接官亭社区工厂于2018年启动建设,2019年3月8日正式投产运行，在略阳县委、县政府和相关部门以及接官亭镇党委、镇政府的大力支持下，目前新建厂房1976平方米，投入资金740余万元，配套建有职工食堂、餐厅、妇女儿童之家。截至2019年，吸纳了当地留守妇女93人（其中贫困户35人），人均月工资2000—3000元。接官亭镇接官亭社区工厂计划逐步扩大规模，带动更多的群众尤其是贫困人口就近就业。对于工厂未来的发展，厂长李有东充满了信心，他表示："我们计划以接官亭为中心，将工厂建设扩大到7大乡镇。"

感谢国情实践，让我们有机会走进接官亭镇，我们将始终牢记"脚下沾有多少泥土，心中就沉淀多少真情"。期待未来有机会还能再回到接官亭镇，再次来到接官亭镇接官亭社区工厂，相信那时的接官亭镇一定会更好，村民的生活一定会更加幸福，笑容一定更加灿烂。

烈士纪念碑前的宣誓

◎ 朱荧坷*

在略阳县东北隅的一处山间,消防英雄高继恺与无数烈士长眠于这块生养自己的土地上。生前,他曾是凉山支队西昌大队四中队三班的班长,也是一名光荣的共产党员,在2019年那场让无数人揪心的大火中失去了宝贵的生命。网络上曾流传着一段高继恺生前吹口琴的视频,画面中多才多艺的他永远定格在了26岁的模样。这样年轻的他,还只是无数英烈中的一名代表。

2019年6月30日清早,我们一行人沿着山路缓缓向上,来到了略阳县烈士陵园。许许多多为正义事业献身的略阳英烈都被安葬在这里,他们曾在抗日战争中扛起了保家卫国的重担,也曾在解放战争中为党的事业默默奋斗,当然,这里也安葬了不少像高继恺一样的当代英雄。不管在战争年代还是在和平年代,他们都用自己的行为诠释着人间大义与家国情怀。

高大的略阳县烈士纪念碑庄严肃穆,向世人昭示着他们曾经的热血与青春。来自中国传媒大学国新班的同学们就站在这座丰碑的前面,重温了曾经对党许下的诺言:"我志愿加入中国共产党,拥护党的纲领,遵守党的章程,履行党员义务,执行党的决定,严守党的纪律,保守党的秘密,对党忠诚,积极工作,为共产主义奋斗终身,随时准备为党和人民牺牲一切,永不叛党"。这些熟悉的字句,在此时此刻有了更沉重的分量,因为面前的许多烈

---

* 朱荧坷,中国传媒大学2018级国际新闻传播硕士班毕业生,曾在国情实践活动中参与过CGTN关于略阳乌鸡扶贫产业的报道,曾获得国家奖学金,获评北京市优秀毕业生。

士正是用他们的生命践行了这段诺言。

时光荏苒，光阴似箭，一转眼这场宣誓已经过去了4年，但当时的情景依然历历在目。4年间，我从一名青涩的学生成为一名在岗位上独当一面的工作者，如今又即将踏上公务员的岗位，为党和国家的事业继续贡献自己的一份力量。在这个过程中，我越发深切地感受到调查研究的重要性，每每想起当年的这场暑期实践和那个宣誓的下午，都会让我感慨万千。

调查研究是我们党的传家宝，如接力棒一样，在一代代共产党人手中不断接力传递。2023年是全面贯彻落实党的二十大精神的开局之年，完整、准确、全面贯彻落实党的二十大精神至关重要。党中央决定，在全党大兴调查研究，以此作为在全党开展主题教育的重要内容。要以开展主题教育为契机，以深化调查研究助力解决各项发展难题，推动党的二十大精神落地生根。回顾国新班的国情实践活动，深入扶贫一线的国新学子们又何尝不是在用自己的方式进行着调查研究。

调查研究是科学决策、规范有效落实政策的必要程序。习近平总书记指出，正确的决策离不开调查研究，正确的贯彻落实同样也离不开调查研究。新时代新征程面临各种风浪考验，推进中国式现代化需要制定有力举措，需要解决大党独有的难题，而调查研究不仅是制定科学决策的必要程序，也是科学决策在实施中不偏向、不走样的重要保障。2019年，脱贫攻坚事业正在神州大地上如火如荼地展开。在电视学院老师们的带领下，2018级国新班的同学们在这个节点前往当时的贫困县——陕西略阳开展了国情实践活动。在这次活动中，我们不仅深入扶贫产业发展的第一线，进入养鸡场、玩具厂了解扶贫工作的具体开展情况，还重走红色足迹，去略阳县烈士陵园祭奠。在实践活动中，班级里的不同小组分别完成了主题各异的新闻作品，后续也在央媒顺利播出。这些扶贫新闻片的播出无疑也是新闻学子为宣传当下的政策落实情况贡献的一份绵薄之力。

调查研究是密切联系群众的重要途径。习近平总书记指出，密切联系群众的一个重要方面，就是大兴调查研究之风。调查研究是我们党走进群众、深入群众，维护和增进与群众血肉联系的重要方式，是从人民的创造性实践中获得正确认识，把党的正确主张变为群众的自觉行动的有效途径。在这次国情实践的调查研究活动中，就有许许多多让我无法忘怀的脸庞，让还是学生的我看到了一幅幅鲜活的画面，感受到了一段段有温度的感情。她是住在山里的老奶奶，操着一口淳朴的方言，向我们介绍乌鸡散养政策为他们的生活带来的改变；他是乌鸡养殖场里的工人，亲切地为我们穿戴工服，在乌鸡群中向我们展示自己的工作成果；他们更是烈士陵园墓碑上一个个让人热泪盈眶的名字，用自己的行为诠释着人间大义与家国情怀！国情实践让我们深入扶贫第一线，获得了面对面与乡亲们沟通的机会，让他们能够对着镜头畅所欲言。

调查研究是自我学习提升的过程。习近平总书记强调，调查研究是做好工作的基本功。一定要学会调查研究，在调查研究中提高工作本领。调查研究本身就是向群众学习、在实践中学习的过程，是提高认识能力、判断能力和工作履职本领的过程，是加强党性锻炼、强化理想信念宗旨的过程。对于国际新闻传播专业的学生来说，不仅需要过硬的外语、撰稿、拍摄、剪辑等专业能力，也需要必不可少的调查研究能力，而这场国情实践正为大家提供了很好的机会。不同的小组同学带着器材、带着笔记本奔赴不同的地点，通过座谈互动和一线访谈掌握扶贫产业现状，通过资料研究和深入观察留住最生动的画面。真正做到了在调查研究中锻炼自身、自我提升。

可以说，学生时代的这次国情实践活动在我心中种下了调查研究的种子，在后来的工作实践中，我渐渐对调查研究有了更深入的理解和认识，即调查研究务求"深、细、准、效"。

"深"，就是要深入群众，深入基层。调查研究要深入实际、深入基层、深入群众，多层次、多方位、多渠道地了解情况，掌握实情，把脉问诊，问计于群众、问计于实践。调查研究的落脚点是落实工作、解决问题，不能只调不研，不解决问题。毕业后，我在一家央企类的航空公司负责品牌宣传工作，看似远离一线服务岗位，但只有多看多听，多去了解一线地服、客舱、运控工作，才能更深入地了解服务场景、更全面地了解旅客需求。

"细"，就是要认真听取各方面的意见，深入分析问题，掌握全面情况。

"细"要做到严谨和周全,在决策之前细谋划、实施之中细分工巧合作、经验教训细总结,既能解剖麻雀,又能放眼全局。"细"要落脚到掌握事物的全面情况,提升信息资料的全面性、调查对象的代表性、方法的科学性、分析的透彻性。在日常工作中,我需要对品牌舆情进行实时监控,只有不断地从各个平台积极听取每一位旅客的意见,才能在细节之处提升服务,做到想旅客所想,急旅客所急。

"准",就是要善于分析矛盾、发现问题,透过现象看本质,把握规律。既要准确把握全貌,又要分析出问题的本质与规律。通过准确、全面、深入地把握事情,将特殊性认识上升到一般性认识,提炼出规律,找到工作推进、问题破解之道。工作中会碰到许多复杂的问题,涉及许多繁复的跨部门工作,只有善于总结规律,将经验进行整理,并通过数字化手段进行流程制定,才能在工作中越来越有效率。

"效",就是提出的解决问题的办法要切实可行,制定的政策措施要有较强的操作性,做到出实招,见实效。"效"凸显效果导向,不断提出真正解决问题的新思路、新办法,有效解决党和国家面临的重大问题、民生难题,切实把调研成果转化为解决问题、改进工作的实际举措。大到国家的民生问题,

2019年6月30日,中国传媒大学2018级国际新闻传播硕士班同学重温入党誓词

小到旅客的乘机需求,切忌纸上谈兵,一定要有切实可行的针对问题的措施,实事求是,勇于实践,才能真正让调查研究之风吹遍祖国大地。

4年前的这次国情实践使我受益终身,而这场对于英雄的祭奠也时刻鞭策着我前行。历史长河中,无数英烈为了正义事业而做出了生与死的抉择。作为新时代的青年,我们也要慎重地做出自己的抉择。正如习近平总书记在纪念五四运动100周年大会上的号召:"新时代中国青年要珍惜这个时代、担负时代使命,在担当中历练,在尽责中成长。"对照习近平总书记的

期望和要求，我们青年人要切实承担起推进新时代中国特色社会主义事业的使命，努力成长为新时代德智体美劳全面发展的社会主义建设者和接班人。作为国际新闻传播硕士班的毕业生，在向世界传递中国声音的时候，更应该坚持正确立场，做到有担当、尽责任，就像曾经宣誓的那样，对党忠诚，积极工作。

"半条被子"温暖依旧,新闻初心历久弥新

◎ 方安然*

时值 2020 年,在党的十九届五中全会召开前夕,习近平总书记就统筹推进常态化疫情防控和经济社会发展工作、谋划"十四五"时期经济社会发展赴湖南考察调研,以重温革命历史,感悟红色文化。沿着习近平总书记的足迹,我们 2019 级国新班的全体同学也在同年的 11 月初坐着高铁一路南下,来到了湖南省长沙市、株洲市和郴州市进行国情实践调研。

11 月 8 日,还记得那是一个阳光灿烂的日子。我们驱车翻山越岭,来到郴州市汝城县沙洲村,参观"半条被子的温暖"专题陈列馆,而这也正是习近平总书记一到湖南沙洲瑶族村,就率先进行考察的第一站。因此,早在参观前,大家就对此行充满了期待。

"半条被子"的故事由来已久,脍炙人口。1934 年 11 月初,红军过境汝城。在湖南汝城县沙洲村,三名女红军借宿村民徐解秀老人家中。当年老人家中的生活十分贫苦,但她仍然非常热情地招待着女红军。临走的时候,女红军发现老人家里连一床像样的被子都没有。她们便把自己仅有的一床被子剪下一半给老人留下了。临别的时候,女红军还告诉徐解秀,等到革命胜利了会再来看她,到时候送她一条新被子。

---

* 方安然,中国传媒大学 2019 级国际新闻传播硕士班毕业生,现就职于中国教育电视台新闻中心,曾参与教育台 2022 年秋季开学大直播、党的二十大"教育这十年"专题政论片制作、卡塔尔世界杯主题宣传报道、第十一届中国大学生电视节、2023 年两会、五四青年节及高考高招大直播等报道工作。

进入专题陈列馆,映入眼帘的就是一块巨大的红色电子屏幕,上面写着习近平总书记在纪念红军长征胜利80周年大会上的讲话——"老人说,什么是共产党?共产党就是自己有一条被子也要剪下半条给老百姓的人,同人民风雨同舟、血脉相通、生死与共,是中国共产党和红军取得长征胜利的根本保证,也是我们战胜一切困难和风险的根本保证。"是啊,哪怕只有一条被子,也要和人民群众一起分享。"半条被子"的故事,不正是党与人民共进退的有力证明吗?在参观的过程中,我们认真听着讲解员朱淑华的介绍,作为年轻的党员,心里满是对当年那三位女红军以及无数优秀的共产党员前辈们的敬佩与景仰。

朱淑华也给我留下了极其深刻的印象。她作为当事人徐解秀老人的曾孙女,每天都会在陈列馆作为讲解员向来访的观众们进行专业的介绍讲解。她的讲解细致专业,饱含深情。还记得朱淑华在说起自己已经故去的曾祖母和三位女红军的故事时,她的眼角几度湿润,极力控制着自己的情绪。但其言语、神情中所透露出来的那份真情与感动,却是如何都无法被抑制的,也深深地感染着我们在场的每一个人。曾几何时,"半条被子"的故事对我们大多数人来说都只是听说过的一个故事。但彼时彼刻,在亲自看到陈列馆里的文物、亲耳听到当事人曾孙女的口述历史的时候,我们身临其境,更觉震撼,也更能与那份令人感动的情谊共情。更何况,对于这一切都真实发生在自己身上的徐解秀和她的家人来说,"半条被子"绝不仅是一个故事、一场偶遇,这是他们家族最珍贵的一段回忆,是几代人家风家训的传承,是党与群众心连心、军民鱼水情谊满的真实写照。

陈列馆的展览分区考究,展品摆放有序,各种文字、图片的补充说明也都十分详尽。除了"半条被子"这一故事的相关展览,在这里我们还仔细了解了"一条裤子""一条红军被""戏台分粮""两个红薯"和"一只藤碗"等发生在红军和村民之间的各种感人事迹。在那个兵荒马乱的动荡年代,人们的生活普遍都是"步履维艰"。即使在这种情况下,红军仍然坚持时时为人民着想、事事为人民考虑,在群众需要的时候倾囊相助,尽自己的一切力量让人民生活得好一点。陈列馆二层的一面墙上写着这样几个大字——"红军不拿工农贫民一点东西"。结合当时的历史和时代背景,我更受震撼。始终坚持一切为了人民、一切依靠人民。从我们中国共产党创立之初至今,一路走来,人民永远是我们最坚实的依托、最强大的底气,而我们紧紧依靠人民,也交出了一份又一份载入史册的答卷。习近平总书记始终强调:"人民对美好生活的向往,就是我们的奋斗目标。我们要始终与人民风雨同舟、与人民心心相印,想人民之所想,行人民之所嘱,不断把人民对美好生活的向往变为现实。"正所谓与民同心、生死与共,这是党和人民之间永不过时的承诺,也是党和人民深情厚谊的最好见证。

此次沙洲村之行,令我印象颇深的除了"半条被子"的感人故事,还有沙洲村的脱贫历程。

2020年是脱贫攻坚的决战决胜之年,当时我国正在全面迈向小康社会的征程上奋进。自从党的十九大以来,党中央围绕打赢脱贫攻坚战、实施乡村振兴战略做出了一系列重大部署,也出台了系列的政策举措,通过各种尝试与努力来切实地帮助人民群众实现脱贫致富。

根据村里的介绍,我们得知昔日的沙洲村是个交通闭塞的瑶族小山村,人均耕地面积仅0.66亩,基础设施极为薄弱。村民日常主要从事传统种植业,但囿于种种限制,作物品种较单一,经济效益并不高,人均年收入不足3000元,而当时的村集体收入更是为零。面对这些资料,我并不感到惊讶。因为在我们坐着大巴车前往沙洲村的路上,就已经亲眼见到了这儿的自然生态环境。我还记得当时透过巴士窗户所见到的景象。除了那连绵无尽的群山,一个又一个数不清的黢黑隧道,只是偶尔会有一簇房屋和村落。无疑,当地的生态环境非常好,空气清新,让人只是待了一阵就倍感心旷神怡。一路上,我不时发出感叹,为窗外的风景赞叹不已,甚至还发了朋友圈留作纪念。但同时我也注意到,身处大山深处,这里的人们日常生活着实有些不容易。这里山清水秀,但山路实在是过于崎岖蜿蜒。那层层山峦阻碍的不仅是人们进出山的道路,也一度成为影响地区发展和人民生活水平提升的屏障。

令人高兴的是,在党的有力领导下,沙洲村发挥基层党组织的引领作用,以密切党群、干群关系为着力点,不断夯实阵地、强化队伍、优化服务,通过充分调动村民、乡贤、企业等社会力量和社会资本,大力探索"党支部+合作社+农户""党支部+村级集体经济+产业大户"等发展方式,推动产业兴旺"高效益"、生态宜居"高颜值"、乡风文明"高素质"、治理有效"高水准"、生活富裕"高水平",走出了一条脱贫致富与乡村振兴相结合的路子。早在2018年,沙洲村便已经实现了整村脱贫。到了2019年,沙洲村人均可支配收入便由2014年的5240元增加到13840元;村集体收入由3600元增长到40万元。人们逐渐克服了各种困难与限制,探索出发家致富的新道路,生活水平有了极大的提升。

除了对"半条被子的温暖"专题陈列馆的参观,我们当时还前往湖南马栏山文化产业园、湖南广电、岳麓书院、黄桃产业基地等多地参观考察,一路上所见所闻颇丰。眼见为实,我也由衷地体会到我们党在领导人民走向中华民族全面复兴征程上所付出的努力、收获的成效。没有共产党就没有新中国,人民群众也需要中国共产党,需要党坚实有力、科学高效的引领,也需要党体贴入微、无微不至的帮助与关怀。面向未来,我们需要依靠人民创造新的历史伟业。道阻且长,行则将至。前进道路上,无论是风高浪急还是惊涛骇浪,人民也将永远是我们党最坚实的依托、最强大的底气。

事实上,这也是我人生中第一次如此深入地跟随老师和同学们一同前往外地基层,在践行"四力"的过程中走近人民、深入了解国情,同时不断锻炼自己的专业技能和交流沟通能力,可以说是受益匪浅。当时的情景历历在目,我也依旧记得那天其实也是第21个记者节,是我们在场所有"新闻人"的节日。虽然当时仍在上学,也没有真正踏入新闻行业,但不同于任何一年,当年的那个记者节于我也是无比特殊、终生难忘。因为当时的我们真正做到了践行"四力",通过开展国情实践调研活动走入祖国大地、走近群众,真正地作为记者来进行新闻采写编播,努力地做出好的作品,尽我们的一份力在媒体平台上讲述着真实、客观、立体的中国故事。

还记得当时的自己曾写下这样一段话:"作为未来的国际新闻传播后备

人才，我们深知国际新闻传播形势的复杂与严峻，也明白自己肩上所背负的责任之重大深远。正在进行调研实践的我们，更应该在对国家、社会发展情况与人民的生活状态有进一步了解的情况下，去思考如何更好地讲述中国故事、传播好中国声音，要让世界听到、听清、听懂我们的中国声音！"回想起两年多以前自己的所见所闻，直至今日我仍感慨万千。当年的国情实践虽然为期只一周有余，但对我却有着无限的意义和深远的影响。那个曾经亲身走进一线的我，在老师同学的指导和帮助下，在湖南留下了一段青春奋斗、学习成长的宝贵经历。在那里，我的新闻理想得到不断巩固和加强，这也是我在日后每每遇到困难与挫折时，回想起便会备受鼓舞、滋生动力的难忘旅程！

如今，我已经毕业整整一年。2022年7月，我正式加入了中国教育电视台新闻中心这个大家庭，成为一名真正的记者。而后的每天，我都在从事着自己曾经梦寐以求的职业，日子过得充实却又满足。"守正出奇，知行合一"是我们新闻中心一直以来秉持的精神。从我来到单位的第一天起，前辈老师便带领我们用实际行动践行着这句话。虽然我的工作才开展了一年，但在这段时间里，我跟着老师们一起，每日在教育新闻的前线耕耘。在这里我们记录着我国教育事业的蓬勃发展，关注着全国各地重要的教育热点。当自己真正参与到每一次新闻直播、亲身见证了一个个重大的历史时刻时，我也从一次次实践经历中再次感受到初心的回响，体会到自己作为一个职业新闻人所肩负的使命与担当。

在日常的学习工作过程中，我时刻牢记着自己作为一名青年党员的身份，记得党的初心。习近平总书记在大兴调查研究的工作要求中提出，必须坚持党的群众路线，从群众中来，到群众中去，增进同人民群众的感情，真诚倾听群众呼声、真实反映群众愿望、真情关心群众疾苦……必须坚持实事求是，坚守党性原则，一切从实际出发，理论联系实际，听真话、察实情。无论是在开学大直播时制作的"悬崖村"专题片，还是在党的二十大期间我亲身参与创作的"教育这十年"专题政论片，抑或是五四青年节关注当代青年的专题纪录片制作中，在这一次又一次的专项及日常工作中，在和来自北京、贵州、云南、江苏、甘肃等地的老师同学及各行各业的从业者的深入交谈中，我不禁一次次地回想起自己和同学们当年在湖南进行国情实践的经历。曾经我认为国际新闻传播事业更多的是要向世界讲述中国的故事，如今，在一次次实践的锤炼中，我的理解和认知也有所改进。我们作为党培养的新一代新闻人，更应从实际出发，从人民群众的日常生活状态出发，要深入群众、走进一线，认识国家和社会的实际风貌、进步发展，用手中的笔、肩上的相机，迎上媒体融合的发展浪潮，将一个个真实且具有感染力的新闻真相用广大人民群众喜闻乐见的方式表述出来，让人们爱听、想听我们的报道，也让一次次的传播变得更加有力、有效。

"半条被子的温暖"专题陈列馆讲解员朱淑华为国新班同学们进行讲解

时间过得飞快，从湖南国情实践到如今，我参与新闻工作已近3年。这3年，沧海桑田，时过境迁，无论是我们的生活还是这个时代都已经发生了巨大的变化。时间就像一双看不见的大手，推动着我们不断地向前走去。然而，幸运的是，我的新闻初心还在。我依旧会因为笔下的报道、镜头下的片子而兴奋，也会因为所见证的新闻时刻而激动，更会为了一次次能近距离地接触广大的社会群体、去倾听了解他们的人生故事而感动不已。身处百年未有之大变局中，希望未来自己能一如既往地在党的领导下，不断提升专业技能、增长职业本领，做到与时俱进。同时，也能够永葆行业初心，深耕在新闻行业一线，为人民、国家和社会作出属于自己的一份贡献。"雄关漫道真如铁，而今迈步从头越。"未来，可期。

作者在中国教育电视台工作时的合影(方安然位于第一排左四)

"半条被子"精神让我在工作中持续受益

◎ 王瑶琦[*]

2020年11月,我和中国传媒大学2019级国际新闻传播硕士班师生一起前往湖南汝城县沙洲村开展调研。我们此行是为了探访"半条被子"的故事。2016年10月21日,习近平总书记在纪念红军长征胜利80周年大会上,饱含深情地讲述了三位女红军与徐解秀之间的"半条被子"的故事,深刻阐述了党和人民的鱼水关系。红军长征时期,三名女红军借宿在湖南汝城县沙洲村村民徐解秀家中。见徐解秀家境贫寒,家里连床御寒的被子都没有,临走时三位女红军将自己仅有的一床被子剪下半条,送给了徐解秀。

进入沙洲村,我们在党支部书记常婉祎同志的带领下,在鲜红的党旗前重温了入党誓词。随后,我们跟随着讲解员进入了"半条被子的温暖"专题陈列馆。值得一提的是,这位讲解员正是"半条被子"故事主人公徐解秀的曾孙女朱淑华。在一楼展厅,朱淑华为大家讲解了汝城县如何成为"红色沃土",如何积淀出深厚的群众基础。1926年6月,中共汝城县党支部成立,毛泽东、朱德率部在汝城活动,让党和人民军队与汝城人民群众建立了血肉联系。在二楼展厅,朱淑华为我们讲述了红军长征时在汝城的故事。当说到曾祖母徐解秀"半条被子"的故事时,她流下了眼泪,并表示希望通过自己的工作,将长征精神继续传承下去。

"半条被子"不仅是有形的历史见证,更是无形的精神路标。86年前,

---

[*] 王瑶琦,中国传媒大学2019级国际新闻传播硕士班毕业生,现就职于北京日报社创意设计部。在校期间曾获国家奖学金,曾获评北京市优秀毕业生。

"半条被子"故事发生在沙洲村,深刻诠释了共产党为民谋福祉的不变初衷和不懈追求;86年后,沙洲村在党的领导下,同心同德,决战决胜,从一个偏僻荒远的小山村,晋升为全国知名的红色旅游景区,村民战胜了贫困,过上了小康生活。

昔日的沙洲村是个交通闭塞的瑶族小山村,人均耕地面积仅0.66亩,基础设施极为薄弱。村民以传统种植为主,农作物品种单一,经济效益低,人均年收入不足3000元,村集体收入为零。近年来,沙洲村发挥基层党组织的引领作用,积极探索"党支部+合作社+农户""党支部+村级集体经济+产业大户"等发展模式,走出了一条脱贫致富与乡村振兴相结合的新路子。2018年,沙洲村实现整村脱贫。2019年,沙洲村实现人均可支配收入13840元,村集体经济收入40万元。

"半条被子的温暖"专题陈列馆正是汝城县红色旅游的代表景点之一。曾经贫困落后的沙洲村,变成了集文化体验、休闲观光于一体的红色旅游区,村民们也依托旅游产业吃上了"旅游饭"。朱淑华说:"'半条被子'不仅是我们的家史,更承载了党和人民血肉联系的革命情怀,通过这份工作,能让更多人了解汝城红色文化历史,我感到非常有意义。"红军与老百姓之间一枝一叶总关情的温暖故事,多年以后仍在滋养着这里的村民和更多的游客。

这次国情调研,我所在的小组专门负责拍摄沙洲村"半条被子"的故事。在采访过程中,我感受到红色旅游给当地村民的生活带来了翻天覆地的变化。当地的村民拿出各式各样的土特产在街边售卖,往来参观的游客络绎不绝。一位村民叫住了我,让我买几颗橘子,并对我说:"现在这里人慢慢多了,不像以前那么荒,钱比以前更好挣了。"朱淑华也对我们说,将来想要培养自己的女儿当一个小小讲解员,继续在汝城县工作下去,让更多的人了解"半条被子"的故事,将汝城县红色沃土上的长征精神传递给更多的人。

我现在在北京日报社《北京晚报》工作,每周一三五在《北京晚报》制作图解新闻版,同时也在新媒体客户端发布作品。《北京晚报》作为亲近市民的报纸,追求为老百姓答疑解惑、办点实事儿。其实,在《北京晚报》工作的信念与"半条被子"精神也是相通的——多为老百姓考虑如何才能让他们生活得更好。报纸读者现在多为有读报习惯的老人，那么我的日常工作就是思考如何提升老年人的生活质量、如何帮助他们适应快节奏的现代社会。我曾在《北京晚报》65周岁生日时与老年读者有过交流，大多数老人都很关注医疗、健康方面的信息。在之后的工作中，我就特别关注医保调整、医院新动向一类的信息，希望能通过晚报工作者的努力为读者答疑解惑。在疫情期间，我做了《阳了怎么办 该不该囤药》的科普报道，在其中特别关注到老年人感染新冠应该怎么应对，这条报道的传播效果也实现了"破圈"，冲上微博热搜第三。目前，我也正在参与《北京晚报》主导的"京城养老大调研"，实地了解北京地区老年人养老遇到的问题与困难，比如哪里有老年食堂能提供适合老人的餐食？老年人理发清洁问题如何解决？怎样找到合适的养老机构？家居环境如何进行适老化改造？这份工作或许显得不那么"高大上"，却能让我真切地获得意义感：作为一名党员，我在脚踏实地地践行着"为人民服务"，就像历史上的那"半条被子"一样。

这趟国情实践给我的影响还远不止这些。我们去了湖南长沙，参观湖南省广播电视台、芒果TV和马栏山视频文创产业园，我们学习到深深植根于湖南广电人血液中的创新求变精神。他们聚焦年轻群体，在节目上不断创新迭代，近年来推出《歌手》《声临其境》《声入人心》《舞蹈风暴》等爆款节目，在省级卫视中独占鳌头。我们了解到马栏山视频文创产业园展现出的文化产业发展势头与趋势，这是一个以数字视频创意为龙头，以数字视频金融服务、版权服务、软件研发为支撑的视频产业集聚区。无论是他们在内容制作上的微观变化，还是俯视整个行业的宏观思维，都给我日后的工作带来了启发。

我们还去了湖南株洲炎陵县。炎陵县是中华民族的始祖炎帝神农氏的安寝之地，也是井冈山革命根据地核心六县之一，是中国革命的红色家园。近年来，炎陵县大力发展特色农业，炎陵黄桃享誉海内外，入选"中国农产品区域公用品牌"，成为炎陵县亮眼的农业名片。我们在此地了解脱贫攻坚工作情况，调研电商、物流等行业助力黄桃产业脱贫的情况。此行让我真实地体会到"脱贫攻坚"四字的深刻含义,是通过干部和群众的共同努力,实实在在地为老百姓的福祉想办法、做实事。我意识到,讲好中国扶贫故事,不仅有益于国际社会在贫困治理领域的交流与合作,也有助于提高中国的全球治理话语权。在讲好中国扶贫故事的叙事主体层面,可以增加社会大众、民间草根等个体,以实现"公传播"和"共传播"的融合,让更多个体参与"讲好中国扶贫故事",实现话语主体多元化。

习近平总书记曾在讲解"半条被子"时说:"我们党始终植根于人民,联系群众、宣传群众、武装群众、团结群众、依靠群众,以自己的模范行动,赢得人民群众真心拥护和支持,广大人民群众是长征胜利的力量源泉。"罗伯特·卡帕曾说:"如果你拍得不够好,是因为你离得不够近。"我很感激这次国情实践,给了我近距离体验、思考的机会,也让我在之后的生活、工作里持续受益。

王瑶琦与同事们一起修改报纸大样

王瑶琦和同学们采访"半条被子"讲解员并合影留念

王瑶琦与同学们在湖南省炎陵县参加国情实践调研

从岳麓书院感悟文化自信，推动中华文化更好地走向世界

◎ 刘　琦*

　　回想起在国新班的点点滴滴，时光就像放电影般在脑海中浮现。2019年的金秋时节，我怀揣着"讲好中国故事，传播好中国声音"的懵懂初心，与2019级国新班的38位同学共同踏上了实现这一光荣使命与梦想的旅途。2019级国新班作为国新项目开展以来第二个十年的开始，在继承和发扬前十年国新精神和优秀品质的同时，也在学习和实践中不断开创佳绩。2020年年底，在中国共产党即将迎来建党百年之际，2019级国新班凭借优异的表现，在激烈的竞争中脱颖而出，获得了"周恩来班"的荣誉称号，成为中国传媒大学首个获此称号的研究生班级。如今，2019级国新班的毕业生大多正奋战在全国各主流媒体及企事业单位的宣传岗位上，坚守初心、勇担使命，成长为壮大我国主流舆论思想和国际传播事业的生力军、主力军。而我本人也有幸通过学校硕博连读的审核，继续留在了电视学院，跟随导师高晓虹教授开展国际传播相关的学理化探究，努力做到将"论文写在祖国大地上"，为提升中国学术话语权、助力国际传播能力建设而矢志奋斗。

---

* 刘琦，中国传媒大学2019级国际新闻传播硕士班毕业生，现为中国传媒大学2021级广播电视学专业博士生，国家留学基金管理委员会公派比利时安特卫普大学翻译与口译系访问学者。曾为中国传媒大学国际新闻传播硕士班兼职辅导员、中国传媒大学研究生会常委、电视学院研究生会主席、中央电视台新闻中心播音部实习主播，参与的无障碍媒体融合报道《好在有你》获第30届中国新闻奖二等奖。

一、2019级国新班湖南调研情况概览

千秋基业,人才为本。国际话语权的竞争归根到底是人才竞争,人才质量决定了国际传播的最终效果。在国际传播上升为国家战略的时代背景下,中国传媒大学国际新闻传播硕士项目已经为我国培养了一大批优秀的国际传播人才,其中,国情实践活动起到了关键性的作用。时至今日,我仍然难以忘怀2020年11月在湖南的国情实践活动,它为我们深入理解党和政府的理论方针政策、准确把握国家经济社会发展、体悟中华优秀历史文化传统提供了一次难得的机会。短短一个星期的时间里,在中宣部和地方省委宣传部等政府部门的全力支持下,在校务委员会副主任、国新班项目负责人胡芳老师、班主任刘雯老师、中国记协办公室一级调研员唐睿老师和CGTN资深记者刘杨老师的细心指导下,2019级国新班沿着习近平总书记走过的足迹,先后来到了长沙、株洲和郴州,扎根新闻现场,践行"四力"要求,锤炼调研本领,最终顺利完成了系列高质量报道,在外宣旗舰平台CGTN手机客户端发布了11条新媒体图文和视频新闻,在中国记协及白杨网发布了10篇新闻稿,在新闻传播学部官微及国新班微信公众号发布了12条推文,总发稿量创下历年之最。

抚今追昔,湖南的国情实践调研虽早已落下帷幕,但它对2019级国新班同学的影响却深远且持久。于很多同学来讲,这是他们第一次用笔和镜头实地采访、写作、编辑、拍摄新闻,第一次"真刀真枪"地开展国际传播工作,第一次认真思考如何将马克思主义新闻观与国际传播实践有机结合以及如何将其同中华优秀传统文化的创造性转化、创新性发展有机结合,这为同学们日后持续探索构建融通中外的全媒体话语体系奠定了坚实的基础。就我个人来说,作为当年第四报道组的组长,印象最深刻的莫过于和团队成员在湖南长沙岳麓书院的学习调研,正是在这座千年学府的人文感召下,我深刻意识到了中华优秀传统文化的历史意义和时代价值,树立起了推进中华文化走向世界、造福世界的远大理想。

二、回忆与思考：寻访千年岳麓书院，感悟文脉传承辉煌历史

湘江之畔，岳麓山下，文脉悠悠，弦歌不辍。2020 年 9 月 17 日，习近平总书记前往湖南大学岳麓书院，考察当地加强和创新高校思想政治工作、传承弘扬优秀历史文化情况。沿着习近平总书记走过的足迹，2021 年 11 月 6 日上午，中国传媒大学 2019 级国际新闻传播硕士班来到岳麓书院，感受千年学府的独特魅力，体悟文脉传承的辉煌历史。

岳麓书院创建于北宋开宝九年（976），是我国古代四大书院之一，历经宋、元、明、清四朝，至清光绪二十九年（1903）改为湖南高等学堂，1926 年正式定名湖南大学。20 世纪 80 年代，作为湖南大学的二级机构，岳麓书院的学术研究与人才培养功能逐步恢复。今天，这座承载千年历史的文化殿堂，已成为海内外著名的中国传统文化研究重镇和人才培养基地，古老学府正续写新的历史篇章。

岳麓书院采用传统的中轴对称、纵深多进的建筑格局，囿于时间所限，在讲解员的带领下，我们主要参观了位于中轴线上的赫曦台、大门、讲堂、御书楼等主体建筑。走进书院，首先映入眼帘的是赫曦台，这里曾是南宋理学大儒朱熹和张栻欣赏日出晨曦的地方。向前踱步，与赫曦台相对的是书院大门。大门挂有匾额"岳麓书院"四字，为宋真宗所题。大门两旁悬挂一副集句联，上联是"惟楚有材"，源自《左传》，下联是"于斯为盛"，出自《论语》，意为楚地人才众多，而这里（书院）尤为兴盛。"惟楚有材，于斯为盛"，这句话豪迈壮阔、气势磅礴，体现了湖湘大地独有的霸蛮血性，也是书院千百年来人才辈出的生动写照。

沿石阶拾级而上，穿过大门、二门，便是岳麓书院的核心部分——讲堂。站在古色古香的讲堂前，厚重的历史感扑面而来。正厅檐下有巨匾一方，上书"实事求是"四字，厅中央横梁上，高悬着由康熙手书的"学达性天"匾额和乾隆题写的"道南正脉"匾额。环顾四周，两侧厅壁与前廊墙上嵌有"忠""孝""廉""节"和"整""齐""严""肃"八块楷书刻碑。中堂是一座 1 米左

右高的大讲台，上设两把座椅，纪念的是朱熹与张栻同台讲学的佳话。书院首开先河的"朱张会讲"，引领了当时不同学派间的自由讨论之风，奠定了书院求真务实的治学传统，滋养培育出一大批像王阳明、王夫之、魏源、曾国藩、左宗棠、郭嵩焘、杨昌济、毛泽东这样的经世致用之才，对中国历史进程产生了重大影响。

深秋的书院略有寒意，久久驻足宁静典雅的讲堂，聆听耳机里的讲解，我逐渐意识到，岳麓书院虽饱经风霜却能历久弥新，本质上源自一代代岳麓学人对书院优秀文化传统的守正创新。千百年来，书院的教学主体在变，教学内容在变，但传道济民、经世致用的精神不变，心怀天下、敢为人先的信念不变，当书院传统文化与马克思主义先进文化、革命文化相结合后，就形成了一个新的文化有机体，书院精神也随之迎来一次升华。1917 年，湖南公立工业学校迁入岳麓书院办学，校长宾步程以《汉书》"实事求是"为校训并题写匾额。碰巧的是，青年毛泽东曾于 1916 年至 1919 年间两次寓居于书院半学斋，那块抬头可见的"实事求是"匾额，无疑深深地影响了毛泽东。2020 年 9 月，习近平总书记在岳麓书院考察时提出"岳麓书院是党的实事求是思想路线的一个策源地"的重要论述，高度肯定了书院文化传统的当代价值和历史地位。实际上，中国共产党之所以能够带领中国人民，探索出一条成功的中国特色社会主义道路，关键也在于将马克思主义基本原理与中国实际相结合、与中华优秀传统文化相结合。实践反复证明，只靠传统文化或是崇洋媚外、数典忘祖，不能救中国或发展中国；固守西方马克思主义教条而不加以本土化改造，中国的革命和建设事业就会接连遭受挫败。由此可见，建设新时代中华民族现代文明，必须继续坚持以马克思主义方向为主轴，坚持在具体实践中植根中国历史文化土壤，并积极推动二者间的有机结合、相互成就，才能为实现中华民族伟大复兴提供强有力的思想支撑。

三、推动中华文化更好地走向世界的现实背景与时代意义

灿若星河的中华文化博大精深、源远流长，是世界文化的重要组成部

分,也是全人类的智慧结晶。马克思主义基本原理与中华优秀传统文化的有机结合,不仅使中华文明呈现出勃勃生机,也必将为回答人类社会向何处去的时代之问贡献更多智慧和力量。在中华民族伟大复兴战略全局和世界百年未有之大变局的背景下,增强中华文明的传播力和影响力、推动中华文化更好地走向世界具有重大意义。在欧洲访学期间,通过实地的走访调研,我也对中华文化的国际传播有了更深刻的体会。

一方面,随着中国逐步走向世界舞台的中心,世界的目光逐渐聚焦在中国,中国的国际影响力与日俱增,普通外国民众也对中华文化产生了浓厚兴趣。以我个人真实经历为例,受《欧洲时报》邀请,我有幸连续两届担任全球华语朗诵大赛法国赛区评委。在评审过程中,我发现有越来越多的非华裔青少年选手参与比赛,并且具有了很高的汉语水平。语言是文化传播的最好载体,但也必然要经历艰苦的学习过程。在法国,一些普通中小学甚至已经将中文与法文和英文一块设立为学生的必修课程。我想,这种语言学习的自觉转变就是中国影响力提升的最好注脚。不过,虽然普通外国民众正越发关注中国,但由于"西强我弱"的国际传播格局仍未发生根本扭转,他们往往无法看到真实、立体、全面的中国形象。新冠疫情、经济衰退、通胀高企、难民危机、俄乌战争、保守主义抬头等一系列复杂事件的出现,让国际局势进入了激烈的动态调整期,使各国社会内部的矛盾冲突日益加剧,引发大国博弈和文明冲突的全面升级,造谣、丑化、唱衰、遏制、打压中国的声音层出不穷,减缓了中国开展国际合作的步伐。因此,我们必须加快构建融通中外的话语体系和叙事体系,形成同我国综合国力和国际地位相匹配的国际话语权,才能有效澄清西方媒体报道中的谬论,消除外国普通民众对中国的误解,为中国营造有利的外部舆论环境,更好地促进中外民心相通,推动文明交流互鉴。

另一方面,随着西方主导的国际霸权秩序的没落及其自身民主政治体制的失范和经济新自由主义理论的破产,"东升西降"态势加速演变,中国道路和中国模式的成功让世界更期待中国来指引人类文明发展新方向。在这一新形势下,我们应该更加自信地推动中华文化走出去,以文载道、以文传声、以文化人，向世界阐释推介更多具有中国特色、体现中国精神、蕴藏中国智慧的优秀文化，并以海纳百川、兼收并蓄的开放心态，向世界主动提供中国方案，贡献中国力量，推动中华文化更好地造福世界，塑造可信、可爱、可敬的中国形象。"光明影院"是电视学院 2017 年年底和北京歌华、东方嘉影共同发起创建的无障碍电影制作与传播公益项目，5 年多来，在 800 多位师生志愿者的共同努力下，已经制作完成了 520 部无障碍电影和 2 部无障碍电视剧，覆盖全国超过 500 万视障群体，成为中国传媒大学的一张"靓丽名片"。作为"光明影院"项目的老成员，长期无障碍电影的创作实践也催生了我对于学术研究的兴趣。在国外，这种将视觉元素翻译转化为口语的实践被称为"口述影像"（Audio Description），主要在应用语言学与翻译学下属的视听翻译领域开展研究。为了更好地讲述"光明影院"的中国故事，提升中国学术话语权，我来到了研究口述影像的学术重镇比利时安特卫普大学。在和国外学者、同学的交流过程中，我感到他们都对"光明影院"项目取得的成就表示惊叹。此前，他们大多以为中国在无障碍文化实践领域仍处于"婴儿期"，未料想中国已经探索走出了一条具有中国特色的发展道路，以"光明影院"为代表的全球独创方案在规模、数量、质量、效益等任何方面都不逊色于西方已有的成熟模式。我的外导《视听翻译》期刊主编 Anna Jankowska 教授激动地鼓励我尽快撰文阐释中国口述影像的最新实践，以打破国际学术界的刻板印象，并向业界同人分享中国在这一领域的发展经验。

四、结语

将真实的中国故事让世界听到、听清、听懂，促进国际社会对命运与共价值的认知认同，不断增强中华文明的传播力、影响力，推动中华文化更好地走向世界，这是新时代国际传播工作者的使命。经过 5 年的思考沉淀，我已不再是空有一腔热血的青涩少年，而是已经深刻认识到在新形势下开展国际传播工作的诸多不易，对前进道路上的艰难险阻也有了更充足的理论和实践预备。但是,正如习近平总书记所言:"困难再大,想想红军长征,想想湘江血战。"在争取国际话语权的战场上,我们国新学子没有选做题,理应义不容辞、敢为人先、奋勇向前。

中国传媒大学 2019 级国际新闻传播硕士班在岳麓书院大门前合影留念

2021 年 12 月,刘琦在中国记协与中传国新班共同组织的主题党日活动现场发言

2023 年 4 月,于第九届口述影像高级研讨会的休息间隙,刘琦与美国盲人理事会口述影像项目创始人、美国口述影像协会主席 Joel Snyder 博士交流并合影

笔下有千钧
——路要有人走，故事要有人讲述

◎ 骆香茹*

许多建筑不朽，从古至今，任凭雨打风吹，仍然静静屹立着，无言地诉说着古人的智慧。然而沧海桑田，岁月的皱纹仍不可避免地爬上山川湖海、亭台楼阁的"脸"，但仍然有一样东西不被时间袭扰——故事。从神话传说到民歌诗赋，故事比砖石垒成的长城还要顽强，讲了上下五千年都不走样。

路要有人走，故事要有人讲述。

在进入新闻专业之前，新闻于我而言，就是一个字——写，写就行了，笔下有千钧，自有改变世界的力量。然而从本科到研究生阶段，再到如今进入新闻行业工作，我慢慢领会到，新闻其实是两件事——走路和讲故事。写仍然重要，它融在路上和故事里，让每支愿意写、继续写的笔，还能有力量。

2023年是大兴调查研究之年，各行各业都参与其中。调研算得上是记者"吃饭"的家伙什儿。早在两年多前，我们国新班的39位同学就曾度过了一次难忘的调研之旅。

2020年11月4日—11月10日，我和同学们在中华全国新闻工作者协会办公室一级调研员唐锐、中央广播电视总台中国国际电视台资深记者刘杨，以及电视学院胡芳、刘雯、韩飞和董思成老师的带领下，一起前往湖南省长沙市、株洲市炎陵县、郴州市汝城县等地开展了为期一周的国情教育实践活动。

---

* 骆香茹，中国传媒大学2019级国际新闻传播硕士班毕业生，现就职于科技日报社，从事科技传播工作。

在活动中，我们翻山越岭，在许多地方走走停停，既听故事，也写故事，在采访调研、图文报道、视频报道中体会做新闻的苦与甜。流水账不好看，也不好记。所以，至今仍能留在我记忆里的是一些故事碎片：湖南广电人的"油毛毡精神""扁担精神"；同学刘琦在湖南广电演播厅现场当主播的插曲；我们第一组在拍摄"Trending video"和采写时遇到的各种突发情况；岳麓书院的漫长历史；炎陵县的"小黄桃、大产业"；同学杨丽萍和村民李桂花的拥抱；"半条被子"的温情……

一、走进具体的生活，在报道里与受访者重逢

记者要脚力、眼力、脑力、笔力四力兼具，调研也要靠这四力，缺一不可。2020年11月7日，调研过半，我们从炎陵县出发，在十八弯的山路上穿梭了近两个小时后，由于山路狭长弯曲，所乘坐的大巴车超出了原定路宽的行车要求，无法通过前方山路，因此我们在拐角处下车等候安排。我们并不知道，无心插柳的停车，成就了一个淳朴的、暖心的拥抱。

在休息时，我们抓住机会到村民李桂花家参观、调研，了解当地脱贫的情况。面对我们这一群陌生人，李桂花阿姨热情地拿出红薯粑粑和黄桃干招待我们，与我们闲话家常。同学杨丽萍和李桂花阿姨交换赠予零食与特产黄桃干后的温情拥抱，成了比绿树、野花更美的风景。而在场的同学也纷纷打开摄像头，记录下了这个"决定性瞬间"。和正式的调研比起来，这当然是个无足轻重的插曲，但我想，推崇客观、中立报道的新闻，未必要拒绝与具体的人、事、物建立起短暂却充满人情味的联系，在报道之外，记者也是人。对采访而言，锐利的、洞察的、冷静的目光固然重要，但亲切的、随和的、平等的态度却能大大拉进与受访者的距离，让受访者打开话匣子。

进入中村瑶族乡平乐村黄桃示范园后，更多场景与故事向我们涌来。在炎陵，小黄桃成了大产业，不少村民凭借黄桃走出了贫困，开创了新生活。2010年，炎陵县中村瑶族乡平乐村村民邓石茂的母亲因病瘫痪在床，家里的日子越来越苦。2010年5月，邓石茂放弃打工回乡照顾母亲，开始和村民

一起种黄桃,种植面积达 20 亩。2017 年,邓石茂不仅结婚了,修了新房子,家里还办起了农家乐,日子越过越甜。

有数据、有案例,但脱贫攻坚的故事还不够完整,我们要走进更多具体的百姓的生活。

我和几位同学决定往山上去,在陡峭狭窄的山路上体会果农平日劳动的艰辛。我们大约花费了 1 个小时来爬山,感受到了山路难行,体会到了果农的辛苦。在山顶附近,我们遇到了村民李美兰和她的丈夫。李阿姨介绍道,她和丈夫从 2010 年左右开始种植黄桃,每年收入约为 10 万元,10 年间,他们在山脚建起了新房子,孩子的上学问题也解决了。除了种植黄桃,他们还在山上挖笋、做工来补贴家用。如今,他们还雇用了工人采摘黄桃,种植产业小有规模,日子越来越红火。李阿姨还邀请我们等到明年黄桃丰收的季节来品尝黄桃。临走前,她还从树上摘了橘子送给我们。

后来我们没有再回去赴约,但做记者也许就是这样,总在采访中当过客,在报道里与受访对象重逢。

那天晚上,我们聚在一起开座谈会。唐锐老师总结道:"你们都很敬业,你们的新闻要解决问题,找突破口,这才是新闻稿的生命力,不要死板,不要写总结稿,不要刻板。"刘雯老师则提醒道:"我们国际新闻传播专业的同学讲故事要吸引人,要学会'公共表达',要训练自己组织语言的能力。"现在回想,那种集中的新闻采写实践虽然辛苦,但的确难得,我们一起熬夜、一起写稿剪片子、一起交流讨论,共享同一个秋天。

二、记者"打捞"故事,"半条被子"走出小山村

作为两年前实践的收尾,"半条被子"自有它的分量。这是一个绵延了近 90 年的故事。

1934 年冬天,长征中的红军来到汝城县文明乡休整。在沙洲村,三名女红军在村民徐解秀家中借宿。家境贫寒的徐解秀仍然热情地招待女红军。三位女红军临走时,发现徐解秀家连一床像样的被子都没有,便将自己

仅有的一床被子剪下一半留给她。三位女红军曾对徐解秀说，等革命胜利了就来看她。女红军走后，徐解秀经常在村头观望，期盼她们早日归来。遗憾的是，三位战士也许早已牺牲，等了大半辈子的徐解秀最终抱憾而终。

这个感人的故事原本不会传出偏僻的山村。1984年，时为《经济日报》记者、后任《经济日报》常务副总编辑的罗开富开始了重走长征路的报道"征程"。他在沙洲村遇到了徐解秀，"打捞"起了"半条被子"的故事。罗开富采写的稿件《当年赠被情谊深 如今亲人在何方——徐解秀老婆婆请本报记者寻找三位红军女战士下落》刊登在《经济日报》上。自此，"半条被子"的故事走出了小山村。

2016年10月，在纪念红军长征胜利80周年大会上，习近平总书记讲述了"半条被子"的感人故事，并引用了徐解秀老人的话——"什么是共产党？共产党就是自己有一条被子，也要剪下半条给老百姓的人。"

故事至此并未结束，暖人心的"半条被子"，让沙洲村旧貌换新颜。村里发展了红色旅游和特色农旅产业，乡村振兴在沙洲村书写了新的一笔。

从家徒四壁到生意兴隆，在采访中，徐解秀老人的后人、沙洲村村民朱小红表示："我家里的生活发生了翻天覆地的变化，包括我们沙洲村的村容村貌都是发生了翻天覆地的变化。"他补充说，"我奶奶没读过书，但她总跟我们说，要听党的话，要跟党走。"朱小红只是沙洲村脱贫致富的一个缩影。近年来，该村传承"半条被子"精神，大力发展红色旅游产业，累计接待了210万游客，成为远近闻名的红色旅游景区。

在采写"半条被子"故事前后，我们第一组面临着诸多不确定因素，也在团队的通力协作中合力应对了挑战。面对采访对象临时有事无法接受采访的情况，我们随机应变，扩大采访面，采访了徐解秀老人的后人朱小红、朱淑华及兴发果蔬农民专业合作社负责人张有发，获取更多当地的资料信息，填补了空白。此外，为了将已经被多次报道的"半条被子"故事讲出新意，我们三线并进，将报道角度确立为通过介绍红色故事、红色旅游、特色农旅三个方面的情况来呈现"半条被子"给沙洲村带来的巨大变化。

在整个国情实践的过程中，我们组的成员为了写稿、剪辑视频，常常是凌晨2点入睡,早上7点起床,在高强度的工作中体会到了作为记者永远披星戴月、确保时效性,一直在路上的实践精神。

回想起来,我们没有辜负路上的奔波、沿途的风景、遇到的人以及每一个为了作品辛苦讨论的深夜。

如今,国情实践过去已近3年,我在编辑记者的岗位上也工作了近一年,越发能够体会民国初期的记者黄远生提出的记者"四能"("脑筋能想""腿脚能奔走""耳能听""手能写")的意义。他认为,所谓"能想",就是"调查研究,有种种素养";所谓"能奔走",就是"交游肆应,能深知各方面势力所在,以时访接";所谓"能听",就是"闻一知十,闻此知彼,由显达隐,由旁得通";所谓"能写",就是"刻画叙述不溢不漏,尊重彼此之人格,力守绅士之风度"。四能与四力一一对应,历经百年,并不过时,仍然是好记者所应具备的能力,也是我努力的方向。

2020年11月7日,骆香茹在湖南省炎陵县拍摄新闻照片

2020年11月9日,骆香茹在国情实践总结大会上展示小组完成的新闻作品并分享实践心得

2022年11月16日,骆香茹作为《科技日报》实习记者参加在京举行的"2022空间技术和平利用(健康)国际研讨会"新闻发布会

最近,关于新闻学专业的争议层出不穷。对此,我无意评长论短,只是觉得,不管人们是为稻粱谋还是为理想计,路要有人走,故事总要有人讲述。

风起少年湘行时，乘以今日蜀道游

◎ 夏　薇*

6月中旬，成都的天气已有些许闷热，我在办公桌前敲打着键盘，一度陷入停滞。光标无序地跳动，突然，指导老师发来了消息，通知明日去现场踩点调研。这一行字跃入眼帘，有如清风拂面，我的神经即刻兴奋起来。

"去现场"总是幽暗极狭处的一束光，也是在我山重水复之时最渴望抓住的稻草。2022年从国新班毕业后，我通过校招如愿进入中央广播电视总台工作，第一年被分配到四川总站驻站锻炼。走出象牙塔的第一步，我就迈向了基层，在半年的实践中，不断地奔赴现场已经成为我的一种习惯。

新闻总是在现场，而现场总是在召唤，我正沿着对新闻人来说最传统、最实际的一条道路行走。此时，也正逢全党大兴调查研究之风。正如调查研究的作风一早就刻印在党的新闻舆论工作的基因里，我奔向现场的道路也并非从工作后才开启。真正的起点恰恰埋藏于两年前的秋天，在一场去往湖南的国情实践中就已然出现。

---

* 夏薇，中国传媒大学2019级国际新闻传播硕士班毕业生，现就职于中央广播电视总台华语环球节目中心，目前正在四川总站开展基层"蹲苗"锻炼，先后在总站总编室、经理室开展轮岗实践。锻炼期间，她扎根一线，曾赴乐山峨边茗新村、汶川映秀镇、眉山永丰村等地开展基层调研报道。参与采制《新闻联播》"新时代 新征程 新伟业"主题报道、《新春心愿》海采报道、《焦点访谈》春节、五一劳动节专题报道，2023自贡灯会、青神萤火虫系列主题报道。

一、湖南第一课：从"湘村"到乡村，从抵达到扎根

2020年11月7日，2019级国际新闻传播硕士班于长沙正式开展国情实践调研。第一站从湖南广电开始，这也是我第一次深入地方主流媒体。当年正好是湖南电视台开播50周年。50年间，湖南广电一直挺立在媒介事业改革和创新的前沿，是公认的行业标杆。

标杆何以练成？湖南广电历史展厅里，讲解员所讲述的"一根扁担"给了我一些答案。

1970年，在毛主席"重视电视事业、办好人民电视"的殷切重托中，湖南电视创业者开启了创台大业。早期条件艰难，记者梅绍武为了抢拍珍贵的春耕画面，在拍摄结束后连夜从安金公社赶往40公里外的安全公社。他用一根扁担，一头挑着摄影机箱、灯光箱、电影胶片，一头挑着日常生活用品，就这样在安乡县奔波一年，完成了《安乡春早》的报道。

到一线去，到基层去，在最艰苦的地方做最丰满的调查，在距离人民最近的地方听最真实的声音。一根扁担，挑起的是基层报道的责任与使命，也成为湖南新闻的一种精神图腾。这根扁担给我留下极深的印象，令我深觉最扎实的基层报道，尤其是三农报道，都是一脚土一脚泥走出来的，也因此才能"带着露珠""冒着热气"。

离开长沙后，我们还来到了株洲市炎陵县的溪源村。我和同学羡茹一起在这里采写出了一篇英语新闻报道，讲述了村民肖石明在政府的帮扶下利用农科技术升级自家桃园的故事。为了完成这篇报道，我们组成小队走进深山，来到肖大哥的桃园，跟他一起看桃树、检查农机器械，坐在他堆满黄桃干的院子里深聊。也正是从他身上，我们看到科技帮扶在脱贫攻坚中的高效，更收获了在资料中无法体察到的生动表述。从这次"湘村行"中我们意识到，"抵达"才是接触到真实的最直接路径。

国情实践为我播下了"抵达"的种子，在真正参加工作后，这颗种子逐渐开始"扎根"。2022年11月，刚入职四川总站的我第一次随队下基层采

访。在这里，我和老师一起采写了"三新"主题报道，讲述了茗新村在鼓励就业、移风易俗上的振兴尝试，最终在《新闻联播》中单条播出。短短几分钟的新闻，我们花费了一周时间走访、入户，和基层干部、村民、企业代表交流，试图用身处变化的方式去理解变化，也因此支撑起了最终的叙述。

之后的锻炼中，我跟随老师们走过彝族村，下过水稻田，看过工厂车间，进过菜场农户。在那些现场蹲守、深入采访的情景中，我们和最新鲜、最具体的故事迎面相逢，记录了他们切身所感的社会巨变。

在春节重访映秀镇的《焦点访谈》节目中，我们先后用了10余天驻扎在映秀，记录下习近平总书记到访后所发生的变化与转型。茶山、村集体企业、村民大会、商户、爱国主义教育基地都留下了我们的足迹，高密度的调查、沟通协调，最终凝结成对时代变化与映秀气质的媒介书写。

在许多次"抵达"和扎根中，曾经的"湘"村之旅和那根扁担，时常会在不经意间浮现在我的脑海，作为我对"脚力"的最初印象，指引着我继续用脚步丈量这片土地。

二、融媒要跳"街舞"：在主旋律里，跳起新舞步

在抵达现实之外，湖南之行还为我们打开了深入媒介观察的视窗，让我们从传媒组织事业理论的书本、课堂向外完成了一次专业眺望。

我们辗转湖南广电、芒果TV、马栏山视频文创园等地进行了调研，见证了行业尖端的媒体是以何种方式融入了浩浩荡荡的改革潮流中。在湖南广电，我们走进了环形新闻直播间、忙碌的新闻编辑室，也走进了精品节目的录制现场，听取工作人员介绍节目制作的经验；在芒果TV里，我们不仅了解了优质网络剧目、综艺的制作机制，也感受到了内容生态在反哺电商带货等经营项目上的强大潜力；走进马栏山视频文创园，和MCN代表的讨论、对AR和VR技术的切身体验，让我们更直观地感受到了媒介从传统到新媒体的嬗变与融合。

反复在调研现场听到的四个大字——守正创新，成了我理解媒介转型

与融合的一个抓手。

这是习近平总书记在马栏山调研时留下的嘱咐,然而其导向作用绝不仅限于文化产业。在新时代的传播环境与信息洪流中,要想勇立潮头,必须在坚守主流价值标杆的基础上,不断在内容、媒介、主体、技术上"引得活水来"。湖南广电的多次变革、马栏山的"多副面孔"已经向我们印证了这一路径的正确性。

在湖南的经历让我开始认识到,业界前沿对于新传从业者的判断标准正在悄然改变,只会笔头功夫,无法立足于此后的媒体竞争。全媒体的工作能力和持续的创新力,才是真正的傍身之物,我们在国情实践中也正以此为锻炼目标。面对脱贫攻坚这一主题,我们被鼓励用多语种表达、用多形式呈现、多人物讲述,在坚持正确导向的同时,绘制丰富的图景。

进入总台后,"守正创新"更是被镌刻在每一处新闻实践的土壤中。作为央媒旗舰,总台在数字融合的浪潮里打出了"大象也要跳街舞"的行动口号。抱着守正创新的理念与决心,我跳出了此前依赖文字创作的舒适圈,努力适应电视新闻的采写节奏。

2023年4月,我们抓住眉山青神县的"萤火虫"这一常规选题,立足绿色发展理论,科普萤火虫知识,讲述其观赏与生态价值,用人物特写、科普短片、新闻消息等形式实现了"一萤多吃",最终在《一问到底》《焦点访谈》《朝闻天下》中播出,同时被少儿频道、农业农村频道转载,正是在守正创新的理念下完成的突破。

除了采编,最近我开始了在四川总站经理室的全新锻炼历程,学习用经营业务的眼光挖掘选题,以新的方式协同内容团队完成执行。

三、回归实践:热情的起始与永恒的方法论

时至今日,回想起两年前的国情实践,仍觉深受其益。在湘资沅澧的传媒浪潮中,有行业一线的百舸争流,同样有两岸扎实的理论土壤作为坚实的支撑。我们在7天里实践了原本抽象的理论知识,提前开展了职业新闻生

产者的训练。

在当时的实践报告里,我用这样一段话作结:"相信在未来,此次湖南之旅将以起点的姿态存在于某些路径之中,其所附带的经验、意义与情谊也将成为不可磨灭的珍贵收藏。"

再度回看,发现这段话早已无数次地得到应验。若要说国情实践带给我最珍贵的东西是什么,那么只能回到它的题面,即意识到"实践"本身的重要性。

只有实践,才能让我直面最新鲜的社会现实,了解这个国家的角落里正在发生的故事;只有实践,才能让我在回溯历史、探讨未来时,有坚定的方向与信念;只有实践,才能让我在无数次"硬着头皮"和"再试一次"里,感受到新闻舆论工作最原始、最朴素的生命力。

这是一切热情的起始,也将成为我永恒的方法论。它教会我站稳立场、岿然不动,摸清脉络、放眼远方;也教会我用显微镜看社会,用解剖麻雀的方式想问题。正是在和国新班师友的同行、合作中,也正是在那些青涩的采访中,我开启了职业生涯的真实历练。

中国传媒大学2019级国际新闻传播硕士班参观湖南卫视的新闻直播间

在湖南炎陵开展国情实践调研期间,夏薇在果农肖石明的果园里实地查看果树状态

2023年大年初一,夏薇在成都武侯祠进行《新春心愿》海采

实践期间的每一次振翅,都呼应着未来时空里的成长,而来自深秋湖南里的清风,还将不断地吹在我的旅途中。我将珍惜每一次身在新闻练兵场的机会,永远走在调查研究、基层实践的路上!

做好调查研究 讲好党和人民的故事

◎ 蒋佳欣*

恰逢毕业一年,收到母校的约稿函,我的心情分外激动。

记忆的闸门缓缓打开,我仿佛回到了那梦幻多彩的3年研究生时光。"这里是终点也是起点",中国传媒大学不愧是一所点亮心灯的大学,她给予我不断突破舒适圈的勇气,她教会我传媒人的基本素养和功底,她帮助我在传媒前沿乘风破浪。无论是中传这所学校,还是从这里走出的学生,或是传媒本身,都如同钢琴湖中的那汪清泉,永远欢快,永远充满活力。

不过人生总有意外。毕业时的我,因为机缘巧合,最后并未选择走新闻道路。但新闻人"铁肩担道义,妙手著文章"的理想始终回响在我的耳畔,深入一线进行调查研究的工作作风始终铭记在我心中。作为一名中共党员,我认为密切联系群众的一个重要方面,就是大兴调查研究之风。调查研究是我们党走进群众、深入群众,维护和增进与群众血肉联系的重要方式,而最接地气、最真诚、最深刻的新闻报道也一定来源于最平凡的生活实践中。

"什么是共产党,共产党就是自己有一条被子,也要剪下半条给老百姓的人。"这是习近平总书记在纪念长征胜利80周年大会上所提到的红军长

---

* 蒋佳欣,中国传媒大学2019级国际新闻传播硕士班毕业生,现就职于中国移动杭州研发中心终端应用产品部,曾在人民日报海外版华人华侨部实习,参与部门策划的建党100周年"'老外'这样看中共"专栏部分撰稿工作,完成《中国人民的爱国热情让我感动》一文。曾获得国家奖学金、第三届"全国大学生网络文化节"微电影一等奖等奖项。

征故事。

故事发生地就在汝城县文明瑶族乡沙洲瑶族村。2020年11月8日下午,中国传媒大学2019级国际新闻传播硕士班师生来到这里,参观调研"半条被子的温暖"专题陈列馆,回顾红军长征的沧桑历史。

在陈列馆门口,我们首先重温了入党誓词。字句铿锵,情感真挚,体现了每一位国新班党员同志对党的无限忠诚和奋斗初心。

徐解秀的曾孙女朱淑华带领我们参观了专题展览。1934年冬天,汝城县沙洲村,3名女红军借宿村民徐解秀家中。临走时,她们把自己仅有的一床被子剪下一半留给家中一贫如洗的徐解秀。"每次向游客讲解到'半条被子'的故事的时候,我还是非常感动,会想到自己家里已故的亲人。"朱淑华在讲解过程中几次湿润了眼眶。

徐解秀老人在弥留之际仍嘱咐子孙:"要永远记着红军,听共产党的话。"从此,"听党话,跟党走"成了他们代代相传的家训。"半条被子"的精神被视为"传家宝",不断激励着他们努力奋斗。

2020年9月16日至18日,习近平总书记在湖南考察,首站便来到沙洲村,在"半条被子的温暖"专题陈列馆重温了这个温暖的故事。"半条被子"的故事蕴含着共产党员与人民群众风雨同舟、血脉相通、生死与共的鱼水情深和始终依靠人民、始终为了人民的不变初心。

"半条被子"的故事不仅是有形的历史见证,更是无形的精神路标。80多年前"半条被子"的故事发生在沙洲村,深刻诠释了共产党为民谋福祉的不变初衷和不懈追求;80多年后,沙洲村在党的领导下,同心同德,决战决胜,从一个偏僻荒凉的小山村,晋升为全国知名的红色旅游景区,村民战胜了贫困,过上了小康生活。

如今回想起"半条被子的温暖"专题陈列馆,我仍然为红军过境汝城时"军爱民、民拥军"的鱼水情深而感动,再次深刻地理解了群众路线是党的根本工作路线,也是党的根本的领导作风和工作方法,是社会主义事业不断取得胜利的重要法宝。

作为一名国新班毕业生,我也感叹在国内和国际传播中讲好中国共产党和中国人民的故事的重要性。"半条被子的故事"来自《经济日报》1984年11月14日的一版报道《当年赠被情谊深 如今亲人在何方——徐解秀老婆婆请本报记者寻找三位红军女战士下落》。1984年10月，带着一大批红军老战士的嘱托，时为《经济日报》记者、后任《经济日报》常务副总编辑的罗开富开始了重走长征路的采访报道征程，在沙洲村遇到了徐解秀老人，写下了这个感人的故事。"脚下沾了多少泥土，心中就沉淀多少真情。"新闻人只有走进乡间田野，聆听老百姓的声音，才能从更细微的地方反映真实的中国，让红色旗帜永远高高飘扬。

中传国新班不仅为我们创造了深入基层的国情实践的机会，还提供给我们聆听高级别、高规格国情讲座的机会。2020年10月18日，国新班学子期待已久的国情教育系列讲座动员会在中国人民大学如论讲堂隆重召开。在新冠疫情影响下，当年的国情讲座推迟至秋季，且10年以来首次将中传、清华、人大、复旦、北外5所高校的国新班同学汇聚一堂，相互切磋，共同学习。

"知国情方可知世情"，只有掌握中国国情才能更好地传播中国故事。为期9天的系列讲座让我从更加宽广的视角了解到中国在历史进程和世界格局上的纵横方位，也帮助我从政治法律、新闻外交、民族宗教、国家安全等多个具体的角度深入理解新时代的中国。该系列讲座的嘉宾皆为来自全国人大、全国政协的领导，都是有理论思考和实践经验的名家大师。不论属于哪个部门、从事哪个行业，每一位老师身上都有一个相同之处——对党和国家有拳拳之心，对人民有热爱，对国家和社会发展有满腔热血。他们容光焕发的精神面貌、自然大方的言谈举止，无不向我们传达了榜样的力量。

中国用几十年走过发达国家几百年的发展历程，从一个贫穷落后的国家发展为世界第二大经济体、最大货物贸易国、最大外汇储备国。习近平总书记指出："当今世界，要说哪个政党、哪个国家、哪个民族能够自信的话，那中国共产党、中华人民共和国、中华民族是最有理由自信的。"因此，每一个国际新闻传播工作者都应该有充足的底气和自信，努力开创国际传播新局面，让世界读懂新时代的中国。一个好记者的本领就是讲好故事，讲好中国共产党、中国人民的故事,讲好中国道路、中国制度的故事,讲好推动构建新型国际关系和人类命运共同体的故事。

毕业后,我入职中国移动杭州研发中心,在终端应用产品部从事产品运营工作,同时也是团队的宣传委员。尽管不再是一名专职的新闻工作者,但我依然奋战在与广大用户沟通的前线,致力于打造智慧的家庭生活,提供有温度的用户体验,同时尽力做好科创宣传,提升央企在数字经济领域的影响力。

蒋佳欣在湖南进行国情实践调研期间参观芒果TV

希望自己永葆"心中有大义,笔下有乾坤"的初心,不论在什么行业,都能做好调查研究,讲好党和人民的故事,做新时代的见证者、建设者和记录者。

在湖南国情实践期间,蒋佳欣和同学们调研炎陵黄桃产业

中国传媒大学2019级国际新闻传播硕士班在湖南省郴州市汝城县沙洲瑶族村调研

媒体融合时代下工人日报社的实践与思考

◎ 王羡茹*

    自2022年毕业之后,我成为工人日报社融媒体中心的一名记者,身体力行地感受着传统媒体的融合发展。媒体融合发展一直是我国新闻舆论工作领域深化改革的重点和中心,近些年来,我国媒体在融合发展方面不断取得显著的成效,这与市场、技术、社会等多重因素的推动密不可分。我国的媒体融合正从内部融合走向内外融合、从小融合走向大融合、从小循环走向大循环,向着汇聚资源与服务以及具有综合优势的智慧全媒体平台、以主流价值为引领全社会共建共治共享共显的传播与治理体系迸发。

    我所在的工人日报社始终注重突出"工"字特色,积极展示基层代表尤其是一线职工代表的风采,及时传递广大基层职工群众的心声,推出大量"三工"领域为重点的报道。我在2023年3月正式入职,3个多月的工作时间以及在研究生阶段的学习,都让我对于工人日报社融媒体发展以及传统媒体融媒体发展等议题有了更加深刻的认识和理解。

一、工人日报融媒体发展历程

    《工人日报》的新媒体建设始于2013年。在2018年成立了融媒体中心

---

* 王羡茹,中国传媒大学2019级国际新闻传播硕士班毕业生,现就职于工人日报社融媒体中心,参与"关爱新就业形态劳动者"五集系列短视频《双向奔赴》第一集《追光》拍摄,《三工视频·新360行》栏目拍摄,《原来,你是这样的工体》以及《探馆vlog》等社内重点策划视频的制作。

之后,《工人日报》的新媒体建设显著提速,媒体融合发展向纵深推进。2020年10月,《工人日报》落实中央《关于加快推进媒体深度融合发展的意见》,制定《实施方案》。目前,《工人日报》在媒体融合方面基本实现了采编的全员参与,各采编部门和编辑记者打破部门、岗位界限,按职能定位、专业特长等组建了融媒工作室,重大事件、重大报道、重大策划按"项目制"办法实施运作。目前,已经形成了以报纸为旗舰、报网端微刊互相融合的立体格局。目前工人日报媒体融合项目建设共有四期。

第一期建设,建成了智能一体化采编平台和移动采编指挥系统,实现了工人日报报网端微的打通,初步建成工人日报中央厨房系统。

第二期建设重点是深耕垂直领域,以"工"特色资源为重点,聚焦"三工"特色资源,即工厂、工会、工人。在工人日报客户端上推出"工人号",将各地工会资源、企业资源汇聚到工人日报客户端这个平台。

除此之外,工人日报社还建设了可视化系统。随着可视化系统的落地,《工人日报》报道新闻的格局不断变化,从单一用文字报道到多样化的视频语言来表达新闻。像《影响几代人的劳模》《直播雄安站》《感人瞬间》《工会扶贫故事》《探馆 vlog》等。

如今正在进行的三期建设,主要内容是工人日报大数据中心和数字化演播室的建设。工人日报大数据中心主要包括三工的数据采集、分析、加工,以及用户画像、智能推送和舆情分析系统等。

第四期规划正在进行中,内容包括报纸的数字化以及"可视化"系统的功能提升。随着平台建设的不断发展,目前工人日报社形成了一批重点融媒体栏目。其中《工人日报 e 网评》《三工视频·新 360 行》两个栏目,入选全国报业深度融合发展创新案例。

工人日报融媒体传播平台从两个方面推进改造,一是自主平台,二是外部平台。其中,自主平台是工人日报新闻客户端。这是报社建设、打造的移动端自主可控平台,是报社推进媒体融合的主要抓手。目前,工人日报新媒体矩阵有 2 个客户端、3 个微信账号、2 个微博账号,和学习强国、今日头条、抖音等十余个外部平台账号。

二、立足三工的《工人日报》特色产品

我刚入社的时候，正值2023年两会期间，《工人日报》积极传播好两会声音，宣传报道有声势、有特点、有亮点。从3月4日—3月13日，工人日报纸媒、融媒体、网站共刊发两会相关稿件7640多篇，其中，纸媒刊出版面53个，刊发消息、通讯、评论、摄影照片、图表、整理文稿等265篇（件）。工人日报客户端、学习强国平台、微博、微信、抖音、今日头条等新媒体平台发布短视频、海报、Vlog、直播、图文等融媒产品4748条，点击量突破5.7亿。

作为新人，报社领导也给予了我们很大的发挥空间，我承担了一位两会代表的上会Vlog剪辑任务。由于无法进入会场内给代表进行拍摄，所以需要提前设计好镜头画面，让代表协助拍摄传回，该视频最终在闭会前顺利发出。这是我入社的第一个视频作品，代表是来自甘肃省陇南市的"陇上庄园"网店负责人，从开网店到直播带货、发展农村电商，她的创业之路不断拥抱新事物新业态。以Vlog第一视角的方式直击两会代表上会，拉近报道与受众间的距离。

什么是《工人日报》特色报道？什么是互联网上最受欢迎的产品？如何将两者相结合生产爆款产品？工人日报社也不断地进行探索。例如我们在两会期间推出融媒报道《对话两会新经济》，记者与委员展开对话，话题包括年轻人就业和择业的问题，以及年轻人如何更好地践行工匠精神，既涵盖了宏观价值，又有微观的实用性和贴近性，从小处切入，关注青年群体需求，保证了访谈的可观赏性。我们同时通过访谈开展价值引导，尤其是对青年群体的价值引导，较好地传播了两会精神，对跨越代际人群传播起到积极作用。

三、媒体融合的学、做、思

对于媒体融合的思考，其实在研究生学习阶段我就常常进行。2020年

11月7日，在中宣部、中共湖南省委宣传部的组织领导下，在中国记协、CGTN资深专家的指导协调下，我所在的2019级国际新闻传播硕士班于湖南长沙正式开始国情实践调研。我们先后参观了湖南广电、芒果TV、马栏山视频文创园三地，了解他们的改革创新模式和经验，考察当地融媒发展现状。作为"传媒湘军"的代表，湖南省主体传媒矩阵近年来在媒介转型、融合与创新上持续推进，不断为业界变局交出"湖南方案"。

当时通过国情调研，我了解到湖南广电从2014年起，以"芒果TV"全新亮相，以《花儿与少年》为起点，启动"芒果独播"战略。以湖南卫视为核心的传统媒体平台和以芒果TV为核心的新媒体平台全方位融合、全渠道打通、全媒体链接，形成"一体两翼、双核驱动"的新格局，开启传统电视与网络平台无缝对接的新时代。从"独播"到"独特"到"独创"再到"反输"，芒果TV后发制人，实现弯道超车。

虽然我现在在报社工作，与当时调研的电视台情况有所不同，但是结合我的工作实践与思考，我认为无论是报社还是电视台都在依托其作为主流媒体的"通行优势"，根据媒体的特点选择适合自身的融合发展道路。工人日报社是立足三工，做《工人日报》的特色产品；而湖南广电则是积极探索"芒果模式"，运用超前的互联网逻辑和创造性思维打造巨大的内容生产智库，为平台构建了系统化的内容生产体系。

在重头策划报道中，主流媒体也将更多目光留给基层。《工人日报》呼吁年轻人以匠人之心投入平凡岗位，苦干实干、创新创造，用奋斗创造新的伟业。2023年5月，我前往上海，拍摄"关爱新就业形态劳动者"系列短视频。我们将目光投向五一劳动奖章获得者宋增光，作为一名外卖骑手，他用拼搏、奋斗去追寻属于自己的"生命之光"。两天的高强度跟拍，让我进一步关注到平日里维持城市运转却可能被我们忽视的新就业形态劳动者群体，这一群体人数高达8400万。他们是货车司机、网约车司机、快递小哥、外卖骑手……他们也拥有着丰富的精神世界，走近他们，去感受为创造美好生活而脚踏实地地奋斗。

在未来，工人日报社还将继续加快融合发展，助推"网上工会"建设；努

2020年国情实践调研期间,王羡茹和同学们在芒果TV数字互动厅参观体验

力打造国内有影响力的传播平台,为各级工会的工作加油助力,并与各地工会进行融合共建;提供线上活动平台;促进工会系统联系工作、服务基层工作的落实;继续做好"视频+直播"等可视化产品。

作为一名国新班的学生,我也会始终牢记"讲好中国故事,传播好中国声音"的使命,在工作中不断深入学习,真正做到学理性、知识性、实践性相统一,传递正能量。

王羡茹入社后的出镜报道

2020年国情实践调研期间,王羡茹参观湖南广播电视台

将新闻写在祖国的大地上

◎ 伊圣楠[*]

2021年的6月末,盛夏时节,中国传媒大学2020级国际新闻传播硕士班从北京启程前往浙江省开展国情实践调研。5个城市,7天时间,我们与7位来自不同国家和地区的留学生朋友深入浙江,去探访这片江南水乡的历史与文化,回到嘉兴南湖边坚定信仰,走入良渚回看五千年中华文化的源头,发现数字化、智能化在浙江城市和乡村间闪烁的火花,呼吸"两山"理念下绿色环境中的清新空气,感受民营企业承载的浙江人民审时度势、敢闯敢干的智慧与勇气。

在为期一周的国情实践中,我与小组同学共同参与了中文与小语种新闻稿撰写、纪录片拍摄、微信推送撰写和短视频拍摄等工作。在老师的指导与帮助下,我与小组成员共同写作的《一图感知村中事 数字助力乡村兴》一稿发表于中国日报网,《"数字视图"中的智能农村的未来》(原文名称:디지털뷰'에 담긴 스마트 농촌의 미래)等小语种稿件发表于国际在线网站。

从民企发展到文化传承,我作为小组成员深度参与了多个不同主题的内容创作,也切实感受到了国家发展在不同领域、不同战线上的同频共振。在浙江省湖州市德清县的五四村,我作为学生记者走入村委会、医疗室,走在五四村的街头巷尾,深入感受、挖掘了中国新型乡村的发展变化,体会到

---

[*] 伊圣楠,中国传媒大学2020级国际新闻传播硕士班毕业生,即将入职中央广播电视总台。

了数字生活进基层的魅力。

在当天采访结束后,我在采访手记与学习笔记中记录了如下感想:

> 科技创新与数字化的快速发展,为推动产业转型升级发展、提升社会治理管理水平、满足人民美好生活需求等赋予了强大动能。在浙江,拥抱数字时代、赋能美好生活的愿景正成为惠及方方面面、人人日常体验的生动现实。
>
> 当城市街头闪耀智慧火花,在浙江的广袤乡村,跃动的数据也与绿水青山交相辉映。浙江充分发挥"城市大脑"数字赋能作用,将城市数字治理经验延伸到乡村,加快农村各领域的数据摸底采集和大数据应用,积极寻找和开发乡村应用场景,让农村居民同步享受到便利、温暖的数字服务。
>
> 借鉴城市智治,浙江各地纷纷探索乡村治理数字化改革,为乡村安装"聪明的大脑",推动乡村治理更直观、精准、智能。在德清的绿水青山间,有一张聪明的地图——数字乡村一张图。运用"整体智治"理念,德清把58个部门中涉及水、空气、垃圾、出行等282类基础数据全部归集到这张全景图上,连接137个行政村的视频监控、污水监测、智能井盖、智能灯杆等感知设备,形成三维实景图,实现全域智治。

德清县五四村的采访拍摄任务极大地锻炼了我的新闻业务能力,而在嘉兴南湖边一场特别的宣誓活动则让我更加坚定了自己的信仰,坚定了走上新闻工作者道路的选择。

2021年7月2日,为纪念中国共产党百年华诞,深入感受、学习伟大建党精神,中国传媒大学2020级国新班师生来到嘉兴南湖。在南湖湖畔,我与国新班的党员师生面对党旗,庄严宣誓,重温入党誓词。那天的南湖边下着淅淅沥沥的小雨,同学们穿着相同的红色班服列队站在湖边。起初面对路人好奇的眼光时,大家都还有些不好意思。随着几位同学展开鲜红的党旗,带领宣誓的同学说出入党誓词的第一句话"我志愿加入中国共产党"

时,我能够感受到整个班级氛围的变化:大家从一开始的害羞与漫不经心,变得坚定、诚恳。直到说完入党誓词的最后一句话"随时准备为党和人民牺牲一切,永不叛党",大家放下右拳,看向左右,才发现几乎身边的每位同学都红了眼眶,更加感性一些的同学甚至啜泣着流下了泪水。

两年多的时间过去,在南湖边重温入党誓词的场面仍然时常浮现在我眼前。从那一天起,曾经对我来说懵懂的信仰变得更加清晰,我也开始更加主动地通过新媒体渠道进一步深入学习党的历史、理论与知识。后来,我赴韩国开展海外实习,随后又在不同的城市奔波考试求职,偶尔也在挫折中叹息。在很多疲惫的瞬间,我都会想起南湖边上,我与同学们、同志们共同沸腾过的热血,共同流过的泪水。那一声声共同高喊的誓言不断提醒着我,告诉我我的目标、我的初心与我的使命,让我在失意时重新抬头看到光芒万丈的信仰,坚定地走向自己选择的道路。

在海外实习期间,我在工作和学习中接触到了许多知华、友华的人士,他们对于中国和中国共产党的了解大多也是来自自己的所见所闻,特别是在中国基层的采风见闻。

一次采访中,韩中城市友好协会会长权起植和我们说起自己前往延安的经历,他曾主动提出要到习近平总书记曾工作和生活过的地方——梁家河去看看。他向我们展示了自己拍摄的毛主席住过的窑洞,还有自己和延安当地农民大姐的合影。他热爱中国文化,也对中国未来的发展充满信心。韩国光云大学教授金希教写出《掌柜主义的诞生》一书,介绍韩国"嫌中"情绪的由来,警示韩国当前对中国的误会与不理解可能会严重损害韩国的利益。2021年6月9日,韩国前总统文在寅在自己的个人社交媒体账号上推荐该书,强调韩国应当平衡处理外交关系。金希教也在《人民日报》的专访中表示,韩中两国一衣带水,是友好邻邦,韩国应当正确处理两国关系。

在多次实习工作中,我通过对韩国普通民众及政要专家的采访,逐渐发现,无论年龄、身份,几乎每一位曾在中国生活过、深入中国街头巷尾的韩国人对中国的印象都非常好。许多人对于中国的误解大多是来源于不了解,或是被一些媒体报道中的刻板印象影响。没有来过中国、或是不了解中国具体情况的韩国人总是被部分右翼媒体宣传的"威胁论"误导;而前往中国旅行、工作多次或是比较了解中国发展情况的韩国人对中国的看法都相对客观、友好。

　　国际报道中的关键,或许就是打破这一道道认知误区的高墙,将真实的、客观的中国展现给海外民众。而走入基层是深入认识中国的最好方式,走在祖国的大地上也是能将中国智慧为我所用、化我所言的最好方法。

2021年7月,中国传媒大学2020级国际新闻传播硕士班师生在嘉兴南湖重温入党誓词

2022年5月10日,伊圣楠作为《人民日报》实习记者在青瓦台采访拍摄

"酒香也怕巷子深"

——浙江国情实践的所思所悟

◎ 臧　赫　万星月*

流年一晃，三年已逝。随着在校学子身份在2023年毕业季悄然画上句点，我们也将要进入社会"大学"里。感谢学校和老师们给予的这个机会，能够让我们在步入新闻工作岗位之前浅谈一些对于国情实践和调查研究工作的所感所悟。

自入学开始，我们就听说国情实践活动能够扎根中国各地，了解实情，开展调研实践，挖掘新闻故事，也一直很期待国新班的这项特色活动。在研一的暑假，2020级国新班的暑期国情实践活动正式开启。其间，我们参观了浙江省杭州市G20峰会会场，见证大国外交的永恒经典；走访了绍兴安昌古镇与黄酒博物馆，挖掘千年古酒的前世今生；调研了"两山"理念发源地——安吉余村以及德清县五四村，了解中国乡村的前沿发展；瞻仰了嘉兴南湖红船"一大"会址，在党旗面前郑重宣誓……如今回想起来，那时发布的作品、踏过的土地背后的故事依旧历历在目。

在国情教育活动中，我们第五调研小组共完成了四篇多语种新闻报道、一条电视新闻片、一部短视频作品和一篇记者手记，分别发布在了记协网

---

* 臧赫，中国传媒大学2020级国际新闻传播硕士班毕业生，曾在中国日报社、中国建筑埃及分公司、"一带一路"国际科学组织联盟秘书处实习，现入职中国新闻社融媒体中心。在校期间获得研究生国家奖学金、三好学生等荣誉，主创作品曾获第四届"一带一路"百国印记短视频大赛社会公益奖、"丝路正青春"短视频大赛二等奖。
万星月，中国传媒大学2020级国际新闻传播硕士班毕业生，曾在中央广播电视总台、中国日报社实习。

站、CGTN、《中国日报》等多个媒体平台。这是我们第一次团队合作跑新闻、出稿件,其中令我印象最深的就是在黄酒博物馆的那次走访经历。

一、浙江绍兴中国黄酒博物馆调研回顾

我认为中国黄酒博物馆是本次国情实践中最有意思的一站,也是我们第五调研小组出作品数量最多的一站。小组将这篇报道作为多语种文字报道的素材,分别发表了中、英、日、阿四种语言的稿件与《中国日报》、CGTN和总台国际在线等媒体平台,收获了不错的传播效果。通过这次博物馆参观采访和稿件撰写,我们小组总结出了做好调查研究的三个要点。

1. 调查研究,从细节抓起

参观绍兴安昌古镇和黄酒博物馆当天,我们组的任务是撰写文字稿件。要在短时间内找到新故事、新角度,甚是为难。在我们来的路上,满街都是黄酒制作的棒冰、奶茶等甜品。组员小耿从中找到了一个突破口,他说:"我看这个黄酒棒冰的包装上印着'黄酒博物馆'的标识,或许可以问问工作人员。"

抱着试试的态度,我们询问了正要接受电视新闻组采访的负责人。他正是黄酒博物馆营销部副部长阮帅。"对,是我们博物馆推出的。这个点子当时就是我想出来的。"他说。真是踏破铁鞋无觅处!于是我们紧急拟了一个采访提纲,以黄酒棒冰为起点,走近黄酒和这个复兴中的产业。

通过采访,我们还了解到阮帅与黄酒交织的生命轨迹。他是绍兴本地人,生长在一个"黄酒之家",他的爷爷和父亲都很喜欢喝黄酒,而母亲就在黄酒公司工作。毕业后,他也加入了黄酒集团,并在这里组建了家庭。

就这样,我们从一个无心的发现入手,按图索骥。从一根棒冰,引出一个人物,再到一篇稿件。作为记者,具有纤细敏锐的观察力是培养新闻敏感、做好调查研究工作的重要因素。

2. 调查研究,向问题要答案

还记得我在写日语稿件的时候,通过查询资料和询问日本朋友得知,黄

酒在日本甚至比在中国更广为人知。这让我开始思考我们对本国传统文化的传承是否到位。

参观博物馆时,我们发现常被人当作料酒使用的黄酒,曾是世界三大古酒之中唯一起源于中国的酒,被誉为"中国国酒"。我们的看法其实代表了当今大部分国人对黄酒的认知以及黄酒没落的现状。那些耳熟能详的"三碗不过岗"等故事中的酒指的都是黄酒,而拥有这样辉煌过去的黄酒如今只在长三角区域被推崇,可见传统酿造工艺和黄酒文化亟待复兴与创新。

"这种酒实际上是非常高雅的,为什么可以花两三千块钱去买茅台酒,但觉得黄酒只能卖十几块钱?"黄酒如今的市场份额与它的历史地位并不相称,阮帅对此有些愤愤不平。为什么黄酒没能突破区域局限走向全国?怎么才能推广黄酒产品并借此让更多人认识到其中的历史文化背景呢?在调研中,我们渐渐找到了问题的答案。

实际上,黄酒原本的度数是啤酒的五六倍,而且发酵后含有杂醇、乙醛等物质,喝了很容易让人"上头",这样的口味和饮酒体验较难适应现在大众的需求。近年来,绍兴黄酒也在尝试不断创新。江南大学和浙江古越龙山绍兴酒股份有限公司联合组建了黄酒酿造创新实验室,经过三年多研究,推出了"好酒不上头"黄酒新品。新品利用工艺革新和科技手段来控制"上头"的成分,大大提高了饮用舒适度,使黄酒的口味能被更广大的消费者接受。

在文化传播层面,阮帅介绍,他看到故宫文创雪糕后,便有了将黄酒与棒冰相结合的想法。"我把它理解为一种更有受众面的表达形式,把黄酒的文化传播出去。"如今,黄酒制作的黄酒冰激凌、黄酒奶茶、黄酒冰粉等系列甜品也已经成为绍兴旅游的重要元素,成为绍兴黄酒一种新的表达方式。

关于黄酒创新推广的报道或许能启发我们关于同类题材的报道。记者的见闻和思考具有沉甸甸的分量,要有意识地从历史的纵深角度和当代同类事物的横向对比角度思考,带着系统思维、历史思维和辩证思维,多维透视、发现变化和本质,方能做出好的报道。

3.调查研究,要有大局意识

新闻工作者要做好调查研究,要围绕"国之大者、民之关切"的大局,关注国家长远发展和人民事业的大事。

近年,博物馆文创、汉服、文化类晚会等频频"出圈",融入了时代元素的中华传统文化引起了国民,尤其是青年群体的追捧。把眼光放长远,黄酒的复兴何尝不是"文化自信"的一种印证。

"越酒行天下",当前,绍兴黄酒企业将中国文化符号、传统技艺、制造业与文化产业等结合在一起,致力于打造黄酒的文化旗,走出长三角,走出国门,打造国际品牌。据悉,绍兴黄酒企业——古越龙山已相继成为迪拜世博会中国馆宴会厅指定黄酒品牌和杭州第19届亚运会、亚残会官方供应商。绍兴市黄酒行业协会会长徐明光表示,绍兴已全面推广"绍兴黄酒"品牌,把中华民族千年的黄酒文化遗产,推广成为全球可共享的佳酿。

黄酒博物馆的这次采访让我们明白,要展示真实、立体、全面的中国,除了政府和主流媒体,我们应该鼓励不同主体在国际上发声。正如黄酒文化和鲁迅文化在日本的传播一样,从黄酒企业与产品出发,小切口、巧叙事,可以让外界看到中国大地上更多生动的细节。不仅是黄酒企业,在国际传播方面,我们期待更多来自民间的、企业的声音与力量。这些声音与官方的声音一起组成一个多主体、多渠道的国际传播系统,向国际社会讲述更加全面立体的中国故事。

二、用好调查研究传家宝

2023年,全党号召大兴调查研究之风,作为一名新传学子,我感到十分兴奋。这样一份传家宝不仅与新闻工作的要求不谋而合,也能够进一步驱使我们更多地在实践中不断锤炼本领、提升认识。以下结合我近期的求职经验以及调查研究之风的工作要求,分享几点心得。

1.求职中:调研单位和反向选择

作为应届毕业生,刚刚结束求职历程的我也想分享一些来自求职当中的感悟。

首先,在准备各个单位笔试、面试的时候,要充分发挥调查研究的作风。要从该单位的整体、部门等各个层面入手,了解其全面的情况、历史脉络、目前的主要业务和项目,就像了解你的"idol"一样去调研目标单位,从而进一步了解自己和单位岗位的匹配程度。如此,即便题目千变万化,也能在正式的考试时兵来将挡,水来土掩。

另外,大部分职业规划上比较迷茫的同学在面对海量的招聘单位时都会陷入焦虑,不知如何选择。这时,如果在能力和精力允许的情况下,可以多投几家自己感兴趣的工作单位,去大胆尝试一下笔试、面试等各个环节。因为大部分单位考查的都是业务相关的内容,所以可以通过不同单位的笔试和面试内容对其进行了解。也就是说,不仅是单位考查求职者,也是求职者在反向观察单位的一个过程。一方面可以了解单位的业务领域和内容,另一方面也能实地考察和感受该单位的整体工作环境和氛围,甚至可以横向对比不同性质单位之间的异同点,为后续的招聘考试积累经验。我个人也是在这样的循环当中明确了自己的方向。

2. 入职前:打好新闻工作者的基本功

在作为应届毕业生求职的过程中,我观察到各大媒体的考试中都不乏对"脑力、眼力、脚力、笔力"等相关内容的考查。其中,"眼力"和"脚力"何尝不是调查研究的能力,这项能力的高低反映了我们与事实真相的距离。

习近平总书记曾经指出:"调查研究是新闻工作者的基本功,是新闻工作者成才的根本途径。"在国情实践当中,我们对这句话有了更直接的体验。调研团能够以调查者的身份去观察、去发现问题并在采访中解开困惑。如今,在全党大兴调查研究之风的号召下,我对新闻工作的要求也有了更深刻的理解。

对于刚毕业的新闻学子来说,马上要踏入社会的大熔炉中,从后备军转向主力军,更要时常运用调查研究的方法,把调查研究作为一套系统的思维和工作方法。在此,结合我们小组国情实践和我海外实习的经验,我总结出练好调查研究这项基本功的三个方向:

首先,要了解相关领域的基本信息,这是做好调查研究的基础,也是高质量地策划和制作新闻作品的关键。国情实践期间,每次在去往不同的地点采访前,我们小组都会花费大量时间搜集当地的资料,查看以往的媒体报道,以便寻找好的切入点策划报道。小组每次的采访流程相对顺利,也大多得益于前期比较详尽的准备工作。

其次,坚持问题导向、增强问题意识是调查研究工作的核心。带着发现细节的眼睛不断抽丝剥茧,深入思考。如此,才能提高调研力度与思考深度。

最后,要了解和掌握真实情况,不能走马观花、蜻蜓点水式调研。国情实践的活动时间有限,我们需要在有限的时间内调研更多有新闻价值的地方,但是与此同时还要注意不能为了调研而调研,结果流于表面。在暑期国情实践行程中,不少小组都为了一个调研点放弃了后面的行程,用一整天时间扎根当地观察采访,如此才做出了许多精彩的作品。

以此次实践活动为起点,我们领悟到"到现场去"是最重要的调查研究方式,在一个地方要真正花时间、下功夫去扎根。日后真正投入新闻工作当中,同样要坚持深入群众中去、到实践中去、到一线去,唯有如此才能做出有生命力的、"沾泥土、带露珠、冒热气"的新闻作品。

国新班的暑期国情实践让我们感受到调查研究工作的魅力,也让我们养成了勤观察、多提问的意识。在后续国新班的一系列国内外实习中,这项工作能力也得到了充分的锻炼和发挥。今后真正步入工作岗位,我依然会时常提醒自己不要丢了这项"传家宝",以科学的理论为指导,永葆求知欲和好奇心,在调查研究工作中持续感受广大人民群众的奋斗力量。

2021年7月,臧赫参加国情实践调研时的工作照(左一)

2021年7月国情实践期间,臧赫和组员讨论采编方案

2021年7月国情实践期间,万星月(中间)与小组成员在杭州亚运会场馆合照

对话良渚文创,传承千年文明

◎ 杨莉雅*

中国传媒大学 2020 级国际新闻传播硕士班师生在良渚博物院合影留念

良渚文明距离我们有多远?她尘封于一片厚重的黄土地之下,沉睡了 5000 多年。良渚文明距离我们有多近?她藏身于一杯浓烈的拿铁咖啡之

---

* 杨莉雅,中国传媒大学 2020 级国际新闻传播硕士班毕业生,即将就职于某高校宣传部,曾于 CGTN 新媒体部文旅组实习,参与非物质文化遗产相关内容的采编和报道。

中,留香唇齿之间。咖啡上漂浮着似人似兽的神灵图腾,散发出咖啡特有的微苦芳香,那香气吸引着人们去探索中国的"斯芬克斯"之谜。这正是良渚博物院利用最新的 3D 打印技术制成的印花咖啡,而那奇异的标志则是象征着良渚文明的神人兽面纹。

在国情实践的第 6 天,也就是 2021 年 7 月 2 日,天空下起了淅淅沥沥的小雨,这杯既复古又新潮的咖啡,开启了我们小组和良渚博物院院长以及良渚遗址管委会文化产业局工作人员的访谈,两个多小时的沟通与交流让我们获得了十分宝贵的一手资料,为后续发表在《中国日报》上的稿件《良渚文创:一场跨越五千多年的超时空对话》打下了坚实的基础。

在采访的前夜,组长李玥带领我们第一小组的成员(杨莉雅,张玮琦,刘婧妮,高越)上网搜集了良渚博物院的相关信息,通过浏览博物院微博、微信的官方账号,我们发现与文创相关的推送受到了较多的点赞和关注,于是暂且将访谈的切入点定为良渚文创,接着通过集思广益拟定了初步的采访提纲,希望能够通过第二天的参观与对话看到良渚文化与众不同的一面。有了这一系列充分的准备,访谈得以顺利展开,我们心头的很多疑问得到了院长和相关工作人员的热心解答,我们对良渚文创的前世今生也有了更深层的理解。

良渚博物院将"文创空间"设计成继"水乡泽国""文明圣地""玉魂国魄"之后的"第四展厅",细致地陈列着融合当代新潮设计和传统文化元素的文创产品,让历史悠久的良渚文明以新的形式得以延续。象征万物复苏的"报喜之神"良渚玉鸟,化作轻盈活泼的玉鸟台灯,柔和的灯光与玉鸟光明而神圣的寓意完美契合。良渚文化典型器物——良渚玉琮,则化为一颗纹饰精美的项链吊坠,给古老文明注入了时尚气息。

文创产品的开发、设计,离不开考古工作者对文物的扎实研究。良渚的考古工作从 1936 年开始至今已走过 80 多个春秋,积累了大量的研究资料。2019 年 7 月 6 日,联合国教科文组织第 43 届世界遗产委员会会议正式将"良渚古城遗址"列入《世界遗产名录》,这些成果赋予了良渚文创十分"硬核"的内涵。良渚博物院院长周黎明称:"研究为先。没有研究,文物就失去了灵魂。"要把文物研究透,深挖其历史价值、美学价值、人文价值,甚至哲学价值,才能够通过文物来见证人物、见证社会、见证历史。

这些富有历史感的文创产品,不仅充分体现了中华文明的精神追求和优秀文化的价值内涵,还具有高度"生活化"的特征。杭州良渚遗址管理区管理委员会文化产业局局长马东峰称,他们希望这些文创产品"有温度、不高冷",把饱含着良渚文化精神内核的物件融合到生活中去,让人们把博物馆"带回家",通过在日常生活中的经常使用,不断体会产品中蕴含的良渚文明,更深入地理解传统文化,从而达到加强文化交流传播的效果。

在琳琅满目的文创产品中,最受游客欢迎的正是那些与日常生活息息相关的物品。文创空间的工作人员称,2023年的一大"爆款"是带有良渚文化元素的冰箱贴。这些五颜六色、形态各异且价格亲民的冰箱贴,很难让人不喜欢。甚至有一些"冰箱贴控",不顾路途遥远专门前来良渚博物院收集这些冰箱贴。小小的冰箱贴像魔术一般把沉睡的文明变"活"了,让神秘而遥远的良渚文化跟随冰箱贴走进千家万户。

除了展示这些能用好用、品质优良、具有文化内涵的小物件,良渚博物院还开展了一系列文化实践项目,如"纸随剪转、心随刀动"剪纸活动和"五彩染双翼、斑斓驻清空"风筝制作坊。院长周黎明称:"我们做博物院工作的初衷,是为了让文化滋润人们的心灵,让人们在文化的熏陶下明来路、知去处。要让博物院凸显其以文化人、以文育人的作用,紧紧抓住现代人尤其是青年群体的审美情趣、阅读习惯,力求通过形式上的拓展拉近历史文化与年轻人之间的距离,让他们在参与活动的过程中体验良渚文化,在潜移默化之中学习良渚文化、爱上良渚文化。"

作为展示中华优秀传统文化的重要窗口之一,良渚博物院与时俱进,不断制定新策略、取得新突破。院长周黎明称,在今后的工作中会更加注重研究良渚文化内涵的拓展,包括其文化面貌、对中华文明发展脉络的贡献以及和其他文化的关联,加大良渚文明国际化交流的力度,真正让我们的优秀传统文化走出去。

在文创方面,良渚博物院则将继续强调数字赋能,运用科技手段来增强观众的体验感、互动感。良渚博物院近几年陆续启动了文物数字化工程,研发了20多部数字作品,并于2020年系统地编撰了融媒体读本,更好地解读和呈现文化内涵。近日,良渚博物院推出了"意象良渚"跨媒体艺术沉浸展。整个展览没有一件文物,完全通过现代数字技术和非遗艺术,锻造出绵延的坝体、巍峨的宫殿,让沉睡的文物"开口"说话,每一个场景里,观众都能寻得文物的踪迹,感受富有生命力的良渚美学。这样的"跨界联动"给予了良渚博物院"第三只眼睛",提供了更加广阔的视野和发展空间,推动良渚文化在新时代的传承与传播。

这次采访和创作的经历如同一场生动的新闻写作课,给予了国新学子将所学理论付诸实践的机会,使我们对新闻生产流程有了更加真实的体验。同时,也让我们对新闻媒体产生了更多的敬畏之心,懂得新闻的来之不易,毕竟一篇稿件需集合三方之力,包括博物院领导和相关工作人员的鼎力相助、学院老师和媒体老师的耐心指导,以及小组成员的通力合作。我们在采访的过程中完成了一次刻骨铭心的博物院奇妙游,非常近距离地注视沉睡千年的良渚遗迹,倾听来自5000年前历史的声音,我们更加坚定地想要将这一古老、美好的文化好好传承下去,向世界讲述这里曾经以及现在正在发生的故事。

红心向党，红船见证

◎ 侯国棣*

2021年7月，作为2020级国新班的一员，我参加了在浙江省展开的一系列国情实践活动。当时正值中国共产党百年华诞，能在如此重要的历史节点参观嘉兴南湖、瞻仰南湖红船，令所有师生心潮澎湃。重走红色足迹，不忘来时初心，全体2020级国新班师生在南湖湖畔重温入党誓词，庄严宣誓。在蒙蒙细雨中，我们久久伫立，直至今日，那时的场景仍然历历在目，激励着我们勇往直前。

一、南湖之行，难以忘怀

1921年，中国共产党第一次全国代表大会庄严宣告中国共产党的诞生；2021年，中国共产党迎来百年华诞。2021年7月2日，2020级国新班师生来到嘉兴南湖，瞻仰南湖红船、重温入党誓词，学习"红船精神"、传承红色基因。

南湖是中国共产党的诞生地。1921年夏，中国共产党第一次代表大会从上海转移至南湖的一艘游船上召开，会议庄严地宣告中国共产党成立！嘉兴南湖从此成为中国革命的启航地。

筚路蓝缕，百年征程。2021年是中国共产党百年华诞。中国站在"两

---

* 侯国棣，中国传媒大学2020级国际新闻传播硕士班毕业生，在校期间多次获得中国传媒大学研究生学业奖学金，2021年赴阿联酋迪拜中建中东有限公司进行为期半年的海外实习。

个一百年"的历史交汇点上,全面建设社会主义现代化国家新征程即将开启。

1. 重温入党誓词,坚定理想信念

7月2日,南湖湖畔,国新班党员师生面对党旗,庄严宣誓,重温入党誓词。此次宣誓,表达了国新班师生一心向党、对党忠诚的坚定信念。在如此特殊的时刻重温入党誓词,令在场师生心潮澎湃、热泪盈眶、深受感动。

在宣誓时,空中飘起了细雨。老师同学们在雨中宣誓,不知是泪水还是雨水沾湿了大家的面庞。所有人都严肃认真,宣誓结束后,大家仍情绪饱满,久久不愿离去。

中国传媒大学2020级国际新闻传播硕士班师生在南湖红船边合影

2. 参观嘉兴南湖,学习"红船精神"

学史明理、学史增信、学史崇德、学史力行。来到嘉兴南湖,2020级"国小新"们有序登上游船,伴着徐徐清风,一起回顾红船历史,追溯红色记忆,学习"红船精神"。师生们一边参观南湖,一边热议"红船精神"。

2021年5月31日,中共中央政治局就加强我国国际传播能力建设进行第三十次集体学习。中共中央总书记习近平在主持学习时强调,讲好中国故事,传播好中国声音,展示真实、立体、全面的中国,是加强我国国际传播能力建设的重要任务。因此,对国际新闻传播硕士班的同学们来说,此次嘉兴之行更具有独特的意义。

"红船精神"是什么?有资料指出,"红船精神"是红色革命精神之一,指的是开天辟地、敢为人先的首创精神,是坚定理想、百折不挠的奋斗精神,是立党为公、忠诚为民的奉献精神。"红船精神"铸就了中华儿女心中永不褪色的精神丰碑,成为我们不断夺取新胜利的强大精神力量和宝贵精神财富。我们要深入学习贯彻习近平总书记在党史学习教育动员大会上的重要讲话精神,大力弘扬"红船精神",赓续共产党人的精神血脉,使"红船精神"成为实现中华民族伟大复兴的坚强精神支撑,让"红船精神"绽放新的时代光芒。

3. 肩负历史使命,传承红色基因

南湖之行给大家留下了深刻的印象。在回程途中,我所在小组的同学们展开了热烈的讨论,互相交流此次南湖之行的感受,感叹此行让我们心中的理想信念再次得到了升华。

李西铨(20级国新班党支书):"能够在建党一百年这个特殊的历史节点,来到嘉兴南湖,实在是感慨万千,感慨我们能够有这么好的机会来到这里;感慨中国共产党在这一百年走过的道路;感慨祖国终于站起来了,再也不用被人欺负……作为国际新闻传播事业预备军的一员,我会时刻牢记这种自豪感以及背后的历史使命,把党和国家的立场刻入我们的脑海,做一个有家国情怀的新闻人!"

刘祉妘(20级MFA、中国台湾):"正值建党百年时期,能够跟随老师和同学们来到具有代表性的嘉兴南湖参观,我感到非常荣幸。作为一名在大陆读书的台湾学生,能参与到这样的活动中,收获良多。从南湖红船中我学习到了中国共产党百折不挠的精神,祖国的今天离不开先辈们的努力。"

黄玉洁(20级MFA、中国香港):"来到嘉兴南湖,让我对中国共产党有了更深刻的理解。7月1日既是中国共产党建党一百周年的生日,也是香港

回归祖国二十四周年的纪念日。2020年'香港国安法'颁布后,香港居民的生活"有了更多保障。我希望在党的领导下,香港人民能够团结一心,为祖国发展贡献自己的力量。"

二、再忆南湖,理想永存

2021年暑假,作为中国传媒大学2020级国际新闻传播硕士班的一员,我跟随班集体一起去往浙江以及北京外国语学院参加国情实践和国情讲座。如今再忆起,这是多么宝贵的一次经历!短短的一周时间内,我们2020级国新班全体成员的足迹遍布浙江省,从北京出发,一路走访杭州、绍兴、嘉兴、湖州,多位领导、专家与我们分享、交流,各个小组的同学在实践中也建立了深厚的友谊。

此次国情实践,我们不忘初心、脚踏实地。在老师们的细心帮助下,我们致力于把国际传播的理念书写在中国大地上。在浙江省省情讲座上,我们从宏观视角了解国情、浙江省省情,高屋建瓴,深入浅出;在时间紧张的实践安排中,我们也从微观视角亲身体验国情,感悟民生。走过绿水青山,我们的心里始终记挂着国际舆论场上的中国立场、中国形象和中国声音。

如果不了解国情,怎么能更好地向世界讲述中国故事?一路走来,我们在亲身经历中知国情,晓民生。我国的教育、经济、法律等领域取得的杰出成果令我们自豪,我国在国际舆论场上的大国风范令我们激情澎湃。站在如此有高度的视角,再次感知这个我们不能再熟悉的国家,这加深了在场国新学子的理想信念:坚持为国发声、为民发声。

三、心系南湖,砥砺前行

当前我国正处于国际话语体系转型的关键时期,国新学子处于最好的时代,重任在肩。大国博弈、舆论争辩,越发严峻的国际形势是我们有目共睹的。在这样的关键时刻,国新班人才正处于国际话语体系转型的节点上。

国新学子要坚定理想信念,勇担传播重任。我相信,只要我们坚持努力,国际舆论场上就会多一份中国声音。把握现在,刻苦努力,希望我们都能在国际传播一线相见,为国家、为人民贡献自己的一份力量。

2021年5月31日,中共中央政治局就加强我国国际传播能力建设进行第三十次集体学习。中共中央总书记习近平在主持学习时强调,讲好中国故事,传播好中国声音,展示真实、立体、全面的中国,是加强我国国际传播能力建设的重要任务。这一任务的推动和实现,离不开国新班人才。青年一代有理想、有本领、有担当,国家就有前途,民族就有希望。

自本科步入大学校园开始,基于对国际新闻的长期关注,由心底而生的一股使命感激励着我由理转文,打破专业壁垒,到现在成为国新班的一员。理工科的技术发展固然势不可挡,但只有与有效的传播方式结合,才能更好地为国家、为人民服务。从迈出这一步开始,我就知道这条路注定不是一帆风顺的,只有脚踏实地,夯实专业基础,提高外语水平,才能逐渐实现心中的目标。

人生并不是一帆风顺的,在追求理想信念的过程中总会有风吹雨打。但南湖之行始终是我心里的一束光,激励着我永不言弃。

南湖之行中,各位老师的殷切关怀和谆谆教导与小组同学的关心和帮助让我感受到温暖和力量。殷殷嘱托中,我们被寄予厚望。希望在不久的将来,我们将是在国际传播一线并肩作战的"战士",用我们的所学所知推动国际话语体系的转型,见证国际舆论的有利转变。争分夺秒,时不我待!

理解辩证唯物主义认识论 用好调查研究之"密钥"

◎ 刘婧妮[*]

党的十八来以来,以习近平同志为核心的党中央高度重视调查研究,并强调要按照党中央关于在全党大兴调查研究的工作方案,以深化调查研究推动解决发展难题。调查研究是辩证唯物主义认识论的根本要求,是我们获得间接经验乃至获得直接经验的重要途径和方法,是沟通主观与客观的重要桥梁,是党的优良传统。

通过调查研究增进对世界的认识是行事前提。在2021年的国新班国情实践中,我们通过实地观察知晓中华传统文化之博大精深、红色新青年精神之历久弥新、创新创业之敢为人先与"两山"理念之生态内涵。

在绍兴鲁迅故里展览馆中,我们从三味书屋一路逛至百草园,回顾了精神卫士鲁迅早年的成长岁月,看到鲁迅幼时刻下"早"字的书桌,也欣赏了鲁迅笔下"不必说碧绿的菜畦,光滑的石井栏,高大的皂荚树,紫红的桑椹;也不必说鸣蝉在树叶里长吟……就有无限趣味"的百草园。参观过程虽然很短暂,但是却令大家印象深刻、心潮澎湃。位于北京的鲁迅博物馆向我们展示的是新文化运动中"横眉冷对千夫指"的精神卫士鲁迅,而从绍兴鲁迅故居中窥见的却是家境殷实的周树人。这不禁让人更佩服鲁迅先生的选择与作为,他能主动站在劳苦大众的立场上看问题,而不是独独自己食着肉羹、享着祖荫,可敬可佩!新文化运动时期,像鲁迅先生这样的人并不只一

---

[*] 刘婧妮,中国传媒大学2020级国际新闻传播硕士班毕业生,即将就职于中央某政法机关,曾于中国新闻社韩国分社开展海外实习,参与韩国第20届总统大选报道等。

位。以陈独秀、李大钊等人为首的新文化运动教师主力军和以陈延年陈乔年兄弟、赵世炎、邓中夏、毛泽东、周恩来等人为代表的学生主力军所体现出的爱国、进步、民主、科学与探索精神令人颇受震撼。时局动荡、迷茫无望、信仰多样，无数青年虽一腔热血但却不知向何处发力。从无政府主义再到马克思主义，如此转变都是经过了陈独秀等人"出了实验室就进监狱"、李大钊等人与工人交流联系、陈延年兄弟等成立工读互助社才摸索出的中国道路。我认为，当代青年不仅要"以青春之我，创建青春之国家"，也要勇于探索未知、获取新知，在文化自信的基础上学习新时代或外来文化中的先进成分，取其精华、去其糟粕。

在湖州市德清县五四村，同学们通过"数字乡村一张图"深入了解了数字技术在五四村乡村经济社会发展各方面的创新运用，感受到整体"智治"新模式带来的高效和便捷。同学们还参观了木芽乡村青年创客空间，采访了当地部分创业青年，聆听他们扎根乡村的故事，感受他们给乡村发展带来的变化。同学们纷纷感叹民宿行业的发展为乡村面貌带来的新变化。而行走在安吉余村，映入眼帘的不仅是绿水青山，更是洋溢着幸福笑容的村民们。通过视频图片我们看到了小小村庄发生的巨变，通过村民讲述，我们耳边再次回荡起"绿水青山就是金山银山"的良言。如今的余村，在加快生态文明建设的同时发展绿色产业和休闲旅游经济，还通过电商服务中心大力推广各类新颖环保的竹制文创产品，为乡村振兴和生态经济发展打开了新窗口、做出了新示范。

一项项改革措施，一批批试点项目，无论是安吉余村的绿水青山发展理念，还是德清五四村的数字化治理模式，都让人倍感澎湃。无论是探索数字治理新模式的村干部、返乡创业的优秀青年，还是发展农家乐的农民、推广竹制文创产品的电商……年轻沸腾的新鲜血液正在源源不断地注入乡村，生动的中国故事正在田间地头不断上演，乡村振兴指日可待。从安吉余村到五四村，"绿水青山就是金山银山"的中国智慧为乡村振兴指明了新路径，美好图景正在中华大地上铺展开来。今天的我们，在乡村发展的美好图景中感受绿水青山的魅力，体验乡村振兴的巨变。未来的我们，更要肩负起讲好中国故事、传播好中国声音的重任,把脚扎进泥土里、把故事写在中国大地上,让世界看见中国的绿水青山!

通过调查研究的认识推动实践、解决问题、改造世界。在国情实践中,我们在小组内部建立"中央厨房"机制,初尝新闻工作合作的苦与乐。作为融媒体时代的国际新闻后备人才,我们努力增进个人采、写、编"十八般武艺";同在一个团队,我们也利用自身长处、各有侧重地分工合作,在讨论中碰撞出创意的火花;我们开始探索中国声音、中国方案与中国智慧的发声之道,通过自己寻找选题、查阅资料、采访、撰稿、剪片,把一个点做成线与面,把一张纸做成一本书,再把背景信息与访谈的精华浓缩,形成一条红线,串起理与情。2020级国新班的"小红苗"们还在建党百年之际,于嘉兴南湖重温入党誓词、于绍兴深入了解民族脊梁鲁迅先生的成长历程、于德清安吉学习乡村振兴新模范的经验、于杭州G20会址和亚运会场馆中体悟人类命运共同体精神,更加坚定中国立场,始终牢记习近平总书记所强调的"为党为民,坚持党性"原则与正确政治方向。

得益于国情实践中习得的调查研究"基本功"与问题导向、特色导向理念,我在学习、工作与生活中仍通过理论实践学习不断积累新经验、收集新材料、研究新问题、得出新结论,积极克服"本领恐慌"。

在中宣部国传局与留基委的海外实习中,我以语言为桥梁,以全媒体为切口,用力讲好有广度的中国故事,不仅一直丰富自己的语言和新闻传播知识储备,还沉下身和心,在实践锻炼、专业训练中增强脚力、眼力、脑力、笔力,"一人单挑多个角色",完整参与媒介事件报道。我以党性为底色,以讲政治知国情为锚点,用心讲好有深度的中国故事。受益于国新班"国情讲座"与"国情实践",我和多位同学一同聆听了业界、学界专家讲座并实地探寻了"两山"理论的奥秘。若想在世界舞台上讲好中国故事,就必须得先做好国情必修功课。我们不仅需要看到中国现在取得的成绩,更要了解有何可提升的地方,这样才能做到各行各业的"精准扶贫",走好新时代的长征路。站稳立场不只是说"我是党员",而是了解党史、拥护党、爱党爱国,只有搞国际传播的人自己知道并了解了"中国共产党为什么能""我们该如何评价中国共产党成立以来带领中国人民走过的一个个历史时期",以及革命、建设、改革进程中的优良传统与作风,才能把这些理念讲出来。另外,国际传播一线,尤其是驻外记者也应当将政治素养放在第一位。在中国新闻社韩国分社实习期间,我也坚持正确舆论导向,自觉维护国家利益,在日常的采访报道工作中用个性化手段阐述观点、坚定立场。

国情实践调研期间,刘婧妮(右)和同学在 G20 分会会址合照

刘婧妮参与青瓦台开放首日采访报道

实践证明,客观世界是不断变化、永恒发展的。做好调研工作并不是一劳永逸的。国情实践与国新班海外实习等一系列社会实践活动不仅让我拥有了亲自参与调查与研究的机会,还优化完善了我在调查研究活动中正确运用辩证思维的方式,并养成了对随时变化的新情况、新问题进行新调研的习惯。得益于学生阶段就能拥有如此宝贵的平台,在学习和实践中增进认知,探索未知,丰富理论,反哺实践,使我的职业选择与人生方向得以明确。

未来,我也会把握大兴调查研究的认识论意义,进一步提高大兴调查研究的自觉性,实事求是,下沉调研,继续坚持以党性立身做事,以学增智,秉持创新、开放、包容的理念终身学习,破解"本领恐慌",用好调查研究"传家宝",练好调查研究"基本功",掌握调查研究"金钥匙"。

国情实践调研期间,刘婧妮(左三)和同学们在鲁迅故居合影

融合优势与真实报道

◎ 张家宁*

6月21日,在国新班暑期国情实践中,我有幸作为2021级国新班国情实践调研团队的一员,参与了在凤凰卫视的调研与座谈。凤凰卫视作为一家具有全球影响力的跨国电视台,通过其广泛的报道和节目内容,为全球华人观众提供了丰富多样的新闻和娱乐选择。它以客观、中立的态度和高品质的制作标准赢得了广泛赞誉,并继续在全球传媒领域发挥重要作用。因此,这次的座谈会给我留下了深刻的印象,我从中了解到凤凰卫视的背景和国际传播的重要性,同时也得到一些关于新闻传播的启示。

首先,凤凰卫视是一家在全球范围内拥有广泛影响力的媒体机构,他们致力于将中国的声音传播到世界各地。在国际传播中,他们很强调"传播"的概念,"传播"更强调内容的接受和效果,以此让更多人了解和认同中国的故事。这提醒我,在新闻报道中,我们要坚持客观、真实,用世界通用的讲述方式和语态来传递信息,让受众能够真正理解和接受。

其次,来自《新闻鉴证组》的梁茵分享了他们节目的初衷和挑战。通过打假工作,他们发现很多谣言实际上是人们自己造成的,这引发了我对谣言产生的原因进行思考。共情成了他们的一个重要发现,即应该理解受众为什么愿意相信错误的信息。这个观点让我意识到,在处理谣言时,除了辟谣,更要寻找共情的方式,与受众建立信任和联系,传递真实的信息。

---

* 张家宁,中国传媒大学2021级国际新闻传播硕士班在读研究生,曾于凤凰网、中国日报社欧盟分社实习,在校期间担任国新班学习委员,曾获得研究生一等学业奖学金、国家奖学金等。

再次,霍伟伟分享了他在采访过程中的经验和思考。他提到了处理突发事件时的压力和挑战,以及在朝鲜报道时所面临的特殊环境。他强调了判断谣言来源和引用的重要性,提醒我们要谨慎对待没有来源的报道。这使我意识到作为新闻从业者,我们需要保持冷静和专业,不断学习,提高自己的判断力。

最后,节目主持人朱卫民向我们讲述了《冷暖人生》节目背后的故事。这档节目记录了普通人的故事,传递生命的力量和温暖。节目组不是旁观者,而是参与者,与人们共同哭泣、努力。这种带有强烈人文主义色彩的新闻方法让我和同学们感受颇深。

凤凰卫视老师们与中国传媒大学 2021 级国际新闻传播硕士班同学开展座谈交流

在本次的座谈中,我同其他同学深刻感受到凤凰卫视秉持融合优势与真实报道的理念,通过其报道团队的共同努力,展现了卓越的新闻价值。他们以独特的视角和深入的调查为基础,致力于还原事实真相。他们的报道不仅具有权威性和可信度,更凝聚着对真实性的追求。无论是国际新闻还是国内外事务的解读,凤凰卫视始终能够作为中西方文化交流桥梁的角色,为观众呈现出多元、立体的新闻画面。

同时,凤凰卫视的报道团队在采访过程中展现出专业的素养和丰富的经验。他们注重客观性,同时又能与被采访者建立深入的交流,传递真实而有温度的故事。通过倾听和记录普通人的生活经历,他们将真实生活中的温暖、力量和辉煌传递给观众。这种人性化的报道方式不仅能引起观众的情感共鸣,也使凤凰卫视的报道更加贴近现实、贴近人心。

此外,凤凰卫视在 20 年的时间里通过坚持不懈的努力,积累了丰富的报道经验和影响力。他们将融合优势与真实报道相结合,通过记录历史和时代的变迁,向观众传递出难忘的瞬间和光明的力量。凤凰卫视不仅仅是一个旁观者,他们与观众一起哭泣、一起携手,参与其中,记录下我们看到的、感受到的一切。凤凰卫视在融合优势与真实报道的道路上取得了巨大的成就,并为观众带来了真实而有意义的新闻报道体验。

在凤凰卫视的报道团队中,我们看到了融合优势与真实报道的典范。他们以多元的视角和中西文化的交流为基础,呈现出真实而客观的报道,赢得了观众的信任与尊重。通过关注普通人的故事,他们将普通人的生活经历和感受融入报道中,传递温暖和力量。在采访中,他们能与被采访者建立深入的联系,用真心倾听让被采访者敞开心扉,从而呈现出真实而有温度的故事。这些经验启示着新闻学专业的学生要追求报道的真实性和客观性,坚持参与社会事务,用心感受每一个报道主题。

在凤凰卫视的报道中,融合优势是他们成功的关键之一。他们充分发挥中西文化交流的优势,呈现出多元的报道视角,让观众获得全方位的信息。这提醒新闻学专业的学生要开阔视野,善于借鉴各种文化和观点,以多元的角度来解读新闻事件,丰富报道的深度与广度。同时,凤凰卫视关注普通人的故事,将基层百姓的生活经历和感受融入报道,传递着真挚的情感和人性的温暖。这启示新闻学专业的学生要关注身边的普通人,用心倾听他们的声音,将更多普通人的故事融入新闻报道,更加贴近观众。

凤凰卫视的采访经验也给新闻学专业的学生带来了启示,深入交流是他们获取真实报道的关键手段之一。应该与被采访者建立起信任和理解的关系,让采访对象敞开心扉,讲述真实的故事。这提示新闻学专业的学生要具备良好的沟通和人际交往能力，用真诚与尊重去与采访对象沟通，获取更深层次的信息。此外，凤凰卫视的团队坚持参与到采访事件中，不仅是旁观者，更与观众一起哭泣、携手前行。这鼓励新闻学专业的学生要积极参与到社会事务中，关心社会问题，用新闻报道为社会发声，发挥自身的社会责任。

中国传媒大学2021级国际新闻传播硕士班同学参观凤凰卫视演播室

总之，以上的经验与启示为新闻学专业的学生提供了指导和借鉴。追求真实性和客观性、融合优势与多元视角、关注普通人的故事、与被采访者建立深入交流以及坚持参与社会事务，这些核心思想将引导新闻学专业的学生在学习和实践中更好地理解和应用新闻学原则，为真实、客观和有意义的新闻报道贡献自己的力量。

成为中国故事的观察者与记录者

◎ 赵以纯　林天昊*

6月16日上午,2021级国新班国情实践调研团队来到了人民日报社参观学习。作为中国共产党中央委员会机关报,《人民日报》从创刊至今已经走过75年,一方面承担着宣传党的主张、弘扬社会正气、通达社情民意、引导社会热点、疏导公众情绪、搞好舆论监督、及时传播国内外各领域信息并发表评论等重要职责;另一方面始终锐意进取,致力于推进媒体深度融合发展,不断发掘有温度、有深度的报道内容,不断创新有热度、有广度的传播模式,不断发挥在舆论上的导向作用、旗帜作用、引领作用。此次来到人民日报社参观,我们也从历史与当下两个维度增进了对报社的了解。

通过参观社史馆,我们详细了解了《人民日报》创刊以来的奋斗历程与光荣历史。在参观"中共中央机关报的历史沿革""解放前夕的人民日报""记录中华民族站起来的奋斗历程""见证中华民族富起来的伟大实践""书写中华民族强起来的恢弘篇章"等展厅的过程中,我们在"站起来、富起来、强起来"的主体框架叙事之下,了解到《人民日报》如何将其发展与国家发展紧密联系,也认识到《人民日报》作为中华民族奋斗历程记录者、伟大实践见证者,既推动了不同时期国家各项工作积极落实,又影响了国内国际舆

---

* 林天昊,就读于中国传媒大学2021级国际新闻传播硕士班,曾于人民日报社亚太中心分社(泰国曼谷)实习。
赵以纯,中国传媒大学2021级国际新闻传播硕士班党支部副书记,曾于人民日报社亚太中心分社(泰国曼谷)实习。

论,同时也与人民群众建立了深厚的感情。

我们在学习领悟人民日报社如何始终坚持党性原则、牢记职责使命,见证一代代报社人努力做党的政策的传播者、时代浪潮的记录者之后,更加深刻地认识到自己在讲好中国故事方面的使命与责任。在参观体验人民日报新媒体、互动产品等媒体融合发展方面取得的创新成就和优秀成果后,我们也对人民日报社的开拓创新精神以及媒体未来发展有了更为深入的了解。

在参观人民日报新媒体中心的过程中,我们通过一个个鲜活的案例感受到了媒体融合前沿技术如何从采写、编辑、分发等角度改变了传统媒体的工作日常。通过与报社老师沟通交流,我们既在宏观层面了解了媒体融合转型的新思路、新方法,也从微观层面学习了媒体产品制作、推广的相关经验。这也为我们未来开展媒体融创工作带来了很多新启发。

在与人民日报社老师们的座谈交流中,我们对于当下报社开展国际传播的各项举措印象深刻。人民日报社对外部副主任徐波向大家介绍了人民日报社国际传播品牌活动之一的"'一带一路'新闻合作联盟"。在2017年召开的首届"一带一路"国际合作高峰论坛开幕式上,习近平总书记提出了"打造新闻合作联盟"的重要倡议,得到了各国媒体,特别是"一带一路"共建国家和地区相关媒体的积极响应。2019年,《人民日报》牵头成立"'一带一路'新闻合作联盟",并举办首届理事会。成立以来,联盟坚持相互尊重、平等协商、互助互利、自主自愿的原则,以共商、共建、共享为宗旨,多措并举,加强成员间沟通交流和业务合作,同心聚力,共同讲好"一带一路"故事。联盟建立了"'一带一路'新闻合作联盟"官网、新闻信息移动端聚合分发平台,发布共建"一带一路"相关新闻。与此同时,联盟评选国际传播"丝路奖",鼓励和引导"一带一路"沿线国家新闻媒体机构互学互鉴、汇聚力量,共同讲述"一带一路"故事。除此之外,联盟还负责举办短期访学班,组织联盟成员单位的编辑、记者开展联合采访;联盟开展论坛会议、专题培训等媒体交流活动;推动联盟成员签署合作备忘录,开展新闻信息合作;建立新闻信息聚合分发机制,在重要时间节点提供专题新闻推送服务等。在各方的共同努力下,联盟影响力、聚合力持续提升,已经成为"一带一路"框架下重要的媒体合作平台。截至2022年12月,已有来自亚洲、非洲、欧洲、南美洲、北美洲、大洋洲共101个国家的218家媒体加入联盟。

2013年,习近平主席提出的共建"一带一路"重大倡议,被认为是顺应世界大势和时代要求的"全球最可期的经济合作计划"。在"一带一路"的建设过程中,媒体作为建设的记录者、参与者、推动者,有着重要的桥梁和纽带作用。因此,建立"'一带一路'新闻合作联盟"不仅拓展了丝路合作新领域,搭建起人文交流新平台,而且也成为推动"一带一路"合作走深走实的信息高速路、政策功放器、民心黏合剂。

之后,人民日报社国际部对外传播组编辑强薇介绍了国际部开展的国际传播实践。在不同时区"追赶太阳"的39个国外分社和"在家奋战"的国内编辑组成了国际部大家庭。国际部的工作主要体现在三个方面:第一,做好党和国家重大外事报道,特别是习近平总书记相关的核心报道。我们在人民日报社位于泰国曼谷的亚太中心分社开展海外实习的过程中,在菲律宾总统马科斯访华、柬埔寨首相洪森访华期间广泛收集外媒对此的评论,倾听来自外部的声音,从而更好地开展重大外事报道。第二,旗帜鲜明、坚决有力开展国际舆论斗争,努力打通国内国际两个舆论场,通过"钟声"等品牌评论栏目积极发声,敢于斗争、善于斗争,不断加强议题设置、话语创新,形成强大声势。第三,对外讲好中国故事,不断提升国际传播效能。人民日报社用13个语种在全球110多个国家实现人民日报新闻产品落地,国际部负责运营的海外社交媒体矩阵涵盖英、法、西、俄、阿、葡等世界主要语种,覆盖脸书、推特、TikTok、VK、照片墙等主流社交媒体平台。在海外实习期间,我们也参与了海外社交媒体账号发布内容的选题申报和视频制作,将中华传统文化主题的视频作品呈现给海外受众。国际部打通传统媒体手段和新媒体手段的边界,打通对内说和对外说的边界,努力破圈。这些讲述中国故事的鲜活案例也鼓励着我们开展语态创新和媒体编创突破,积极成为故事的见证者和讲述者。

人民日报社新媒体中心英文客户端运营二室谢润嘉、人民网海外传播部西语频道主编赵建和《环球时报》英文版网络部副主任杨若愚随后也分享了各自在工作中对于国际传播的思考,并与我们讨论了新媒体环境下报道方式调整、中国故事在不同国家的报道侧重点和国内外新闻报道重点等话题。

中国传媒大学 2021 级国际新闻传播硕士班在人民日报社社史馆合影

立足历史,洞察当下,展望未来。此次参观活动让我们对于从历史中走来的人民日报社有了更为清晰、全面的认知,新媒体中心的新技术、新产品以及报社老师们的分享为我们带来了生动鲜活的媒体实践案例。其中,讲述中国故事的国际传播案例,在当前国际形势下为我们提供了从事海外传播实践活动和国际新闻传播工作的宝贵启示与建议,也提振了我们对于投身新闻事业的信心与热情。

把文章写在中国大地上

◎ 刘子赫*

每一代人有每一代人的长征路,每一代人都要走好自己的长征路。恰逢百年未有之大变局,面对纷繁复杂的国际形势,我们要坚定地做社会主义的建设者、中国故事的讲述者、中国声音的传播者。真实、立体、全面地向世界展示中国,向世界讲述可信、可爱、可敬的中国形象。讲好中国故事的前提是要全面了解并认识我国的基本国情,要搞清、弄懂我们取得了哪些进步,存在着哪些问题,向世界贡献了哪些中国智慧与中国方案。毋庸置疑,想要回答好这些问题,我们需要日复一日地深入调研与实践,要在田间地头上寻求答案,在日常生活中总结经验。

习近平总书记深刻指出,调查研究是谋事之基、成事之道,多次强调要在全党大兴调查研究之风,为新形势下提升调查研究工作指明了努力的方向。作为国际新闻传播人才的重要人员储备与生力军,我们要始终牢记身上所肩负的职责与使命。讲好中国故事绝非易事,往往需要我们沉下心去,坐得冷板凳、下得苦功夫,坚持理论与实践相结合,把论文写在祖国大地上。7月21日,带着满腔的赤诚与憧憬,我和2022级"国小新"们一同远赴吉林,踏上了2023年国情实践的征程。

---

* 刘子赫,中国传媒大学2022级国际新闻传播硕士班在读研究生,班级党支部书记,中国传媒大学新闻传播学部官微编辑。曾荣获"优秀毕业生""三好学生""优秀团员"等荣誉称号,拍摄导演的短片多次入围国内外影像展,策划制作的新闻多次登上《人民日报》、新华社、中央广播电视总台、《中国日报》等主流媒体平台。

一、追随总书记的足迹，全流程参与新闻工作

在为期一周的国情实践中，我们沿着习近平总书记三次视察吉林省的足迹，先后参观调研了吉林省长影旧址博物馆、中车长客高速动车组装配生产线、四平市四平战役纪念馆、梨树县国家百万亩绿色食品原料(玉米)标准化生产基地核心示范区、中国一汽集团有限公司、长白山国家级自然保护区与和龙市光东村等地。在现场，我们探寻农业生产经营的创新模式、感受大国工匠的科学精神、揭秘自主品牌的创新启示、读懂绿色生态的环保理念、见证美丽乡村的振兴建设。每日调研行程结束后，"国小新"们会记录总结当天的所见所闻，并制作发布中英文稿件、视频资讯、融媒体新闻等多种不同形式的新媒体产品，后陆续刊登在《环球时报》、CGTN、吉林官方新闻资讯等媒体平台上。

沿着习近平总书记的调研路径，我们深入学习了吉林省在强基固本、乡村振兴、党建引领、大美吉林、勠力创新等方面取得的建设性发展成果，了解吉林模式为助力中国式现代化所作出的实质性贡献，从而真正认识吉林省为我国国防安全、粮食安全、生态安全、能源安全、产业安全带来的结构性保障。调研过程中，我深刻领悟了总书记三次视察吉林省的历史意义与价值，走进黑土地的田间地头，融入广大人民的生活，发掘这片黑土地上发生的真实故事，书写了多篇关于吉林省调研的稿件与报告。

此外，本次国情实践让我们走出传统意义上的教室与课堂，体验了新媒体产品的策划、制作与发布的全流程工作，也让我感受到了新闻产品时、度、效的重要性。实践期间，我们有工作到凌晨三四点的时候，也有在大巴车和高铁上进行视频快剪的瞬间，一路上很辛苦，但也收获了很多，成长了很多，最重要的一点是加深了同学之间最为珍贵的友谊。总之，为期一周的日子过得很快，但始终闪闪发光，未来我会一直铭记这段盛夏的美好时光。

二、保护好"耕地中的大熊猫",梨树模式有话说

本次国情实践令我印象最深刻的当数我们参观调研四平市梨树县的那一天。从一望无际的青纱帐,到肥沃疏松的黑土地,我无时无刻不感叹于大自然给予我们人类丰富的馈赠。黑土地,指腐殖质含量很高的土壤,是世界上最肥沃的土壤类型之一,素有"一两土二两油"的美誉。作为世界四大黑土地分布区之一,东北黑土地孕育出了我国最为重要的商品粮生产基地,拥有被誉为"黄金玉米带"与"黄金水稻带"的百万亩粮田核心示范区,为大国粮仓的建设起到了压舱石的作用。

东北黑土地的自然资源为粮食作物的生长带来了得天独厚的优势,但大国粮仓的建设仅仅依靠先天的区位因素吗?其答案必然是否定的,在四平市梨树县调研的时间里,我紧紧围绕这一问题展开实地走访与调研,通过采访当地官员、合作社社长、农民与外界专家,全方位了解当地黑土地保护与开发利用模式,认真研究解读"梨树模式"的产生与推广过程,分析研判该模式是否为筑牢当地粮食安全的根基起到了至关重要的作用。

吉林省梨树县农业技术推广总站站长王贵满将"梨树模式"概括为"秸秆覆盖本体"的一种保护型耕作方式,并将它看作耕作制度上的一场革命。自2020年习近平总书记视察梨树县以来,"梨树模式"的相关技术研究也在向纵深发展,集合全国科技力量,取得了科研创新方面的新突破,耕种面积在短短3年的时间里完成了由150万亩向300万亩的跨越式发展。同时,王贵满也提出了"梨树模式"的现阶段规划与预期目标:"立足东北,推向全国,走向世界。"这意味着"梨树模式"从技术角度说,要针对不同区域构建不同的技术体系,推动产业体系与"梨树模式"有机融合;从推广角度看,"梨树模式"要走出黑土地,在"一带一路"沿线等地布局,成立耕作新模式的试验点和示范区。

在采访王贵满站长的短短半小时里,我看出了皮肤黝黑的他对这片土

地的熟悉与热爱,也感受到了他思维逻辑的清晰。在先前与当地媒体记者朋友们的交谈中我了解到,王贵满站长已经在这里扎根了 20 年左右的时间,在这 20 年里,他数十年如一日地考察、研究、对比不同耕种方式对农作物的影响,计算分析粮食经济效益的差距,从而开辟出一条适合中国东北黑土地的保护与开发利用新模式。王站长始终扎根在这片肥沃的黑土地上,也正是他的扎根让这片土地能始终葆有十足的养分。

在采访期间,我也十分动容于一旁辛勤劳作的农民伯伯。在梨树县卢伟农机农民专业合作社,参与集体规模化种植的当地农民杨景同表示:"自从采用了'梨树模式'后,土地变黑了,土质疏松了,粮食也高产了。"在说出这句话的时候,他两排洁白的牙齿不自觉地露了出来,与黝黑的皮肤形成了鲜明的对比,脸上也露出了难以掩饰的微笑。不难看出,"梨树模式"切切实实地让农民们的腰包更鼓了,村民们的生活水平也得到了质的提升,越来越多的农户选择相信科学所带来的实实在在的收益,相信"梨树模式"的可持续发展观念。

"藏粮于地,藏粮于技",如今,"梨树模式"已经发展为实现国家粮食安全的重要举措,肩负起了粮食提质增效的职责与使命,为推动农业现代化,保护生态环境,防止黑土地变贫瘠起到了关键性作用,是保护好黑土地这一"耕地中的大熊猫"的有效路径。

三、深入田间地头,把文章写在中国大地上

辽阔而又肥沃的东北黑土地孕育出我们人类赖以生存的粮食作物,也推动着我国农业现代化不断向前迈进。王贵满等农业粮食工作者在这片土地上扎根、调研,历经二十余载,终于收获了可供全世界借鉴的关于粮食安全问题的中国智慧与中国方案。

我们的日常学习与工作也应当具备这种"扎根与深挖"的精神,中国的国情就像这辽阔而又富含养分的黑土地一样,只有肯下功夫,亲身走到田间地头,才能求得真学问。作为中国故事的讲述者与中国声音的传播者,在日

常的学习生活与基层党支部开展工作的过程中,我们要始终深入基层、扎根向下,体察中国广袤大地上的社情、民情,用心用情地为广大人民群众发声,真正做到为群众说话、为百姓办事,把文章写在广袤的中国大地上!

国情实践调研期间,刘子赫在四平市梨树县百万亩试验田采访拍摄

国情实践调研期间,刘子赫与同学在梨树县卢伟农机农民专业合作社冒雨拍摄

国情实践调研期间,刘子赫在长白山天池留影

躬耕不辍 行路不止

◎ 张星冉*

我从本科时就已听说,国新班每年暑假都有一门实践必修课,也大致在脑海中对国情实践有过构想。但只有亲身经历过之后,我才发现路途上总有未曾想到的风景与未曾预料的际遇。

2023年7月22日,我正式开始了本次国情实践的吉林行。彼时的我刚刚历经长途飞行、航班晚点、没倒时差、凌晨起床等一系列"极限操作",导致我在来长春的高铁上睡了一路,却仍莫名地感到信心满满,始终觉得"我可以",对成为一名准新闻工作者摩拳擦掌,跃跃欲试,试图大展身手。现在回望为期一周的国情实践,我是以"自我肯定与自我反思"交织的心态走完整段旅程的。

一、自我肯定,自我激励

到长春那天阴云密布。第二天我们组就要出视频报道,我不由得担心起天气来,事实证明担心是必要的。舟车劳顿后身体是疲倦的,但思维依然活跃。当晚,我和小组成员一起讨论视频拍摄脚本直到凌晨,终于在和

---

* 张星冉,中国传媒大学2022级国际新闻传播硕士班在读研究生,任副班长。本科就读于中国传媒大学电视学院2018级广播电视学专业,任本科广播电视学党支部书记。在国情实践中小组合作完成的电视新闻《吉林"梨树模式"升级 助力保土增收》登上CGTN频道《中国24小时》节目,其余文字、视频报道多次被CGTN、环球网、中国吉林网等主流媒体刊播。

CGTN冯老师打过一通电话后,敲定了第二天的拍摄方案。

此前,我们小组曾一起分析过,对我们挑战最大、耗费精力最多的是视频报道,所以想在拍摄前尽量做足准备。尽管我们在前一天反复研究行程路线、和老师确认好片子结构、联系好采访对象、确定好出镜口播,甚至商量好拍摄策略,仍免不了架三脚架时手忙脚乱、"小蜜蜂"没收好声、拍摄时狂风大作……意外频发,状况百出。

现在回想,在吉林省四平市拍摄"梨树模式"电视新闻的过程,尤其是在梨树县国家百万亩绿色食品原料(玉米)标准化生产基地核心示范区等待采访敖曼副县长和出镜报道时,真担得起"惊心动魄"四个字。敖县长是我们非常重要的采访对象,决定了我们整个片子的结构和走向。由于大部队行程的原因,一直帮我们联系采访对象的吉林省宣传部姚老师提醒我们,未必能采访到敖县长,于是我们小组决定兵分两路,我、雨欣、欣雨三人原地等待敖县长,李卓、雨千、晓彤三人跟随大部队去采访其他对象。

在拍摄出镜部分时,原本还不错的天气突然变得狂风大作,混杂着愈来愈大的雨点。我们二人仅有一把伞,雨欣和欣雨拖着快被吹飞的伞护好机器,我只得一人穿着塑料雨衣在风中站立,寻找拍摄时机。终于在风势减弱时,我脱掉雨衣,顾不得狼狈的面容,顶着比眼睛还大的黑眼圈,淋雨完成了出镜。姚老师自始至终都陪我们一起站在狂风暴雨中,想来真是又感恩又愧疚。

后来,我们有幸采访到敖县长。采访敖县长的过程我觉得是一种"享受",敖县长非常随和,表达专业且清晰,给人"如沐春风"的感觉,我们震惊于她的经历和学识;敖县长对我们可以说是"有求必应",在得知我们想拍摄和她互动的过程时,还带着我们一起到玉米地中参观学习。拍摄结束后,我们每个人都是一脚泥,但都感到很充实、很快乐。

"梨树模式"的拍摄过程虽然一波三折,但好在该拍到的镜头都已拍到,心里终于踏实了不少。一上来就完成最难的任务之后,接下来的旅程也相对轻松了,中英文新闻报道、公众号推文、Vlog视频、工作日志等都在全组的努力下有条不紊地完成。成果一篇篇被刊播,一次次给予我正向的激励与反馈。不论是前期策划、拍摄写稿、梳理剪辑思路等专业能力,还是身体素质、协调统筹、情绪管理、交流沟通等综合素质,方方面面都让我再次肯定自己:"嗯,我还是可以的",然后继续带着高昂的斗志迎接明天的旅程。这种状态是让人着迷的。

二、走在路上,想在路上

由于未来有志于从事和媒体相关的工作,我把此次国情实践当作检验自己是否能够成为一名合格媒体人的机会,并试图寻找答案。对于这个问题,我现在得出的结论是:想成为一名合格的媒体人,需要我一直走在路上、想在路上。

对我触动较深的一件事是,在小组商量中国汽车中英文图文报道的结构时,我一直"想当然"地认为把这篇稿子当作通稿写就足够了,通过搜集既有资料和编译来行文。虽然这篇报道最终顺利发出,但环球网曹思琦老师的一句话令我印象深刻:在报道中加入一些个性化的故事或者细节的场面会让报道更加具体、生动。曹老师在指导我们组修改稿件时也提到,如果我们在稿件中加入一些采访或者故事,这些内容就是我们独家的,而不仅是将既有的素材整合加工。

这让我觉得,写稿子容易,但如何把稿子写好、写生动、写漂亮,是需要细细琢磨的。联想到我之前在媒体实习的经历,我发现当自己熟悉、掌握某一个技能、模式、套路之后,思维就会陷入懒惰,容易沦为"按照既定程序走",这固然省事方便,但也相当于放弃了进步的机会和创新的空间。

本科时我曾经历过连拍6周电视新闻的"魔鬼训练",课余时间也曾在不同媒体的各岗位实习过,所以这次国情实践的内容对我来说并不算陌生。然而,我可以写稿子,但表达是否足够地道?我可以英文配音,但发音是否足够标准?我可以出镜主持,但表现是否足够专业?我可以拍摄,但镜头是否足够达到刊播标准?我可以和采访对象、组员沟通,但沟通是否足够高效、足够让对方舒服?"做到"这些并不难,但想"做好"却非一日之功。就像这次拍摄电视新闻,回归我本科时接触过的"老本行"是有安全感的,但直到最终成片、刊播之前,我们依然在老师的指导下历经了数次打磨、修改。

习近平总书记说:"中华民族伟大复兴不是轻轻松松、敲锣打鼓就能实现的,必须勇于进行具有许多新的历史特点的伟大斗争,准备付出更为艰巨、更为艰苦的努力。"对于新闻工作者来说,每一篇稿件、每一个镜头、每一条片子,都不是按照某个既定版式就能轻易完成得漂漂亮亮的。如何在现有水平下不断鞭策、提醒、突破自我,是需要我们深入理解并不断践行的。

成为一名媒体人,成为一名合格的媒体人,成为一名优秀的媒体人,要一直走在路上、想在路上。

三、保持开放,保持热情

这是我第一次去东北,从长春到四平,从长白山到延吉,短短一周的时间,我们脚踏在这片辽阔富饶的黑土地上,从田间地头走到高山大川,从历史博物馆走到现代自动化车间,不断"解锁"吉林的不同侧面,用镜头和文字碰撞出属于国新班的独家吉林记忆。

还记得从长白山站一出来就看到了两道彩虹,大家都纷纷停下来对着彩虹拍照、许愿,一起对着镜头"比耶"拍大合影,然后老师催促大家:"同学们,加快脚步,前面还会有很多彩虹呢。"那一刻,所有的烦恼、任务、压力都暂时被我们抛到脑后,身边是志同道合的伙伴,背后是夕阳和彩虹,而未来,是未知但一定绚丽的风景,镜头将我们的笑容定格成永恒。

此外,我们想瞒着欣雨给她一个生日惊喜,却不承想早已露馅,被火眼金睛的欣雨发现后我还坚持"演"下去,在她开门之前把所有灯关掉、把蜡烛点燃、为她齐唱生日歌……这些沿途的片段,在相册里是闪光的,未来回忆起也是幸福的吧。

国情实践前在欧洲参加学术会议时,高老师教导我们要多走、多看、多想;这次吉林行,韩飞老师和翁旭东老师也提醒我们"这次实践不局限于完成某些报道,一路上的见闻也很珍贵。"我深以为然,并且感触越发深刻,逐渐迷上用双脚走遍不同的土地、用双眼看遍不同的风景的感觉,试图尽可能经历,坚信所有经历都是未来的底气。

之前在迷茫时曾请教刘雯老师,到底该如何尽快找到自己所喜欢并擅长的领域呢？刘雯老师的话令我印象深刻,她说,人生本不是一成不变的,如果能快速寻找到自己的发力点固然是好,但一时找不到也不必焦虑和心急,对所有事都保持开放、保持热情,一往无前,说不定命运会让你看到不同的风景。

今天写下的这些文字,不论未来的我看到后是否会觉得幼稚,也不论未来的我是否成为一名新闻工作者,我都会将其作为对自己的激励,躬耕不辍,行路不止。

国情实践调研期间,张星冉冒雨进行出镜报道

国情实践调研期间,张星冉和敖县长在玉米地观摩学习

2022年,张星冉担任冬奥志愿者在北京新闻中心工作

扎根大地,纵切现象,沉淀心境
——在国情教育实践中领悟调查研究要义

◎ 杨雨千*

为期一周的国情实践,我们去到博物馆、一线制造工厂和实践基地等重要地点,让我们的知识经验得到充实、视野认知得到拓宽、心境得到沉淀。在一步步走过习近平总书记的足迹、了解当地的风土人情和历史形成后,我们在近距离的观察和感受中体会到精神与情怀的传承。在形成新闻作品报道的过程中,通过不断历练和打磨,我们也进一步理解到调研的重要性,在实践中领悟到《关于在全党大兴调查研究的工作方案》对调查研究的要求。从一名国际新闻学学生的角度出发,结合本次国情实践的经历,我更充分地意识到调研能力是记者能力的重要组成部分,对记者的工作生涯有着关键性作用。

一、扎根大地,经验压舱

调查研究从进入田野开始,在具体的对社会的接触中,才能捕获最鲜活真实的知识经验。7月22日,在长影旧址博物馆(以下简称"长影"),通过观看系列影像资料、沉浸式体验制作电影的设备和场景,我们了解到长影的发展历程。我们了解它是如何从伪满洲国垄断电影制作,演变为发行和放

---

* 杨雨千,中国传媒大学2022级国际新闻传播硕士班,参与文字报道 *A close insight into how China's first domestically built limousine was developed and its innovation path to the world* (Global Times),参与视频报道 *China bolsters black soil protection in its northeastern region* (CGTN)。

映的文化统治机构,最后被中国共产党接收,成为由人民掌握的东北电影制片厂,并在此之后开创了人民电影多片种的第一。由此,长影为新中国电影业发展作出的贡献和成就,不再只是停留在我们脑海中的抽象数据,不仅仅是"传承电影文化、见证光影变迁"这样宏观的叙述,而是承载在真实、可感、可触的实物、实景上,由此转变为更深刻的情感触动,让我们从真实意义上理解"光辉历史"的含义。中车长客教育生产基地用几个篇章介绍了我国铁路客车的生产历史,从1957年第一辆铁路客车建成,到改革中的砥砺奋进、在提速时代厚积薄发,再到进入自主制造时代、在世界舞台上领先领跑、打造出产业金名片。对于个人而言,铁路客车的制造工序和技术细节似乎与我们有一定距离,但铁路离我们日常生活却很近。铁道是支撑城市脉搏跳动的坚实基础,它默默承担着社会责任,为每个城市提供个性化轨道交通出行。创新驱动战略不再是宏远空泛的表达,而成为切实可感的机械设备,我们也得以看到其中的工匠精神,体会到创新产业背后每一位个体的不懈努力与付出。

7月23日,从四平战役纪念馆的参观到"梨树模式"的考察,我们在实际行动中亲身体验到"梨树模式"所呈现的农业现代化,触碰田间土壤,观察作物根系。红色记忆和绿色农业交织,前者为土地带来安宁与和平,后者为土地挖掘更大潜能。"英雄气质"和"创新精神"由此有了具体的形状,它们栖息在散发着历史气息的长卷上,扎根于每一寸土地中,流淌在农作物的茎脉里。7月24日,在中国第一汽车集团有限公司(简称"中国一汽")的实地调研,我们领略了中国新能源战略的最新成果,通过坐进每辆车体模型,了解创新成果的具体细节。我们从汽车产业的成就背后看到每一代汽车人对使命的坚守,也更能理解技术创新对于提升国力的深远影响和战略意义。

7月25日,我们在长白山的调研实践,则更能印证"读万卷书,行万里路"的重要性。沿着路线步步攀爬,领略长白山"一山分四季,十里不同天",同时对地质成因进行实地考察,了解旅游产业的构成,我们的心境也在美景中开阔。7月26日在光东村,我们在游学中体悟如何通过绿色主导产业与休闲旅游农业相结合、与民族文化特色相融入的模式来促进当地经济繁荣和民族团结。延吉博物馆则让我们更深入地了解当地地域风貌,学习了一个地方的文化和民族特色是如何演变与形成的。

二、纵切现象,深挖本质

知识和经验的储备是调查研究的第一步,在此基础上,需要进一步提升报道方式和能力。本次国情实践中我印象最为深刻的是对"梨树模式"的报道实践。在前期背景调研中,我们小组不断思考如何去聚焦背后的故事和人的付出。"梨树模式"是一项接地气的智慧农业模式,其内容包括许多对我们而言陌生和距离遥远的科学技术方面的名词,为了让它更好地被理解,在国际传播中达到共鸣的效果,我们一开始参考了"我的铁路我的梦"这一系列纪录片的讲述语态,尝试从小切口来报道,不断思考如何让冰冷的数字有温度、让一个关于农业模式的报道有人的特点、让枯燥的信息具有故事感、让一个简单的故事富有情节和吸引力,把大国策落到细微之处。CCTN资深记者冯懿磊老师对这一报道不断提出建议,在前期策划阶段鼓励我们学会协调采访资源,条理清晰地制定采访方案,对采访内容有整体性把握;在制作方面,老师指出要注重镜头序列衔接,带领观众进入场景;在选择角度方面,老师提醒我们不能提前预设,选取的侧面不能大而空,不能满足于套话,而要学会取舍,挖到自己想要的,注重细节和新角度,要看到真的问题、敢于提出真的问题,看到发展空间和实情,用真实和接地气的信息去讲好故事。

媒体老师们对"相机关掉后的内容很重要"的强调让我有了新的思考,也不由得让我联想到习近平总书记在《关于在全党大兴调查研究的工作方案》中提到的"要力戒形式主义、官僚主义,不搞作秀式、盆景式和蜻蜓点水式调研,防止走过场、不深入"。相机是记者记录的重要工具,但如果过度依赖相机,我们的所感所得也会流于形式,即虽然用相机记录了很多,但始终是雾里看花、盲人摸象。通过国情实践,我充分体会到将相机拍摄的内外所得相结合,才能得到最贴近现实、最鲜活生动的一手材料。

三、沉淀心境，打磨心态

国情实践的调研还使我的心境和心态有了很大的改变。在第一天吉林概况讲座中，我们了解到要三次上山才能完全领略到长白山的风貌。景色风光源自时间的沉淀，个人能力和经历也需要时间来打磨。无论是小组成员的互助互补和相互扶持，还是在一次次实战中弥补弱点、发扬长处，调查研究不仅拓宽了我们的知识储备，启发了新的认知角度，还带来了心境心态的成长。习近平总书记强调，调查研究是谋事之基、成事之道，没有调查就没有发言权，没有调查就没有决策权。对应到新闻工作中，我们应该时时刻刻意识到新闻工作者的责任义务，在没有调查完备前不轻易发声，不对现象轻易下定义，不带着预设去理解世间百态，而是要始终持有耐心和好奇心，对未知持有敬意。

"正确的决策离不开调查研究，正确的贯彻落实同样也离不开调查研究；调查研究是获得真知灼见的源头活水，是做好工作的基本功。"国情实践中，我们在完成一篇篇新闻报道的过程中扎实了调查研究的功力，带着问题走进实地考察，不断追问、不断思考，做到了不断提出真正解决问题的新思路、新办法。

调查研究与完成新闻报道之间有着千丝万缕的关联，《关于在全党大兴调查研究的工作方案》中提到的6个步骤也对我做新闻报道有了更多的启发："提高认识"可以对应为采访的前期背景调研，对事件形成提前认知；"制定方案"能够对应设计脚本，联系采访对象；"开展调研"对应采访拍摄与资料素材收集；"深化研究"对应分析采访内容并梳理提炼；"解决问题"可被类比为产生了怎样的影响以及报道想要达到怎样的效果；"督查回访"可以对应到和采访对象取得的后续联系，以及如何在连续报道中关注事件动态发展。

这次国情实践让我深刻意识到，调查研究的态度和精神应被充分运用在新闻报道中，这意味着新闻能更具视野广度和认知深度。新闻记者对事件的认知,决定了事件会如何被世界知晓和理解。因此我们不能视域狭隘,只见树木不见森林,而是要积累沉淀,扎实本领,建立好自己的认知维度和坐标体系,找准自身的核心竞争力,不满足于表面信息,不停留于空泛的套话,脚踏实地深入本质,做到"把情况摸清、把问题找准、把对策提实"。

行而不辍 履践致远

◎ 周　倩*

　　有一位老师曾对我说，作为记者要想做好报道，要记住"眼望天安门，身在田间地头"。这句话我一直铭记在心。2023年的国情实践调研，更加坚定我作为国际新闻传播专业青年学子的信念，也印证这句话绝不是轻飘飘的一句话，是需要用实际行动去践行的初心和使命。

　　为期7天的实地调研，我们走过长春市、四平市、长白山保护开发区、延边朝鲜族自治州4地，在长春电影制片厂、中车长春轨道客车股份有限公司、中国第一汽车集团有限公司、国家百万亩绿色食品原料（玉米）标准化生产基地核心示范区、和龙市东城镇光东村等12个点位进行调研。在与当地群众面对面的交流中，我对祖国东北的这片黑土地有了更直接、更深入的了解。

　　红色是吉林省最厚重的底色。新中国第一家电影制片厂——长春电影制片厂在这里诞生，从《上甘岭》到《英雄儿女》，从《刘三姐》到《白毛女》，记忆里的那些英雄形象都从长影走出。驻足四平战役纪念馆，在翔实的历史资料、鲜活的影像中，仿佛还能触摸到那段血与火交织的历史的温度。在延边博物馆，我们看到了延边各族人民像石榴籽一样紧紧抱在一起，共同谋发展，齐心奔小康，日子过得红红火火。

---

* 周倩，中国传媒大学2022级国际新闻传播硕士班在读研究生。在2023年国情实践调研中，与小组成员共同撰写 A journey to cool：Chinese tourists flock to Changbai Mountain to escape rolling heatwave 图文报道，该报道在环球时报客户端、Twitter、Facebook等平台发布。

绿色是吉林省最亮眼的颜色。在这里,"耕地中的大熊猫"焕发生机,百万亩玉米地摇曳生姿,国产农机大显身手。停在相应位置就可完成充电的 22 千瓦无线充电系统、会自动寻车的移动式智能充电机器人、从火山岩摇身一变的火山岩纤维增强复合材料……中国一汽贯彻创新驱动发展战略,正加大新能源技术攻关。

在这次调研中,我有幸一睹天池的真容,更幸运、更幸福的是听到了当地人和长白山的故事,并将它们撰写成文。经过《环球时报》英文版编辑曹思琦老师的指导,*A journey to cool：Chinese tourists flock to Changbai Mountain to escape rolling heatwave* 一稿在环球时报客户端、Twitter、Facebook 等平台发布。该报道以假期长白山避暑旅游热为切入点,讲述长白山景区生态旅游的发展状况及由此带来的生态保护的机遇和挑战。

好的报道选题离不开前期策划。首先就要"眼望天安门",即熟悉掌握党和国家的各项方针政策和宣传重点,把采访选题放置在更大范围内进行思考和定夺。政策接天气,举措接地气。报道的选题可以从中央的重点工作中找,也可以从本地的重点工作里寻,更可以结合群众关注的热点、难点和痛点去挖掘。

在出发前,我们便对长白山进行了深入的了解,初步拟定"生态保护与可持续发展"这一主题,计划采访长白山自然保护区保护管理站巡护员、长白山管委会旅游文体局相关工作人员等,但在对接中发现对方单位难以提供采访对象。因此我们便转换思路,从最近的暑期旅游热切入,展开讲当地生态旅游和生态保护现状及发展。直接来看,对方能提供的采访对象熟悉该领域,我们也能在上下山的途中自行寻找到游客、景区工作人员等来谈此话题。更进一步来看,保护和发展是难以拆开来思考的。2018 年 9 月,习近平总书记在视察吉林时强调："绿水青山、冰天雪地都是金山银山。保护生态和发展生态旅游相得益彰,这条路要扎实走下去。"党的十八大以来,在以习近平同志为核心的党中央的领导下,在习近平生态文明思想的科学指引下,我国的生态保护和绿色发展取得了有目共睹的成就。作为国家级自然保护区的长白山保护区是如何贯彻落实重要指示精神的值得展开来谈。如此一来,前期清晰的策划思路不仅帮助我们确定了报道选题,更为后期的写作奠定了主线基调。

好的报道不能缺少故事,好的故事则离不开扎实的采访。"在这里,我们都成为长白山人。"这是吉林省长白山景区管理有限公司北景区包钢副经理在接受采访时说的一句话。关于长白山,有太多的故事可以讲,最终我们选择讲人和这座山的故事。比起拿到白纸黑字的材料与报告,我们更希望与鲜活的个体接触。包钢说话声并不大,再加上旁边有流水声,采访时我也只能将自己的注意力集中至百分之一百二,凑近听的同时记录下一个能追问的细节。正式采访结束,包钢还和我们走了好一段路,此时他的状态比起之前更加放松、自然,于是我们便乘胜追击,边走边聊天,把问题埋进一段段对话里。

一个人尚不能撑起整个长白山的故事。在乘景区越野车登上天池时,我们和司机师傅全程对话,这位名叫孙民忠的师傅也很热情,一来一回中讲述了他自己在此工作 10 年的经历。在下山途中,我们也采取同样的办法,对驾驶员进行采访,这次采访的刚好是一名刚入职的司机,名叫韩全,他正好和孙民忠有着不同的体验。下山时我坐在车辆第二排,就在韩师傅斜后方,这段路我看得更加清楚,在他车前有一个蓝色的长方形时钟,从乘客上车时便开始了计时。我在合适的时候便询问韩师傅,他告诉我,每一辆车上都有这样的一块表,每一次上下山都会限时在 16 分钟完成,这是公司结合道路情况和安全驾驶速度做出的考量,尽可能确保司机安全驾驶,不会因为超速而提前完成单次行驶。如果不是来到现场,亲自乘坐景区越野车,我想我很难挖掘到这个细节。摇摇晃晃的山路,车驶过了不知道多少个弯,最终我们获取了宝贵的采访资料。另外,我们也对游客进行了采访,争取尽可能覆盖报道主题涉及的各方主体,丰富报道内容。

好的报道既有流量,也得有"留量"。如何在具体写作中让报道的文字吸引人、让故事能够被人听进去,则是在后期写作时的关键。在图文报道和视频报道制作过程中,《环球时报》英文版编辑曹思琦老师、CGTN 资深记者冯懿磊老师全程对我们进行了悉心的指导。如今再看长白山报道的那篇成稿,和第一版稿件已经有了很大的不同。最显著的则是文章开头,比起"旅游人数破百万"这样抽象的数据,生动的环境描写才是吸引读者的关键,因此曹老师指导我们要充分发挥"去现场"的作用,挑选看见的、听见的精彩内容充分体现在报道中,让报道"活"起来。

如果说"眼望天安门"谈的是报道选题策划的事情,"身在田间地头"谈的则是报道中期的调查和采访的过程,具体则是要求我们提升调查研究能力,扎实细致、实事求是地走进基层调研,用敏锐的嗅觉去洞察问题。

到达四平市梨树县那天,天公不作美,刮风下雨全在这一天碰上了,但那天调研的对象是"梨树模式"。过去,自己只在报道中听闻"梨树模式"这四个字,对其背后的内涵和智慧并未做出更深入的思考。这次调研提供的机会属实难得。我们不仅走进了玉米地,目睹风雨中仍然屹立不倒的玉米,更有专业人员指引和讲解,让大家重新认识到鲜活的"梨树模式"。针对黑土地的保护性耕作,最基本的要求是将作物秸秆覆盖在地表,少耕、免耕。"梨树模式"是黑土地保护性耕作在梨树县的具体实践,具体是指在玉米种植过程中将秸秆还田并覆盖在地表,将耕作次数减少到最小,作业面积降到最低,田间主要作业环节包括收获与秸秆覆盖、土壤疏松、播种施肥、防除病虫草害的全程机械化技术流程。如今的"梨树模式"已经从试验田中进入了寻常百姓家,实现了藏粮于地、藏粮于技。当天,其他小组负责的图文报道和视频报道都获得了媒体老师的认可,这更让我深深感受到未来在从事媒体行业工作时,常在田间地头跑的重要性,不光要走进其中,更要俯下身子蹲在里面,真正地接触这片大地,并且不能先入为主,要客观真实地展开工作。

还记得在 2023 年国情讲座中,教育部学位管理与研究生教育司副司长、国务院学位办副主任栾宗涛强调,我们开展国际传播工作不可或缺的前提是"知外知彼""知内知己"。"知外知彼"是了解对象国家,熟练掌握外语,打破语言门槛,用比较的方法来理解中国和世界的关系,进一步做好分众化的国际传播工作以及相关领域研究;"知内知己"是要理解我们的中国,要深入基层、弯腰亲近这片大地,积极投身到调查研究与实践当中去。

调查研究是我们党的传家宝,是做好各项工作的基本功。在福建宁德工作的两年里,习近平总书记曾拄着登山杖、戴着草帽,翻山越岭,披荆斩棘,走遍了宁德的每一个县,走遍了贫困的山区、海岛,通过调查研究,深入了解当地老百姓的需求和苦衷。作为国际新闻传播专业硕士研究生的我,即将参与2023年度国内专业实习,我会积累并运用好在国情实践调研中积攒的经验,眼望天安门,身在田间地头,扑下身子、沉到一线去,做到"耳闻之不如目见之,目见之不如足践之"。

2023年的国情实践调研只是开始,并不是终点。行而不辍,履践致远,希望我的足迹能够走得越来越远、越来越深,在实践中锻炼和提升自身的素养和专业能力,更好地用纸和笔去记录这片土地和生活在这里的人们。

国情实践调研期间,周倩听讲座并认真记录内容

2023年7月25日,周倩和同学们与吉林省长白山景区管理有限公司北景区副经理包钢交流

行之始，知之成
——让国新教育实践落在希望的田野上

◎ 陈子涵*

从井然有序的智能工厂到光影变幻的长影旧址博物馆；从弥漫着青纱帐的黑土地到云开雾散后恍若仙境的天池；从历史中的红色记忆到特色民俗融入当地的生动景象……为期7天的国情实践虽然已经落幕，但那些精彩的瞬间仍然在我的脑海中难以忘怀。

一、回顾：从这片神奇的土地开始

本次国情实践调研中，中国传媒大学新闻学子来到了吉林这片被历史浸润、不断筑写着新奇迹的土地。

这里有四平战役的旧址、长影旧址博物馆，它们分别记载了城市经历的4次沐血浴火的洗礼、见证了中国电影业的起源与发展。随着硝烟的消散、时间的流逝，这些历史中的光点已成为文化的一部分，永远深植于当地人民的心灵，并成为全国人民共同的记忆。

这里有中车长客高速动车装备生产线和一汽集团智能工厂，他们承载着"大国重器"的责任与使命，在一次次时代风云中不断创新、不断突破，为新中国、新时代制造业发展贡献着力量，谱写着东北人民砥砺前行、振兴工业的时代凯歌。

---

* 陈子涵，中国传媒大学2022级国际新闻传播硕士班在读研究生，参与吉林国情实践长白山、一汽集团新闻报道撰稿，参与制作的图文报道 *A Journey to cool* 海外阅读量超20万。

这里有广袤的黑土地和白山黑水之间绝美的长白山风光，它们寄托了一代代的吉林人民与山水相依、与山水共生的生态理念，凝结了一代代吉林人民的努力与智慧，通过科学、高效的保护措施，让珍贵的自然资源成为当地最为重要的财富之一。在这里，也留下了2022级国新班共同学习、共同调研的美好回忆。

行走吉林7日，我们用眼睛观察、用耳朵聆听、用言语交谈、用脚步丈量，亲身体悟这片神奇土地的魅力，获益良多。于我而言，这样一番"行走"正是"求知""求实"的过程，也给了我们反观自身、提升自我的机会。恰如阳明先生所言："知者行之始，行者知之成。"回望行走吉林的调研经历，那些相遇、感知与反思成为我们学习和实践过程中难以磨灭的记忆和宝贵的精神财富。

二、行走：那些相遇、感知与反思

1. 在行走的过程中，我们得以与那些最美好的风景相遇，也得以与那些珍贵的人相逢。

在长白山，我们有幸采访到了景区管理有限公司北景区副经理包钢，通过与他的交谈，我们看到了鬼斧神工的自然景色、井然有序的景区运营背后那些默默付出的身影。包钢曾是一个旅游爱好者，他看过国内众多瑰丽的山峦，是长白山动人的山水风光与生态奇观将他留在了这片神奇的土地上。在交谈过程中，包钢对长白山的景观特点如数家珍，也不断强调着游客安全和生态保护对于景区的重要意义。

从专为景区设计的子弹式越野摆渡车，到下移"山门"以缩小私家车的活动范围，再到限购门票、保证各区域维持承载水平，每一次景区管理上的提升，都是对白山黑水与游客安全的一份安心保障。自长白山被设立为自然保护区至今，一代代像包钢一样的景区服务人员奉献着他们的青春与汗水，推动景区工作不断完善。采访结束后，包经理陪我们一同观赏长白瀑布。当我们观察到他一次次自然地捡起地上偶有出现的包装袋时，一行人纷纷称赞他细心、敬业,他反而流露出有点不好意思的神情:"这不算什么,更辛苦的是那些每天在山上维护秩序、搞卫生保洁的同事们。"

37岁的包钢很健谈,很老成,眼睛中对长白山的热爱却不减半分。从他的目光中,从他的言谈中,从他的行动中,我深深感受到了中青年一代对于这片土地深沉的爱意。满地林场、"靠山吃山"的二道白河镇已经在历史中被封存,在党中央的感召下,当地居民和外来投资者充分发挥自主能动性,践行生态保护观念,在民宿、餐饮、交通、景区管理等方面不断探索,实现了经济发展与生态保护的双赢。

最为生动的课堂,就在人民群众之中。在吉林的经历中,那些艰苦奋斗、勤力创新、敬业友善的人们,既为我们带来了榜样示范,也为我们不断前行提供了精神力量。

2. 在行走的过程中,我们得以触摸中国式现代化的生动实践,得以深刻感知时代的脉搏。

我们小组有幸能够参与到中车长客和一汽集团的报道和拍摄任务中,感受到了大国重器带来的震撼。作为中国制造的"金名片",中车长客生产的地铁和高铁出口海外,成为里约热内卢奥运会、以色列民众朝觐等重大文化活动中亮丽的风景线,成为"一带一路"倡议中联通中外、结交友谊的重要见证。作为新中国的第一个汽车厂,"一汽"从筚路蓝缕到"这边风景独好",从技术"卡脖子"到全新升级的智能工厂,70年发展记录了中国汽车产业从无到有再到优的历程,凸显了创新开放在制造业现代化中的重要作用。

从学习苏联到自主创新、从大国制造到大国"智"造,我们在吉林感受到了东北老工业区在新时代焕发出新的生机与活力,感受到一代代工业人、汽车人永不服输、拼搏不息的精神,感受到产业链、科技链、人才链、资金链"四链"推动下制造业的转型与发展。

除此之外,在四平市,我们真正踏上了被誉为"土壤中的大熊猫"的黑土地,学习了"梨树模式"的运作与发展。当日,天公不作美,天空洒落微雨,但仍然没有打消同学们调研的热情。秸秆还田、病虫害防治、农业器械研发使用、数字化实验管理……"梨树模式"的成功离不开党中央的科学指引、科学技术的加持以及当地农民和科研工作者注重实践、不畏艰难的作风。在保障粮食安全、筑牢耕地红线、保护好肥沃的黑土地的实践中,梨树县实现了农业现代化的转型,为国新学子奉上了生动的一课。

3. 在行走的过程中,我们得以反思自我,打磨专业素质。

吉林的调研之旅并非一场走马观花的游览,而是一次切实观察、深入思考、积极产出的新闻生产实践。

几天的工作和学习中,我们分为5个小组,分别就5个调研地点进行视频、图文、推送、工作日志等形式的记录与报道,形成了丰厚的调研成果,也磨炼了专业技能。

山间溪流旁、博物馆中、黑土地上,无处不能看到同学们拍摄、采访、记录的身影。即使在用餐时间,也时常能够看到同学们讨论和工作的场景。

"要把论文写在祖国大地上",对于国新学子而言,将新闻报道写在祖国大地上具有同样重要的意义。一次次奔跑、一次次挑灯夜战,我们经历了视频脚本创作的头脑风暴、经历了新闻稿撰写的字斟句酌,在一声声"发布"的喜悦中感受到国际新闻制作的魅力。诚然,发稿的过程或许不是一帆风顺的,但是在修改和反思的过程中,同学们的写作技巧、采访提问、视频剪辑等能力得到了提升,这也为同学们成为国际新闻后备人才打下了基础。

三、展望:让国新实践落在希望的田野上

习近平总书记指出,调查研究是谋事之基、成事之道。没有调查就没有发言权,没有调查就没有决策权;正确的决策离不开调查研究,正确的贯彻落实同样也离不开调查研究;调查研究是获得真知灼见的源头活水,是做好工作的基本功;要在全党大兴调查研究之风。面对时代的发展、时事的变迁,人民与国家的需求也在发生改变,国际新闻传播事业也应当不断调整。作为当代国新学子,我在这次调研中有所收获,也有所思考,结合"大兴调查研究之风"的精神,我将继续从以下三个方面做出努力。

首先,加强对实践与调研的重视。要作出科学决策、做好深入生动的报

道,首先需要深入了解实际情况,并掌握全面、真实、丰富、生动的第一手资料。为此,我们需要进行全面深入的调查研究,不能只停留在表面,也不能闭门造车或胡思乱想。只有在田野中俯下身子,才能更好地描绘土壤中庄稼生长的脉络,体悟土地深沉的力量。

其次,加强对调查研究方法的掌握。一方面,我们仍需要对调研方法进行前期学习,了解基本概念、原理,包括参与观察、深度访谈、问卷调查、焦点小组讨论等常用的数据收集技术。另一方面,我们要学会站在巨人的肩膀上,从文献资料中汲取智慧,查考已有的调查研究案例和相关学术著作,深入理解不同领域的实践经验和方法论。

最后,提升实践能力,做好技能准备,是更好践行调查研究精神的重要前提。在日常的学习中,我们不仅要学好专业知识,了解国情民情,更要熟练掌握写作技能、剪辑技能、拍摄技能,熟练掌握新媒体制作和运营工具,为成为全媒体人才做好准备。

行之始,知之成。道阻且长,行则将至。让国新实践落在希望的田野上,仍需我辈践行调研精神,砥砺前行,挖掘山川湖海间的中国故事,让世界看到新时代的中国,听见我们的声音。

2023年7月22日,陈子涵(右一)与同学们在长影旧址博物馆进行采访前的设备调试

2023年7月24日,陈子涵(一排左二)与同学们在一汽集团 NBD 了解一汽历史

图书在版编目(CIP)数据

行与思：国情教育与国际传播 / 胡芳主编. -- 北京：中国传媒大学出版社，2023.12
ISBN 978-7-5657-3541-7

Ⅰ. ①行… Ⅱ. ①胡… Ⅲ. ①高等学校—国际新闻—传播学—人才培养—研究—北京 Ⅳ. ①G210

中国国家版本馆 CIP 数据核字(2023)第 245773 号

行与思：国情教育与国际传播
XING YU SI: GUOQING JIAOYU YU GUOJI CHUANBO

主　　编	胡　芳
副 主 编	李尽沙　翁旭东
责任编辑	欧丽娜
特约编辑	郑　鸣
封面设计	拓美设计
责任印制	李志鹏
出版发行	中国传媒大学出版社
社　　址	北京市朝阳区定福庄东街 1 号　　邮　编　100024
电　　话	86-10-65450528　65450532　　传　真　65779405
网　　址	http://cucp.cuc.edu.cn
经　　销	全国新华书店
印　　刷	唐山玺诚印务有限公司
开　　本	710mm×1000mm　1/16
印　　张	17.5
字　　数	284 千字
版　　次	2023 年 12 月第 1 版
印　　次	2023 年 12 月第 1 次印刷
书　　号	ISBN 978-7-5657-3541-7/G·3541　　定　价　78.00 元

本社法律顾问：北京嘉润律师事务所　郭建平